U0451384

周信芳便照

《萧何月下追韩信》,周信芳饰萧何

周信芳与童芷苓合演《打渔杀家》

影片《宋士杰》,周信芳(右)饰宋士杰,童芷苓(中)饰万氏,李玉茹饰杨素贞

影片《徐策跑城》剧照

周信芳与裘丽琳

周信芳在办公室

周信芳反内战文章书影

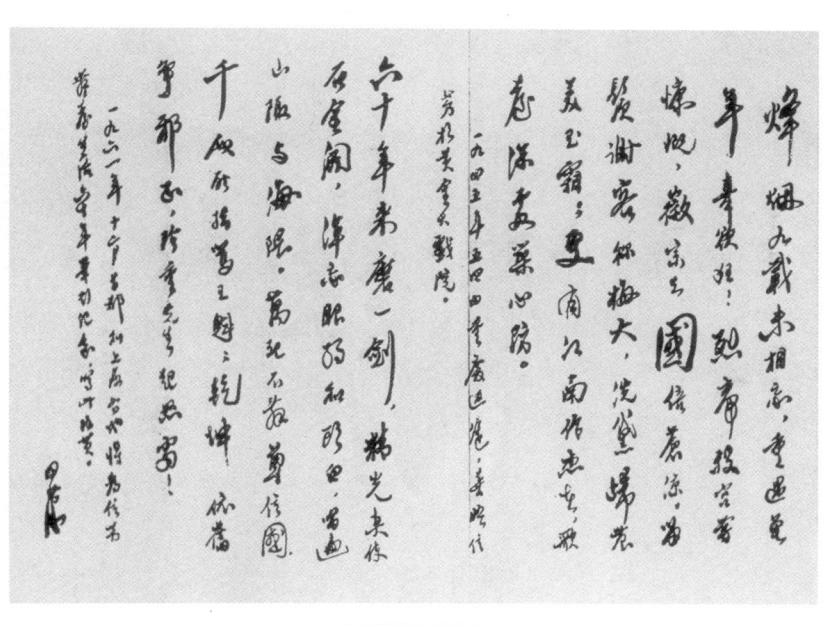

田汉赠诗周信芳

梅兰芳与周信芳（右）合影

周信芳（右一）与盖叫天（前排中）、尚小云（前排左）、田汉（后排右一）、高百岁（后排中）、吕君樵合影

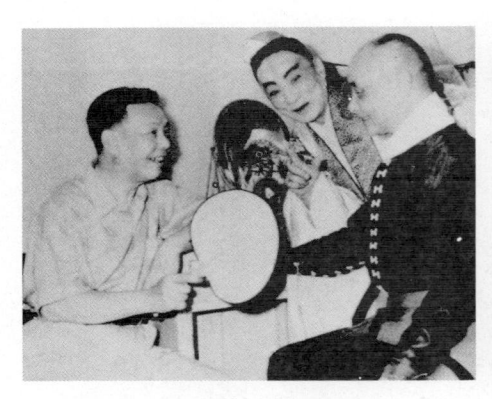

周信芳（左）与盖叫天、俞振飞在后台切磋

田汉（右一）、周信芳（右二）、熊佛西（右三）、梅兰芳（左三）与外国朋友合影

周信芳与夫人（左一）、女儿采茨（右二）一起看孙女周羚表演

"文化大革命"前周信芳一家在上海合影

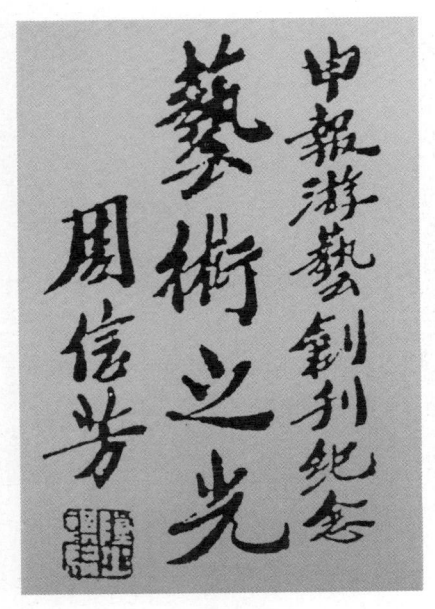

周信芳的题词

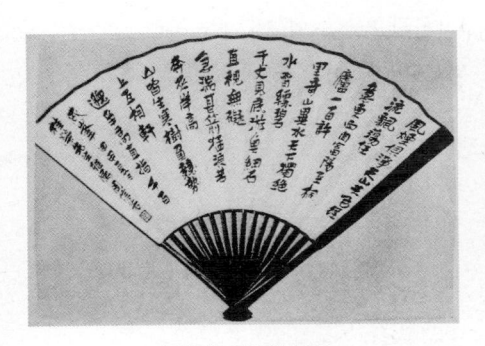

周信芳书写的扇面

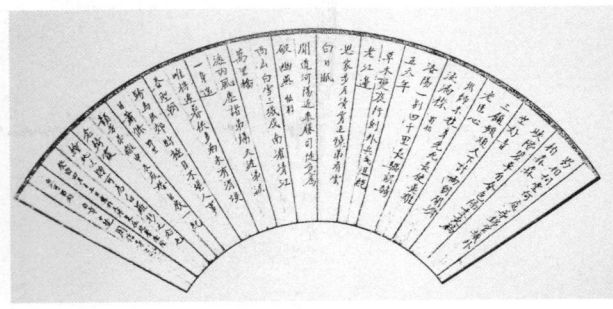

周信芳书杜诗三首扇面

中国京昆艺术家传记丛书
谢柏梁　主编

江南伶杰　剧界麒麟
——周信芳评传

沈鸿鑫　著

商务印书馆
The Commercial Press
2015年·北京

图书在版编目(CIP)数据

江南伶杰　剧界麒麟：周信芳评传 / 沈鸿鑫著. —北京：商务印书馆，2015
（中国京昆艺术家传记丛书）
ISBN 978 - 7 - 100 - 11669 - 5

I.①江… II.①沈… III.①周信芳（1895~1975）—传记　IV.① K825.78

中国版本图书馆 CIP 数据核字（2015）第 245933 号

所有权利保留。
未经许可，不得以任何方式使用。

江南伶杰　剧界麒麟
——周信芳评传
沈鸿鑫　著

商务印书馆出版
（北京王府井大街36号　邮政编码100710）
商务印书馆发行
三河市尚艺印装有限公司印刷
ISBN 978 - 7 - 100 - 11669 - 5

2015年11月第1版　　开本710×1000　1/16
2015年11月北京第1次印刷　印张 19¼ 插页 8
定价：55.00元

总　序

谢柏梁

一

在宇宙的浩瀚星空中，我们人类所居住的地球，无疑是最有灵性的星球之一。

人类作为地球的主人，其源远流长的创造与发展变化的历史，主要由各行各业的杰出人物来代表，各色各样的奋斗历程来体现。

在美丽地球的东方世界，在古老而又年轻的中国，历朝历代的历史大家们，一向以对各式各类人物事迹的记述与描摹为己任。我国的人物传记体裁丰富多样，大约可以分为纪传（皇家大事记）、文传（文学化传记）、史传（历史家所写人物传记）、志传（各地方志中所记载的本地人物传记）这四大类别。四类传记彼此发明，互为补充，构成了中国传记文化的多元谱系。

从左史记言、右史记事的专业化分工，到《左传》《国语》《战国策》式的整体氛围感的描述，最后由司马迁振臂一呼，以人物传记为中心的宏伟《史记》横空出世。该书记载了我国上自传说中的黄帝时代，下至汉武帝元狩元年（前122）共三千多年的历史。概述历代帝王本末的十二本纪、记录诸侯国和汉代诸侯兴废的三十世家、描摹重要历史人物的七十列传，都使之成为号称"史家之绝唱，无韵之离骚"的中国历史上第一部纪传体通史。

在《史记》的《孔子世家》中所记的夹谷会盟中，孔夫子面对着"优倡侏儒为戏而前"，在严肃而又力图放松的外交场合下，作出了特别粗暴野蛮的极端化处置。这也是历代梨园子弟对孔子不够恭敬的原因。此后历代史书方志,都不同程度地涉及优伶们的言行事迹。

魏晋以降,文史两家由混成到分野,自一体而两适。文者重藻饰心曲,史家认材料事实,各臻其至,泾渭分明。隋唐而后,碑铭行传,五花八门,高手操觚,佳作如云。韩愈《祭十二郎文》情深委婉,柳宗元为慧能作碑文机趣横生。

北宋乐史作《太平寰宇记》,分地区而织入姓氏人物,因人物详及诗词、官职。"后来方志必列人物艺文者,其体皆始于史。"(《四库全书总目》)

太平世界,因人物而繁盛;梨园天地,赖优伶而生存。

美妙绝伦的中华戏曲艺术从唐代的梨园开始,至少存在了漫长的十个世纪。千百年以来,戏曲艺术一直在蓬勃兴旺地发展,成为中国人民雅俗共赏的朵朵奇葩、民族文化中不可忽视的重要部类、戏剧天地内中华文化的闪亮名片、国际社会审美天地中的东方奇观。

较早对优伶进行分类撰述的史书,是宋代大文学家欧阳修的《新五代史》。该书包含了分类列传四十五卷,这种分类列传的体例较有特色,其中就包括了《伶官传》。该传一向被人们所津津乐道。《五代史伶官传序》甚至还被收入中学教科书,内云:"《书》曰:'满招损,谦受益。'忧劳可以兴国,逸豫可以亡身,自然之理也。故方其盛也,举天下豪杰,莫能与之争;及其衰也,数十伶人困之,而身死国灭,为天下笑。夫祸患常积于忽微,而智勇多困于所溺,岂独伶人也哉!"尽管欧阳修的本意是说祸患之起乃多方面的原因所累积爆发而成,但还是给表演艺术家们带来了较大的负面影响。

与东土中国的情形完全不同,西方世界中对于戏剧艺术家的看法与评价完全不一样。对以埃斯库罗斯、索福克勒斯、欧里庇得斯三大悲剧家和阿里斯托芬一大喜剧家为代表的古希腊戏剧家,对以莎士比亚、歌德、席勒等的西方戏剧界灿烂明星,西方人给予了无限崇敬和由衷热爱。

中晚清以来最早"睁开眼睛看世界"的中国人,是那些在西方世界出使、考察或者游学的官员士子。当他们观赏到西洋剧院建筑艺术之华美绝伦、内部装饰之金碧辉煌之后,不由得发出由衷的赞美,感叹西洋剧院其"规模壮阔逾于王宫";特别是舞台上机关布景之生动逼真,变幻无穷,"令观者若身历其境,疑非人间";至于西方的戏剧艺术家地位之高贵,更是令国人叹为观止,所谓"英俗演剧者为艺士,非如中国优伶之贱","优伶声价之重,直与王公争衡"!

人类的艺术天地,原本可以共同分享的。何以东西方对于戏剧艺术家的认同度与景仰度,相差之大犹若天壤之别呢?泱泱中华,文明古国,难道就没有识之士站出来振臂一呼,为戏剧艺术家们说几句公道话吗?

二

江山代有才人出,是非终有识者论。

我国历史上对戏曲艺术家们首度给予全方位高度评价的文人,是元代的钟嗣成(约1279—约1360)。这位祖籍大梁(今河南开封)的人士,长期生活在素有天堂之称的杭州城。他先在杭州官学读书,师从邓文原、曹鉴、刘濩等名家宿儒,又与对戏曲有着共同爱好的赵良弼、屈恭之、刘宣子、李齐贤等人同窗攻书,其乐融融。有记载说,钟嗣成一度在江浙行省任掾史。他自己写过《寄情韩翊章台柳》《讥贷赂鲁褒钱神论》《宴瑶池王母蟠桃会》《孝谏郑庄公》《韩信泜水斩陈馀》《汉高祖诈游云梦》《冯驩烧券》等七种杂剧,但不知为何皆已散佚。

真正使得钟嗣成开宗立派、名传青史的著作,还是其为中华民族有史以来第一代剧作家描容写心、传神存照、树碑立传的《录鬼簿》。

《录鬼簿》上卷分"前辈已死名公有乐府行于世者""方今名公""前辈已死名公才人有所编传奇行于世者"三类。这三类名公才人之情形,乃其友陆仲良从"克斋吴公"处辗转所得,故"未尽其详"。下卷分"方今已亡名公才人余相知者为之作传,以【凌波曲】吊之""已死才人不相知者""方今才人相知者,纪姓名行实并所编""方今才人闻名而不相知者"四类。这上下两卷书大体依据时代之先后加以排列,一共记述了一百五十二位元杂剧及散曲作家的基本情况,同时也记录了四百余种剧目。

我很欣赏钟嗣成的"不死之鬼"说。在他看来,天地开辟,亘古及今,自有不死之鬼在，何则？圣贤之君臣，忠孝之士子，小善大功，著在方册者，日月炳焕，山川流峙，及乎千万劫无穷已，是则虽鬼而不鬼者也。

不死之鬼，是为不朽之神或曰永恒之圣。在钟氏的神圣谱系中，那些门第卑微、职位不振的剧作家，那些高才博识、俱有可录梨园才人，都值得传其本末，叙其姓名，述其所作，吊以乐章，使之名传青史，彪炳千秋，泽及后世。

因此，写作《录鬼簿》更为重要而直接的意义，还在于其对后学的直接指导和充分激励。"冀乎初学之士，刻意词章，使冰寒于水，青胜于蓝，则亦幸矣。名之曰录鬼簿"，唯其如此，则杂剧戏文创作之道，才可能被一代代年轻的才人们所自觉自愿地衣钵相传，推陈出新，生生不已，得到更加健康的发展。

元杂剧作为中国戏剧史上第一个黄金时代，需要有人进行认真地归纳和总结。从此意义上言，钟嗣成在中国的地位，因为其成书于至顺元年（1330）的《录鬼簿》之横空出世，甚至可以与西方的大学问家亚里士多德等人的《诗学》等书相提并论。

有明一代，在贾仲明所增补的天一阁蓝格钞本《录鬼簿》之后，又附有约成书于洪熙（1378—1425）、宣德（1425—1435）年间的《录鬼簿续编》一卷。该书直接受到《录鬼簿》的影响，以相同的体例记述了元、明之间一些戏曲家、散曲家的大致事迹，接续前贤，踵事增华，令人欣慰。

自兹之后，从总体上对于当代戏曲作家进行专门记载和研究的著作，从明清两代以至中华民国，皆未得见。中华人民共和国成立以来，王安奎的《当代戏曲作家论》和谢柏梁的《中国当代戏曲文学史》等相应的专著，都属于《录鬼簿》的悠远传统在新时代的传承、示范和发展。

三

与《录鬼簿》蔚为双璧的元代重要戏曲典籍，是生于元延祐年间、卒于明初的华亭（今上海松江）人夏庭芝所撰的《青楼集》。前者论作家，后者集演员，正好勾勒出元代戏曲艺术家中两个最为重要部类的旖旎景观和绰约风采。

《青楼集》成书于元至正乙未十五年（1355），该书记述了从元大都到山东、从湖广武昌到金陵、淮扬以及江浙其他地方的歌妓、艺人共一百一十余人的简约事迹。这些女演员各自身怀绝技，有的在杂剧、院本、诸宫调方面负有盛名，有的在嘌唱、乐器和舞蹈等项目上造诣颇深。有的演员如珠帘秀的弟子赛帘秀在双目失明之后，依然能在舞台上正常表演，"出门入户，步线行针，不差毫发"，脚步地位，规范犹在，这是多么高深的艺术造诣！

也正是因为她们的色艺双绝，声名鹊起，所以才引起了社会各界的热切关注和诸多应酬往还。书中除了记载与她们有过合作关系的二十多位男伶之外，还记录了她们与诸多文人士子的深厚交情。甚至连达官贵人、明公士大夫五十多人，都与这些女演员有着广泛交往。《青楼集》作为第一部简练而系统的表演艺术家史传，对研究元代演剧、表演艺术、演员行迹与时代风尚等，都具有非常重要的史料价值和文化意义。

与明清以来关于戏曲剧作家的记录相对寂寥的研究局面不一样，类似明代潘之恒《鸾啸小品》之类关于演员与表演艺术的文献，相对较多。表演艺术家们的优美声容及其较大的社会影响力，使之留下了较多的关注和充盈的记载。

清代的演员记录蔚为大观。《清代燕都梨园史料》中所收录的《燕兰小谱》《日下看花记》等几十种书目中，都对演员予以了主体性的关注。如小铁笛道人序其做传源起云：

> 唐有雅乐部。宋时院本始标花旦之名，南北部恒参用之。每部多不过四三人而已。有明肇始昆腔，洋洋盈耳。而弋阳、梆子、琴、柳各腔，南北繁会，笙磬同音，歌咏升平，伶工荟萃，莫盛于京华。往者，六大班旗鼓相当，名优云集，一时称盛。嗣自川派擅场，蹈跷竞胜，坠髻争妍，如火如荼，目不暇给，风气一新。迩来徽部迭兴，踵事增华，人浮于剧，联络五方之音，合为一致，舞衣歌扇，风调又非卅年前矣。……录成一稿，名之曰《日下看花记》。梨园月旦，花国董狐，盖其慎哉。余别有《杨柳春

词》一册,备载芳名,以志网罗无俾遗珠之叹。凡不登斯录者,毋怼予为寡情也。噫!

这段序言,既有史识在,又见人情浓,令人为之莞尔首肯。

近代以来,出版业的发达与报刊传媒业的勃兴,又使得关于演员的记载、评选和评论蔚为大观。例如王芷章(1903—1982)的《清代伶官传》(中华书局1936年版)辑录清代曾在宫廷内当差演剧的"内廷供奉"演员、乐师及检场、衣箱等人的小传;由徐慕云编著的《中国戏剧史》(上海世界书局1938年版)卷一专列《古今优伶戏曲史》,采用编年体形式,以研究家的眼光,纵述自先秦以来直到中华民国戏曲演员的大的历史线索与知名演员,颇具史家眼光。

近些年来,北京学者孙崇涛、徐宏图等人合著的《戏曲优伶史》(文化艺术出版社1990年版)和上海学者谭帆的《优伶史》(上海文艺出版社1995年版)先后问世,这都是关于中国历代戏曲演员事迹的研究著作。

本套"中国京昆艺术家传记丛书"所收人物的时间跨度,大抵在中华民国和中华人民共和国期间。某些独传与合传之人物,也可以上溯到明清两代。

四

中华人民共和国成立以来,戏剧艺术家的社会地位得到了前所未有的提高。在全国政协委员和全国人大代表的席位中,戏剧家特别是戏曲表演艺术家都占有一定的名额。

与此同时,关于戏曲表演艺术家的各种传记资料更加繁盛。最负盛名的自传性著作,是梅兰芳的《舞台生活四十年》。关于盖叫天的《粉墨春秋》,也激励过业内外的诸多读者。

20世纪末以来,关于戏曲艺术家的传记蔚为大观。诸如河北教育出版社、中国戏剧出版社、中国青年出版社、文化艺术出版社等多家单位,都出版过不少戏曲家传记。

有鉴于目前出版的一些戏曲家传记，还存在着收录偏少、体例不全的遗憾。随着新资料的发现，新人物的涌现，社会各界迫切需要一套相对系统完整的戏曲人物传记著述。这既是对于钟嗣成、夏庭芝等人开拓曲家与伶人传记之风的现代传承，也是在国学与民族艺术学越来越受到全民重视的前提之下，从戏曲艺术家传记方面所做出的积极呼应。

在中国已经崛起为世界第二大经济体的今天，在中国商品出口多、文化输出少的不相称的背景下，在国际社会与世界戏剧界关于中国民族戏剧的热切关注下，一部系统的中国戏曲家传记丛书呼之欲出。

作为中国戏曲人才培养与学术研究的最高学府，中国戏曲学院理所当然地担当起编纂中国戏曲艺术家传记丛书的重任。而且今天的戏曲艺术家丛书，既包括了演员与编剧，也不会遗漏著名的戏曲音乐家和舞美设计家等不同专业的代表人物。

中国戏曲学院的表导音舞美等不同系科，都对本专业的佼佼者了如指掌。在教师、研究生和本科生三结合的编纂模式下，在文献资料收集、当事人采访调查、专辑文本写作修改等较为漫长的过程中，学院都有着较为雄厚的人才基础。有道是铁打的校园流水的学生，也只有学院才能一直具备较为丰富而新鲜的专业化人力资源。

从2009年发端，在北京市财政局的大力支持下，在北京市教育委员会的慧眼关照下，在中国戏曲学院领导与师生的有效指导与大力参与下，在社会各界贤达众人相帮、共襄盛举的高尚姿态下，中国戏曲艺术家丛书中的"中国京昆艺术家传记丛书"终于正式立项，并从2010年开始，由上海古籍出版社、上海人民出版社、商务印书馆、中国文史出版社等相关出版社共同推出百种传记。目前本丛书的出版计划已经实现过半，近五年当可出齐一百部。

从2015年发端，在中国戏曲学院和中国文联出版社的共同努力下，在中国口头与非物质文化遗产戏剧传承人的前提限定下，关于地方戏曲艺术家的传记丛书也正式拉开了编写出版的大幕，评传工程将向着越剧、黄梅戏和豫剧、粤剧等各地地方戏的领军人物们华丽转型，持续推进。

积之以时日，继之以心力，伴随着梨园界各方贤达和海内外各界有识之士的支持，中国戏曲艺术家的系列评传，就一定能够在太平盛世当中积少成多，聚沙成塔，共同托举出中华文化中戏曲艺术家的辉煌群像。

五

"中国京昆艺术家传记丛书"已经出版的三十二种传记和即将推出的二十八种传记，已经构成了有史以来最成规模的京昆人物传记丛书。

昆曲，既是京剧之前最具备代表意义的"前国剧"，又是戏曲剧本文学性较强、表演艺术趋于典范精美的大剧种，还是2002年起首批被联合国教科文组织列入"人类口头与非物质文化遗产"名录、具备较大国际影响的古典型剧种。

从1917年开始，吴梅先生在北大开辟了戏曲教学的先例。在他的指导、启发和参与下，由上海的实业家穆藕初赞助，昆曲传字辈在苏州正式开班。涉非如此，兰苑遗音，古典仙音，险些儿做"广陵散"，斯人去矣，芳踪难寻。至于北昆的韩世昌、白云生等人，也都是正式拜过吴梅先生的嫡传徒弟。这些人，这些事，不可不写，不可不传。

京剧，被公认为中国戏曲最具备代表性的剧种，海内外的不少人索性将其称之为国剧，也能得到社会大众的认同。京剧表演艺术家，流派纷呈，各呈其盛，具备非常广泛的群众基础，在世界各国也都具备较高的知名度。这些角儿，这些流派，不可不述，不可不歌。

因此，昆曲类传记中，首先推出的是近代戏曲学术大师吴梅、昆曲表演大师俞振飞和素负盛名的"传"字辈老艺人；京剧类传记中，梅尚程荀等"四大名旦"的传记当然也会名列前茅。王卫民、唐葆祥和李伶伶等戏曲传记方家，给了我们莫大的支持，在此致以衷心谢忱。

细心的读者，很快将会发现，在本套丛书中，既有世所公认的戏曲界名家大师，也有正处在发展过程中的正当胜年的代表人物。或许有人要问：既然曰传，树碑立传，盖棺才能论定，中年才俊尚处于发展过程之中，缘何仓促为之写传？

此问有理，但又不全正确。须知任何一时代较有影响的人物，首先是被同时代的人们所热爱。举例说来，于魁智、李胜素和张火丁等人都还处在发展前进的艺术路上，可是他们也确实拥有大量的观众群。那些忠实的粉丝，迫切需要知道他们心中偶像的更多情形。那么，为同时代人们的戏曲界偶像树碑立传，实属必要。再比方今天我们的诸多梅兰芳传记，实际上更多的是具备历史文献的意义，因为现存的大部分观众，再也无缘得睹梅大师演出的现场风采了。

更有甚者，我们与《中国京剧》杂志的朋友们，老是在计划某月某日去采访某一位德高望重的艺术家。可是当我们如期去实地采访时，常常会发现老人家年事已高，对于昔日的风采与精彩的艺术，已经很难清楚地加以表述了。英雄暮年，情何以堪？

至于有时候看到讣告上的名家，原本已经列入我们要拜访的日程表，但是拜访者尚未成行，受访者却已驾鹤，远行至另外一个遥远而不可即的世界！天壤永隔，沟通万难，那就更属于永远的遗憾了。

有鉴于此，我们提倡两次写传法或曰多次写传法。此次先写名家的壮年时期，未来再补足传主的晚年事迹，这样的传记，也许更加齐备可靠一些。必要年老而可写，若等盖棺而论定，但后人对前辈艺术家知之甚少，叙之渺渺，称之信史，恐难采信。

评传的生命力所在，正在于其讲述一个个真实的故事，演示一出出人生的大戏。但是如何讲好故事，怎样使得故事讲得精彩动人，令人读后余香满口，味道袭人，实属不易。《史通》说："夫史之称美者，以叙事为先。至若书功过，记善恶，文而不丽，质而非野，使人味其滋旨，怀其德音，三复忘返，百遍无斁。"

戏曲艺术家们在舞台上创造了富于美感的各色人物形象，但在生活中还是一位凡人，或者说往往更是一位烦恼颇多的凡人。如何使得生活中的凡人和舞台上具备各色美感的佳人才子、贤士高官、英雄豪杰和其他各色人等有机地对接起来，更是亟须在传记写作过程中不断探索的难关。

传记包括家族身世、教育承传、艺术人生和舞台创造等部分，也酌选精彩而有历史价值的照片，以期图文并茂，赏心悦目。评传强调文献记载、口述历史与适度评述相结合。附录包括大事年表、研究篇目等。每位传主的评传大约二十万字，俱以单行本方式出版印行。至于清代伶官传和昆曲传字辈等一些合传，丛书也予以了部分收纳。

本套丛书所收人物的时间跨度，尽管曾经上溯到同光十三绝时期，但总体上还是聚焦于20世纪初叶到21世纪初叶的百年之间。百年之间，风云变幻，梨园天地，名家辈出。区区一套丛书，尽管编者力图使之相对完整系统一些，但挂一漏万、沧海遗珠的现象，还是会在所尽有。即便收入本丛书中的名家大师，由于多侧面历史的诸多误会以及材料的相对匮乏，由于诸多热情有余、经验不足的年轻人的参与，错讹之处，在所难免。尚求方家不吝指正，遂使学问一道，有所长进；梨园群星，光芒璀璨。这也正好呼应了马克思的人物传记理想，那就是写人物应当从感情气势上具备"强烈色彩""栩栩如生"，力求达到恩格斯关于人物形象应当"光芒夺目"的审美理想。

尽管为梨园界的艺术家们作传，从理论上看厥功甚伟，但是要做好任何事情常常会举步维艰。甚至梨园界的一些同人乃至某些传主的家属学生，也都会存在着不一定一致的想法。尽管前路漫漫，云雾遮蔽，甚至常常会峰回路转，坎坷难行，但是坚定的追求者和行路人还是会历经千辛万苦，抹去一路风尘，汇聚文章锦绣，迎来晨曦微明。

彼时彼刻，仰望戏曲艺术的长天之上，那一颗颗晶莹的晨星正在深情地闪烁着动人的光华。晨钟暮鼓响起，无限芳馨远播，那正是全体传记写作人和得以分享传记的读书人，以及关心本套丛书的戏迷和社会各界朋友们的无量福音。

2013年12月25日

自 序

沈鸿鑫

周信芳是一代京剧艺术大师。他七岁登台露演，十三四岁便以童伶成名。他一生与戏剧结缘，历经艰辛。他演过六百多个剧目，在舞台上塑造了萧何、徐策、宋江、文天祥、寇准、海瑞等众多艺术形象，并以独具异彩的麒派艺术风靡全国，为创造京剧辉煌作出了重要贡献。

谈到撰写周信芳评传、传记的缘起，需要把时间闪回到1961年12月。那时我从华东师大中文系毕业，进入上海戏剧学院戏曲创作研究班不久，正逢上海举行周信芳演剧生活六十周年纪念。我在天蟾舞台观看了这位艺术大师演出的《乌龙院》，后来我又观看了他的《澶渊之盟》等戏。他那性格化而富有力度的表演，质朴遒劲的唱腔，以及散发着强烈艺术感染力的整体舞台风貌，深深地打动了我，给我留下了不可磨灭的印象。这可能就是我后来研究周信芳，撰写周信芳传记的动因。

一个作家、理论家之所以为某一伟人或名人撰写传记、评传，一般地说，必定是传主身上的某种闪光的精神深深地吸引了他，打动了他。我也属于这样的情况。

首先引起我瞩目的是周信芳"戏剧为人生"的戏剧观，这是贯串他整个戏剧生涯的一条红线。周信芳在青年时代曾沐浴在京剧改良运动的春风之中，深受民主革命思想的熏染，并紧紧追随前贤的足迹。1913年，年方十八的周信芳就编演了抨击袁世凯的时事新戏《宋教仁》，五四运动中又演出了《学拳打金刚》。1928年他在一篇文章中明确声言："无论古典、浪漫和写实的戏，都是人间意志的争斗，如能够把剧中的意志来鼓动观客，那才是戏的真价值。"抗日战争时期，他在上海坚持抗日救亡运动，在卡尔登剧场编演历史剧《明末遗恨》和《徽钦二帝》，以深沉的感情抒发亡国之痛，有力抨击投降卖国，鼓舞人们抗日救国的热情，田汉称赞他："更有江南伶杰在，歌台深处筑心防。"正是基于这种明确的戏剧观，周信芳具有一种毕生为戏剧献身的敬业精神。

周信芳强烈的创造意识和创造精神，也是吸引我的闪光点之一。艺术贵在独创。京剧是一种技艺性和传承性都很强的艺术。周信芳非常重视对京剧传统的继承。他从小在南方学戏，但在已经崭露头角的情况下，毅然负笈北上，进了当时最负盛名的科班——北京的喜连成科班学艺深造，他认真观摩研习谭鑫培等前辈名家的剧艺，使他的艺术根基更加扎实。他不仅是一位京剧传统艺术的忠实继承者，同时又是一位大胆的京剧改革创造家。他博采众长，融会贯通，创造了独树一帜的麒派艺术，他把生活经验融进舞台表演，甚至借鉴美国电影明星的表演。他把京朝派、海派，把旧剧、新剧，甚至把看似风马牛不相及的艺术因素，熔于一炉，以其独特的创意锻铸成一种崭新的、别具一格的艺术。周信芳这种创造精神是值得每一个艺术家认真学习和细细体味的。

还有非常令我感佩的，则是周信芳那种坚韧不拔的奋斗精神。周信芳在童年时代嗓音极其宽亮，但在他十五岁时突然在天津倒嗓，一时连音也发不出。这对一位以演唱为主的京剧演员来说是很大的不幸。但周信芳并不气馁，一方面每天清晨五时即起，登高喊嗓锻炼，另一方面积极求医问药。经过努力，嗓音有所好转，但终未能恢复到原来的状态。周信芳面对现实，扬长避短，积极进取，他充分发挥自己做工、念白方面的特长，又以坚强的毅力练就成一条沉着有力的嗓音，据此条件创造了稍带沙音但愈见刚劲苍凉的麒派唱腔。20世纪30年代周信芳的唱片竟发行到十余万张。

周信芳的生活、艺术道路充满坎坷，一度他的麒派被某些人视为异端而遭到指责和谩骂，但他没有被骂倒，而是不断改进，不断创造，坚持走自己的路。这种在逆境中奋进的精神，极其令人感动。"文化大革命"中，"四人帮"罗织罪名，以周信芳曾编演《海瑞上疏》为由，把他打成反革命，甚至将其投入监狱。然而周信芳身陷囹圄，仍然铁骨铮铮，对党的信念不变。在周信芳身上体现出一种锲而不舍的韧性和对革命的坚定信念。

自　序

作为艺术界的一位伟人，周信芳除了在艺术方面有令人震慑的魅力之外，在他身上还透射出一种人格的力量。他不仅有精湛的艺术，而且具有高尚的道德和情操。他是伟大的爱国者，一生经历了社会的动荡和历史的沧桑，不论在何种历史条件下，热爱祖国、热爱人民的一颗赤子之心始终如一。他是德艺双馨的艺术家，把艺术看作自己的生命，把自己的毕生精力都献给了京剧事业。他为人正直，谦虚宽厚，乐于助人；对待人生，积极、乐观、进取，永不满足，永不懈怠，不断学习，不断修炼。他确实堪称艺术界的一代楷模。

另外，周信芳之所以能从一个童伶成长为一代京剧大师，原因是多方面的，包括天赋，师承，基本功，勤奋，创造力，文化修养，历史、文化环境，艺术氛围，机遇等。他的奋斗历程和成材之路，无疑为今天艺术人才的培养和成长，提供了可资借鉴的宝贵经验，这也是非常值得重视的。

撰写周信芳评传并不是一件轻松的事情。多年来，戏剧界的前辈对周信芳作过许多研究，取得了很多的成绩，但是在我之前还没有一本完整的周信芳传记作品。我写周信芳评传，就希望能在前辈的基础上再跨进一步。我想主要在资料的完备性和系统性、研究的理论深度等方面有所突破。我访问了周信芳的亲属、同事和学生；几乎遍阅了所有有关周信芳的资料。为了挖掘曾被淹没的资料，我翻阅了几十年的《申报》，到徐家汇藏书楼查阅了数十种旧时戏剧报刊；我还专程到周信芳的出生地淮阴（今属淮安市）、故乡浙江宁波慈城采访、考察，尽可能多地掌握第一手资料，以便准确而丰富地勾勒出艺术大师周信芳坎坷而光辉的生活历程和艺术道路。写作时，我力图把周信芳置于时代的洪流和特定的文化背景中加以研究。周信芳大半生生活在动荡的时代，又处于京剧发展的鼎盛时期，是时代造就了大师。同时也是上海特殊的文化土壤造就了周信芳。他长期活动在南北剧艺荟萃、中西文化交汇的上海，一颗天才的种子，落在了特殊的文化土壤之中，江南的细雨滋润着他，东海的海风催发着他，终于使他成长为一棵"参天大树"。因此，也是上海特殊的文化环境造就了周信芳。我采用多学科综合交叉研究的方法，全书纵横交错，评传结合。我尽力加强理论深度，从戏剧观的高度探索周信芳的演剧思想，从美学的高度总结麒派艺术的特征与成就。而所有这一切又都是为了通过对周信芳这个典型人物的剖析，总结我国民族艺术发展的规律，以有助于推动当今建设中国特色的社会主义文艺事业的繁荣与发展。

  文化主要依靠积累和积淀，正是经过一代一代艺术家的艰苦卓绝的艺术劳动、实践、创造、积累，才有了中华民族文化的辉煌。作为个人，我们都是文化建设的添砖加瓦者，都是浩瀚海洋中的一朵浪花。如今，加强文化自觉和文化自信，努力弘扬优秀民族文化，推动社会主义文化大发展、大繁荣，建设社会主义文化强国，已经成为全社会的共识。让我们满怀热情投入社会主义文化建设的滚滚洪流，作出自己一份微薄的贡献。

2014年4月2日于上海

目 录

第一章　周信芳的身世和学艺生活
　　第一节　周信芳的身世 / 1
　　第二节　周信芳的学艺生活 / 6

第二章　沐浴在京剧改良运动的春风中
　　第一节　京剧改良运动的"海上新空气" / 21
　　第二节　紧紧追随前贤足迹 / 29
　　第三节　努力塑造自己的艺术个性 / 37
　　第四节　年轻的后台经理 / 40

第三章　麒派的形成
　　第一节　"天蟾"五年，艺术步入成熟期 / 46
　　第二节　麒派的形成 / 54
　　第三节　麒派形成的标志 / 59
　　第四节　麒派形成的原因 / 62

第四章　歌台深处筑心防
　　第一节　炮火中成立移风社 / 69
　　第二节　歌台深处筑心防 / 80
　　第三节　黎明前的斗争 / 93

第五章　将艺术推向高峰
　　第一节　在"戏改"战线上 / 102
　　第二节　驰骋舞台，老当益壮 / 105

第三节　崇高的荣誉 / 110

　　第四节　精益求精，再创高峰 / 114

第六章　《海瑞上疏》与动乱岁月

　　第一节　《海瑞上疏》创演缘起 / 130

　　第二节　一出好戏 / 134

　　第三节　亘古奇冤 / 140

　　第四节　在动乱的岁月里 / 145

　　第五节　大地春回 / 150

第七章　周信芳的戏剧观

　　第一节　戏剧与人生 / 154

　　第二节　戏剧与生活 / 159

　　第三节　演员与角色 / 163

　　第四节　继承传统与革新创造 / 166

　　第五节　唱做念打与舞台整体美 / 170

第八章　麒派的剧目

　　第一节　剧目的多样性与倾向性 / 176

　　第二节　剧目的改革创新与艺术个性 / 182

　　第三节　剧目的文学性与综合性 / 188

第九章　麒派的审美品格

　　第一节　崇高与悲剧的美感形态 / 199

　　第二节　真是麒派壮美品格的基础与内涵 / 203

　　第三节　力与阳刚、豪放的舞台美 / 208

　　第四节　麒派艺术对京剧艺术发展的作用 / 214

第十章　麒派的流布、传承和影响

　　第一节　麒派的流布 / 216

　　第二节　麒派的传承 / 224

　　第三节　麒派的深远影响 / 233

第十一章　周信芳研究简史
　　第一节　周信芳研究的起步阶段 / 244
　　第二节　周信芳研究的发展时期 / 247
　　第三节　周信芳研究的兴盛时期 / 252
　　第四节　周信芳研究的深化时期 / 254
　　第五节　周信芳研究推上新台阶 / 257
第十二章　周信芳的成就、贡献与历史地位 / 263

附录　周信芳大事年表 / 270
后　记 / 284
"中国京昆艺术家传记丛书"出版情况 / 286

第一章 周信芳的身世和学艺生活

第一节 周信芳的身世

周信芳出生于清光绪二十一年（1895）1月14日。周信芳祖籍是浙江宁波的慈城，慈城旧称慈溪，故而以前一直说周信芳是慈溪人。慈城是一座千年古城，三面环山，一面临水，山清水秀，是个人文荟萃之地。周信芳祖上原是官宦之家，他的家乡至今还保存着重建全恩堂碑记，全恩堂即周家的祠堂。碑记中写道，周信芳的先祖静庵公在明代当过江西道监察御史。其玄孙南溪公在福建、河南当过知县。南溪公之子少溪中过进士，官至刑部江西清吏司郎中；另一子亦溪当过太学官。由于他们为官清廉，重视教化，老百姓称他们一族为"周御史坊"。

重建全恩堂碑记

浙江慈城周御史坊遗址，只留下这一堵墙了

周亦溪就是周信芳的曾祖父。后来周家家道中落，周信芳的伯父以丁去职，从此结束了周家历代为官的历史。

周信芳的父亲周慰堂并没有继续走读书做官这条终南捷径，而是在县城一爿布店里当了一名学徒。当时慈城已是繁华的水陆码头，京剧戏班常来此间演出。周慰堂常去看戏，从新奇到爱好，从爱好到迷恋，不久便成了一名京戏迷。斗转星移，周慰堂二十岁了，学徒满师，当了布店的正式伙计。那时有一个春仙班来慈城演出，戏班里有位名叫许桂仙的青衣，是本城秀才许穆卿的堂妹。她自幼去安徽学艺，先学徽调，后改唱京戏，她嗓子好，扮相又好，是春仙班的台柱。一天周慰堂去看春仙班的演出，不料迷恋上了许桂仙。从此天天晚上去看戏，自己也学着唱。日子一久，他与戏班里的人也混熟了。后来他就在戏班里义务帮忙，从杂差到剧务都干。再往后索性上台客串，先是跑跑龙套，扮个宫女什么的。有一次春仙班上演《御果园》，许桂仙突然生病，不能上台，临场缺一个夫人，班主就来请周慰堂临时顶个缺，周盛情难却，再说救场如救火，也就答应了。谁知上台演出，竟一鸣而惊四座。于是周慰堂干脆"下海"入了戏班。就在春仙班转到附近县城去演出时，周慰堂跟着一块儿走了。不久，他在这个戏班里当了"二路旦"，取艺名叫金琴仙，并且跟许桂仙结了婚。

周慰堂不辞而别，"下海"唱戏，在周氏宗族中引起很大震惊。在封建社会，"戏子"的地位与娼妓相仿，而今这个仕宦之家的后代居然去操此贱业，那岂能容得。所以族长随即召集会议，以"缺席审判"的方式，宣布把周慰堂及其后代逐出祠堂。可是周慰堂并不屈服。他依然跟随春仙班，在浙江、江苏一带演出，过着漂泊江湖的卖艺生涯。

这一年春仙班来到苏北重镇淮阴，淮阴旧称清江浦，地处淮河下游，京杭大运河穿境而过，是苏北地区热闹繁华的商业中心和农产品集散地，也是一个戏码头。身怀六甲的许桂仙于

周信芳出生地

第一章 周信芳的身世和学艺生活

1895年1月14日在城内永泉巷东虹桥头毗庐庵边租借的一间小屋里产下了周信芳。叔祖给他取名士楚，信芳是他的字。1994年，淮安市人民政府已在该处附近复建了周信芳故居，笔者亦曾亲往访观。

周信芳出生时正值中国人民苦难深重的时刻。自从鸦片战争以后，中国开始沦为半殖民地半封建社会，列强大肆侵吞我国领土。1894年又爆发了日本侵略中国的甲午战争，虽然中国人民和爱国将士同日本侵略者进行了英勇的斗争，但因国力衰弱和清政府的妥协投降导致中国的失败，并被迫接受了严重丧权辱国的《马关条约》，向日本割让了辽东半岛、澎湖列岛和台湾，赔偿日本军费白银二万万两。清政府的卖国政策刺激和鼓励着其他帝国主义国家如饿狼一般扑向中国，使中国面临着被瓜分的危机，加剧了中国的半殖民地化。帝国主义的侵略暴行和清政府的卖国行径激起了全国人民的反抗，台湾军民进行了反割台斗争。晚些时候，具有资产阶级改革要求的维新派，为救亡图存，发动了著名的资产阶级维新运动——戊戌变法，一场资产阶级民主革命正在中国大地孕育。

周信芳曾经说过："我就是在这个可诅咒的时代里诞生的。"当时在文化、戏剧方面又是怎样一种状况呢？经过两次鸦片战争，从19世纪下半叶起，中国原先封闭式的文化态势发生了很大的变化。新学、西学广泛传播，新式学堂陆续兴办，留学日本、欧美亦蔚成风气。报纸、文艺期刊纷纷创办，著名的有《时报》《申报》《时务报》等。西方的文学、电影、话剧、音乐、舞蹈等文艺也陆续传入中国。

京剧艺术自1790年四大徽班进京起，经过几十年的孕育生长，已经进入成熟、兴盛阶段。光绪后期，戏班众多，名家辈出，继余三胜、张二奎、程长庚"前三杰"之后，又涌现出谭鑫培、汪桂芬、孙菊仙"后三杰"以及杨月楼、陈德霖、黄月山、王鸿寿、汪笑侬、潘月樵、贾洪林、刘鸿声等一批名角。

这一时期，除一些早期京剧演出剧目得到整理

谭鑫培像

北京故宫宁寿宫畅音阁大戏台

加工外，还出现了不少新创剧目，包括本戏、小戏及连台本戏。京剧的角色行当日趋完备，表演艺术也更加丰富成熟。

当时京戏演出比较频繁，戏园也日见增多。就北京而言，清乾隆、嘉庆年间，内城府第戏台多，市民看戏的戏园多在外城。但清同治以后，内城之九门繁华地区几乎都设有戏园，约四十多处。观众面也逐步扩大，出现了不少票房，如北京著名的翠峰庵票房等。为了培养京剧演员，还举办了科班，如四箴堂科班、小荣椿科班等。

以前京剧在孕育时期，曾被封建统治者称为"花部"而加以鄙视和排斥，随着京剧艺术的兴盛和表演的日臻完美，清廷统治者逐渐改变了态度，对京剧艺术给予青睐，京剧逐步取代昆曲、弋阳腔进入了宫廷。光绪年间京剧在内宫已很兴盛，一批京剧戏班和名角被选进宫承差，程长庚、谭鑫培、杨月楼等名角被选作内廷供奉。

京剧一方面进入宫廷，另一方面从北京向全国各地辐射。在北方，天津、河北、东北三省、山东，京剧都日渐流行。早在道光末年、咸丰初年，京剧就传到天津，至光绪前期至中叶，以金声、庆芳等四大名园为代表，京剧演出已盛极一时。

京剧还传播到了南方。京剧传至上海，时在同治六年（1867）。同治五年，英籍华人罗逸卿建造了一座仿京式戏园满庭芳茶园，同治六年春天开张时，派人约聘北京的京戏班到该园演唱。同年，巨商刘维忠又在上海建造了丹桂茶园，邀请北京三庆班等戏班中的名角组班南下。来沪演出的有老生铜骡子（刘义增），文武老生夏奎章、熊金桂，花旦冯三喜，花脸董三雄、疤痢王（王攀桂）等，曾排演十本《五彩舆》。同治七年（1868）秋天，丹桂茶园再度赴京聘请周春奎、大奎官（刘万义）、孟七、张七、杨月楼等到沪献演。京戏在上海露演之后，立刻受到上海观众的喜爱，以至使当地流行的昆腔、徽调等相形见绌。当时上海袁祖志所作的《竹枝词》，这样写道："自有京班百不如，昆徽杂剧概删除。门前招贴

（清）沈蓉圃《同光十三绝》

人争看，十本新排《五彩舆》。"由此可见当时京戏风靡申城的情况。在京剧南来之前，上海剧坛最盛行的是徽班（此时昆班已经衰微），而京戏南来后，徽班受到冲击，后来逐渐走上京、徽合班同台，进而化徽为京的途径。

到光绪年间，在上海，京剧已经盛行，京角来沪十分频繁，如老生孙菊仙、汪桂芬、谭鑫培、汪笑侬、刘鸿声，武生俞菊笙、黄月山、李春来，旦角时小福、余玉琴、田际云，花脸金秀山、刘永春等，经常往来京沪之间，还有一批名角则久居上海，如夏奎章、王鸿寿等。上海逐渐成为京戏在南方活动的一个中心。至清光绪二年（1876），在上海出版的《申报》上首次出现"京剧"的称谓。

此时，京剧还通过活跃在杭嘉湖地区的水路戏班在江南广泛传播。杭嘉湖水路戏班形成于清嘉庆年间，开始主要演出徽戏。于质彬先生在《南北皮黄戏史述》一书中曾谈到，扬州的下三庆徽班自扬州沿京杭大运河南下，在镇江、常州、苏州一路演出，演到苏州，便把甪直镇作为戏班的临时基地。后来下三庆设计图样，请来木工，制造了一艘既可容纳二十余人住宿，又可作为舞台的台船。于是带领"十八顶半网巾"的戏班，以下三庆台船班的名义，从甪直镇出发，摇船进入杭嘉湖。这是第一代水路徽班，它不仅演徽戏，而且也演梆子、昆曲。水路戏班充分利用江南水乡河网纵横的特点，驾船流动于集镇码头，极受欢迎，效法者甚多，一时间水路戏班极为兴盛。他们或演庙台戏、露台戏、水台戏，或演船台戏，观众可在岸上观剧，或乘着船分列戏船两侧观剧。随着京剧的兴盛与南来，这些水路戏班也逐渐以京、徽合演或干脆改演京剧了。以下三庆水路戏班为例，下三庆的孙子卞代清所演的剧目中已经大多是京调皮黄了。卞代清的儿子卞金奎、卞银奎更是水路戏班中的京戏名角了。卞银奎曾向潘月樵学过戏，还与梅兰芳、周信芳配过戏。李紫贵先生在《忆江南——李紫贵口述历史》一书中，也谈到水路戏班。他说京剧水路戏班至迟光绪年间就有了。水路戏班以规模大小分为堂名班、一冲头、年糕班三种。堂名班人数最多，一般有九条船，约五十人；一冲头是五至七条船，大概十余人到二十人左右；年糕班也就二至三条船。李紫贵的父亲李庆棠就是在杭嘉湖水路戏班唱红的，二哥李吉来和他同在杭嘉湖水路戏班唱过。水路戏班因客观环境的缘故，表演需要火爆、夸张，所以台上玩真刀真枪，玩四张桌子翻下来，跺子前扑过三张桌子等过硬的翻跌功夫。后来这些玩意儿也带到了上海的舞台上。杭嘉湖水路戏班的活动，无疑扩大了京剧在南方的流传和影响。

随着京戏逐渐在上海扎根同时也向附近省市迅速传播，如南京、杭州、南昌、汉口等地都留下了京剧的足迹。

第二节 周信芳的学艺生活

周信芳就是在这样特定的政治环境、文化氛围及京剧发展的状况下，开始了自己的戏剧生涯的。

周信芳的学艺生活大致从1900年开始，至1913年。他学艺生活大致经历了几个阶段。

第一个阶段是启蒙学戏，初登舞台。时间约在1900年至1907年。

1900年，周信芳五岁时，曾到一间私塾里就读。但当时，他的父亲周慰堂为生活奔波，嗓音失润，渐渐失去了捧场的观众，贴演的戏不大卖座了。这样他的收入日渐减少，只能糊口而已。因为戏班演出时常流动，居无定所，故而周信芳在私塾读了没几天就辍学了。周信芳从小喜欢吃肉，父亲即使生活困难，也千方百计节衣缩食，能让孩子吃上肉，他说："不可令我儿无肉也。"

周信芳从小跟着戏班，接触的尽是戏服、锣鼓、琴声，耳濡目染，使他和京剧特别亲近、厮熟。他的母亲见他喜欢戏，就教他试唱，开始教的是《文昭关》中一段【二黄慢板】"一轮明月照窗前，愁人心中似箭穿……"，周信芳竟唱得朗朗动听。

那一年周慰堂随戏班在杭州唱戏。他看儿子天资聪颖，对京戏也很有兴趣，于是让周信芳拜在陈长兴门下练功学戏。

陈长兴（一作程长鑫）是当时在杭嘉湖有名的文武老生兼花脸，擅长的戏目有《焚绵山》《独木关》《芦花荡》等。陈长兴教周信芳的开蒙戏是《黄金台》，不几天周信芳就会了个大概。接着教他《一捧雪》《庆顶珠》等戏。周信芳跟随陈长兴学戏的时间虽不是太长，但就像学书法的开笔一样，第一位老师陈长兴对周信芳的启蒙教育，影响着他整整一生的艺术生涯。

不久，周信芳又师从著名老生王玉芳学老生。王玉芳是前辈艺人王九龄的弟子。王九龄嗓音清脆、丰神秀雅，文武皆能，唱做兼擅，《定军山》《战蒲关》《除三害》《五彩舆》等皆为拿手好戏。他成名虽比余三胜、程长庚、张二奎略晚，但因其有独到之处，故而演剧界也有将他与余、程、张平列而论，称为"老四派"的。王九龄曾搭四喜班，张二奎故世后，他名列该班首席老生。而学王九龄，以王玉芳最为神肖，有"九龄正宗"之誉。王玉芳不但继承了王九龄一派，而且还兼演汪桂芬和张二奎的王帽老生戏。他的唱凝重典雅，宽厚爽朗，韵味古朴醇厚，做工亦佳。他对音韵之学研究很深，熟谙梨园掌故，各派名伶剧本词句之异同优劣，悉了然于胸。周信芳在王玉芳那儿不仅学会了好几出戏，而且得到了许多的滋养。

第二年，虚岁才七岁的周信芳便以"小童串"名义首次登台演出，那是在杭州拱宸桥天仙茶园，第一出戏是《黄金台》，扮演戏中的娃娃生田法章。《黄金台》写周代故事，齐湣王宠信邹妃及太监伊立，伊立诬陷世子田法章对邹妃非礼。湣王大怒，派伊立擒斩。田法章出逃，得御史田单帮助而偷逃出关。周信芳演得情状逼真，稚气可掬，十分动人。观众对他的聪明慧黠甚为赞赏，于是初登舞台，便一炮打响。因是虚岁七岁，故取艺名为"七龄童"。

这一年著名做工老生小孟七（孟小冬的叔父）到杭州演出，贴演《铁莲花》，想物色一个娃娃生，找了好几个都不合意，后来选中了周信芳，由他饰演戏中的定生。戏中伯母马氏百般虐待定生，冬天剥去他的衣裳，叫他在风中扫雪，又将烧得火烫的碗叫他捧奉。周信芳演得很真切，在"雪地奔滑"一场中，还顺溜地走了一个京剧中难度较大的动作吊毛，博得了满堂彩声。于是这位小童串的名声渐渐在西湖的六桥三竺传扬开来。

1902年至1905年这几年中，周信芳开始了童伶生涯，一边学戏练功，一边以儿童演员的身份出入于各个戏园，为著名演员配演娃娃生。他曾与有"赛活猴"之称的武生郑长泰同台，很受郑的青睐。他练功非常认真刻苦，每天早晨穿着硬靠、厚底靴练功，单是圆场就要跑一百圈。后来他演《萧何月下追韩信》中的圆场，只见他两腿疾走如飞，浑身无一点摇晃，就是因为他幼功、基本功打得扎实。

隔了一段时间，著名红生"三麻子"王鸿寿到杭州组建蓉华班演出，也邀请周信芳加入演娃娃生。王鸿寿让他与昆曲名旦周凤林合演《杀子报》，周凤林饰演徐氏，周信芳饰演稚子官保，王鸿寿自饰知县。稚子被害一场，周信芳演得声泪俱下，全场观众都被深深感动了。当时正值寒冬，稚子的服装很单薄，王鸿寿怕周信芳受冻，每当周信芳下场，他总要把自己穿的那件老羊皮短袄披在周信芳的身上，拥之入座，为其取暖。聪明的孩子得到了观众的欢迎，也受到了前辈的关怀和爱护。

1906年，周信芳的师兄程永龙在天津唱得很红，苦念师德，特派人到杭州来迎接师父陈长兴到天津奉养。周信芳随父一起护送陈长兴到上海。当时王鸿寿为去汉口演出，正在筹组满春班，需要一个娃娃生，见周信芳来沪大喜，就吸收他参加，并且破例定下了每月六十元的包银。在当时这是很高的酬金了。这一来，周信芳倒为父母分挑了生活的担子。

周信芳随满春班到汉口、芜湖等地演出，仍以娃娃生配演《杀子报》《桑园寄子》《朱砂痣》等戏。

周信芳十一岁再次到汉口,在天仪园演出。王鸿寿为了培养他,就让他挂牌演唱正戏。打炮戏第一夜还是《黄金台》,第二夜是《翠屏山》,周信芳揉进了武术的耍单刀,小稚子飞舞长刀,虽然人小刀长,但也能舞得满台生风,观众连连鼓掌叫好。回程中在芜湖演出,除演京剧外,还杂演《梵王宫》《阴阳河》等梆子戏。此时,因为年龄已经超过七岁,故而艺名改成了"七灵童"。从这个时候起,周信芳算得是一个正式的角儿了。

《扫松下书》,王鸿寿饰张广才

随后,王鸿寿又把他带至上海,加入玉仙茶园,与孙菊仙、林颦卿、李春利等名角同台,改艺名为"万年青"。第一天打炮,以《翠屏山》唱大轴,这是周信芳首次在上海露演,时在1906年。当时上海租界立有章程,夜戏不得超过十二点钟。舞台管事看周信芳人小,故意让其"马后",周信芳上场时已近午夜。孙菊仙见时间已晚,戏中舞大刀等好戏都来不及演,于是急忙掏出银圆给园中的巡逻警察,请其通融,才使周信芳能够从容地演完此戏。孙菊仙是一个大名角儿,京剧"后三杰"之一,人称"老乡亲"。他对初出茅庐的周信芳如此垂拂照应,使周信芳感激涕零。

接着,南派武生的创始人李春来在上海筹组春仙班,周信芳一度加入,再改艺名"时运奎"。时间不长,又去苏州、镇江、芜湖各码头演出。这段时间里,周信芳每到一处便寻师访友,曾得到刘双全、潘连奎、张和福等人的传授与教诲。他向刘双全学了《凤鸣关》《定军山》等靠把戏,向潘连奎学了《六部大审》《盗宗卷》等念白戏。在芜湖演出时,张和福老先生看周信芳是个有出息的"小老斗",聪明可爱,便把他珍秘的一出《打棍出箱》传授给他,因此,周信芳演"出箱"时的身段和眼随棍转的技艺具有独到的功力。

1907年,十二岁的周信芳正式起用"麒麟童"的艺名,这里还有一段轶事。那年他到上海丹桂茶园,用的艺名是"七灵童"。唱打炮戏的前一夜,前台照例要贴海报,戏班特地请了一位擅长书法的老先生来写海报。老先生姓王,是上海人。他在写海报时，把名字搞错了。前台管事报的艺名是"七灵童"，北方话的"七灵童"与上海话的"麒麟童"，发音十分相似。王老先生误听为"麒麟童"，于是就按此写好海报贴了出去。当时后台都忙着准备开锣，谁也没有去注意这件事。那天周信芳演出相当成功，第二天，上海的报纸登出了"麒麟童昨夜在丹桂茶园演出"的消息，直到这时，班主才知道写错了海报，于是重新请人写了一张"七灵童"演出的海报，贴到戏园门口。可是晚上开戏之前，戏园门口吵吵嚷嚷。许多观众说，我们是来看麒麟童的，不是看七灵童的。有的还要求退票。这样一来，班主只得将错就错，再次将海报改写为"麒麟童"。周信芳，因一个偶然的机会，获得了一个既响亮动听，又含有吉祥之意的艺名，从此就正式改用这个艺名。他父亲还特地带了他到那位写海报的王老先生家里，向王先生叩头道谢。

这一年，周信芳先后在南京、上海演出，并拜李春来为师，执弟子之礼。李春来对其亲口实授，教过他《狮子楼》《四杰村》以及《骆马湖》的走边、《翠屏山》的耍刀等戏艺。

这一阶段，周信芳从开蒙学戏到初登舞台；从以小童串配演娃娃生到挂牌主演正戏；从流动于江南各码头到进入南方京剧中心——上海；从师事陈长兴、王玉芳为其开蒙，到与孙菊仙、王鸿寿、李春来等名角同台，受后者点拨熏染，视野大开，艺事日进。

周信芳学艺的第二个阶段是北上游学，进京深造。时间约为1907年至1911年。

1907年秋天，周信芳开始一生中的第一次北征。当时京剧虽然已向全国辐射，在南方也已比较兴盛，但京剧的主要流行区域还是在北方，它的中心还是在北京，最好的演员也集中在北京。要想成为一个好的京剧演员，到北京去"朝圣"一番，那是极为必要的。这就是周信芳要北上，要进京去深造的原因。临行之前，他父亲语重心长地告诫他："唱到老学到老，

《花蝴蝶》，李春来饰姜永志

倘若后台有人指点你的错误,你须要垂手站立,恭恭敬敬地听他的指教,就是跑龙套的来说你,也要如此,你不可轻视他是跑龙套的,他虽然站在两边,但是当中的好角色,比你见得多,他既来说与你听,一定有好处来教授,俗语说一字便为师,怎好傲慢无礼。虽则往往也有不合之处,那就在你自己去选择,听见了好的意见,下次就改一下,不好的自然也就不采用了。但是当时不准和批评的人辩论,埋没了人家好意。"

周信芳北上,先去了烟台、大连、天津。这几个地方都是北方的重镇,同时又是北方重要的京剧码头,经常有京戏名角登台,观众也大多是内行,对演员的要求很高。所以这种地方演戏很难演,稍有闪失便会栽跟头。因此周信芳特别谨慎,由于他功夫扎实,演戏又认真卖力,给观众留下了很好的印象。在天津,他曾与余叔岩同台演出,余叔岩是"前三杰"之一的余三胜的孙子,艺名为小小余三胜。周信芳的名声开始在北方观众中传开。

1908年,周信芳首次来到中国的京城、京剧的发源地北京,并进入了当时中国京剧的最高学府、最负盛名的京剧科班——喜连成科班进修深造。

喜连成科班成立于光绪三十年(1904)七月,初名喜连升,光绪三十一年(1905)四月,改名喜连成。由吉林富商牛子厚出资并任班主,京剧艺人叶春善任社长。喜连成社只收男生,随到随考,入科年龄为六岁至十一岁。坐科年限一般为七年。除本社学生外,另外约聘社外稍有名声的童伶,搭入本社演唱,并参加学戏、排练,称为"搭班学艺"。其居住膳食不同于本社学生,并付给包银。周信芳就是属于搭班学艺的。同时搭班学艺的儿童演员还有梅兰芳、林树森、贯大元等。

喜连成班训育学生极其严格,并注重实践,每天清晨学生便起身吊嗓、练功;上午教授文戏、武戏;下午到剧场演日场;晚上教授昆曲。

林树森剧照

叶春善本是做工老生，亲自授课，萧长华为总教习，除主教本门丑行之外，生、旦、净诸行各戏也遍为教授。另外还有许多名师执教。周信芳在这样的环境里学艺演戏，进步迅猛那是不言而喻的。

周信芳搭班那时节，喜连成班正在广和楼演日场，一般是午后十二点半开锣，戏码约有十来出，前面是玩笑戏、武戏以及青衣或老生单人演唱的戏，如《祭江》《祭塔》《秦琼卖马》《乌盆记》等，生、旦、净合演的文戏作为压轴，如《二进宫》《三娘教子》等，最后大轴是容纳角色多、场面热闹的大武戏，如《长坂坡》《八蜡庙》等，往往一直要演到下午六点多钟才散戏。

在广和楼演戏，大部分是"喜"字辈学生，如雷喜福、张喜虹、王喜禄、陆喜明、赵喜魁等。

周信芳头三天的打炮戏是《翠屏山》《定军山》《戏迷传》，又文又武，亦庄亦谐，这个从南方来的小老生，立刻得到了观众的普遍好评。周信芳在京剧的故乡一炮打响，包银定为四百五十元。

在这段时间里，后来都成为艺术大师的梅兰芳和周信芳在这里进行了首次的合作。他们开始合演的是《九更天》，周信芳饰马义，梅兰芳饰马女。这是一出奇冤戏，他们一个悲愤，一个凄厉，演得如泣如诉。接着他们又合演了《战蒲关》，梅兰芳饰徐艳贞，周信芳饰刘忠，贯大元饰王霸。周信芳扮演的刘忠进退维谷，语言支吾，手中的剑颤颤抖动；梅兰芳扮演的徐艳贞聪颖贤淑，见刘忠情状，知有蹊跷，心中猜度。两人表演都很细腻，唱得也委婉动人，赢得了观众的热烈赞赏。

自从梅兰芳、周信芳等人搭班参加演出后，广和楼观众日趋踊跃，卖座从原先的五六百座激增至一千五六百座。

周信芳搭喜连成班时已能演四十多出戏。在喜连成还与萧长华同台合作过。萧长华先生在《萧长华戏曲谈丛》一书里曾经回忆说：

当时信芳同志是文武全演，文戏中唱工戏如《让成都》《红鬃烈马》，做工戏如《滚钉板》《问樵闹府》，念功戏如《六部大审》，武戏中如《连环套》

《独木关》等,演来无不受到观众的盛赞,而且还能演老旦,我就曾陪他唱过《钓金龟》,他的康氏、我的张义。当时最"红"的戏,莫过于《戏迷传》了。他饰戏迷,我前演丈夫,后赶县官。戏里要串十几出戏,每换一出时,台下都是一场哄堂大笑。信芳同志要学好几个行当的好几派唱法,真可谓多才多艺。

据曾在北京得胜奎科班学戏的李清溪老先生回忆:1908年,周信芳第一次到北京演出,"当时他可能是刚搭班,但已是剧团的主要演员了。他曾在我们科班演出做工戏。在燕喜堂曾演过《打严嵩》《盗宗卷》等老生戏,也演过全本的《刺巴杰》等武生戏。我看过他的演出,他演起戏来,不但脸上有戏,善于表现喜怒悲欢之情,而且身段好看,口齿清晰,受到北京观众的赞扬,一时轰动北京城"。

北京是京剧名角风云际会之处,舞台上争艳斗丽,美不胜收,这使久居南方的周信芳大开了眼界。周信芳尽一切可能到处观摩,观摩了汪桂芬、谭鑫培、孙菊仙、黄润甫、何桂山、刘永春、杨小楼等名角儿的剧艺。在北京他听到人们赞誉最多的要算是谭鑫培了。狄葆贤的《庚子围城感事诗》写道:"太平歌舞寻常事,处处风翻五色旗。国自兴亡谁管得,满城争说叫天儿。""叫天儿"即指谭鑫培,当时他已有"伶界大王"之称。这使周信芳钦慕不已。一次他去广和楼演出,车子经过谭老板演出的戏园子中和园,只见门口摆着一面鼓、一块碑。他不懂是何意思,回来一问,才知这是老谭用特殊方式写的戏码。一面鼓表示演《击鼓骂曹》,一块碑指《李陵碑》。这更使周信芳迫切地想看老谭的戏了。

过了几天,周信芳抽空赶到煤市街中和园,那时戏已开锣,是贾洪林的《雪杯圆》。这出戏才结束,台上出来了一个和尚和一个瞎子,原来是演《逛灯》,瞎子唱完【倒板】"未曾下雨先阴天"后,忽然加了一句说白:"谭老板来了没有?"和尚说:"没有来。"瞎子说:"没有来,那么我再唱。"一直唱到和尚说谭老板来了,方才下场。此时天色已晚,园中漆黑,台上两边有人打起火把照明。

谭老板终于上台了，演的是《铁莲花》。周信芳热切希望老谭能够"铆上"，谁知那次老谭演出十分平淡，最后"挑子"（一种形为号筒的长颈喇叭）一吹，宣告终场。周信芳感到很失望。可是走出戏园听观众议论，却没有一个抱怨老谭的。有的说，谭老板今天不大高兴吧！有的说，要不就是身子不舒服，咱们明天再来吧！这使周信芳十分震惊，一个名角儿在观众心目中竟崇拜和信仰到这种程度，真是了不起。

《定军山》，谭鑫培饰黄忠

后来周信芳又在天津的东天仙茶园观摩了两场老谭的演出。头天是《打棍出箱》。周信芳早就听说老谭在"闹府"一场里有一手绝活：一抬腿，一只鞋会飞到头上去。那天戏演到范仲禹闹府时，只见老谭左脚一抬，一只鞋子飞起，过头半尺，鞋头朝里，鞋口朝下，左手去接，捧着鞋口，用右手背接着鞋底，左手一翻，右手翻掌托鞋底，安置头上，吊毛，做"老头入被窝"的动作。这些动作做来不慌不迫，渐次有序，博得了阵阵的彩声。第二天又看了老谭的《李陵碑》，那挥动大刀的动作、丢盔卸甲的特技、悲愤苍凉的唱腔，使周信芳拍案叫绝。

1908年11月14日光绪皇帝驾崩，11月15日慈禧太后病逝。清廷规定"国丧"期间，举国志哀，不准动乐，演戏不许上彩，这样在北京各种戏剧演出活动均告暂停。

周信芳在北京没法演戏，于1909年9月搭京都双庆和班到天津东天仙茶园演出。领班的是吕月樵，同台者有苏廷奎、金月梅、刘永奎、高福安、郭小福、嘎崩脆、牡丹花等。周信芳兼担老生、武生两个行当，戏码多列于中轴或压轴，戏目有老生戏《定军山·阳平关》《大报仇》《黑驴告状》《乌龙院》《九更天》，武生戏有《刺巴杰》《连环套》《狮子楼》《翠屏山》等。

同班的吕月樵是位京剧革新家，著名坤伶金月梅则擅演新编本戏及时装新戏，在他们的影响下，周信芳开始对编演新戏发生兴趣。他为金月梅配演时装戏

《二县令》，饰演知县一角。他还演出了新编本戏《好心感动天和地》《刘元普双生贵子》《吕大郎还金完骨肉》以及《三侠五义》等戏。

两个月后，双庆和班转入天津贾家桥西元纬路大街兴华茶园演出，在金月梅的带领下，周信芳参加了更多本戏的演出，如《巧奇冤》曾轰动一时。其他还有《杜十娘怒沉百宝箱》《卖油郎独占花魁》等。这是周信芳最初接触新编本戏及时装新戏，突破了原先仅演传统戏的范围，演剧题材有所拓宽。

就在这一年的年末，周信芳不幸倒嗓。周信芳在童年时代嗓子极其宽亮，这次在天津倒仓，忽然一字不出。但他并不气馁，每天清晨五时即起，登上土墩喊嗓锻炼，另一方面积极求医问药。经过努力，嗓音有所好转，虽然未能恢复到原来那样宽亮的境地，但沙哑中尚可响堂致远。

宣统二年（1910），周信芳嗓音渐渐稳复。他先后演出于天津、北京、烟台。在南派京剧名角杨瑞亭主持下排演了《黑驴告状》，还与张桂林排演新戏。

这一年，周信芳收了第一个弟子程毓章。实足年龄仅仅十五岁，虚岁也只有十六岁的周信芳已经开始收徒为师，这在京剧界是绝无仅有的。说明周信芳是一位早熟的艺术家。

1911年，周信芳继续往北，到了海参崴和双城子一带，这两个城市原为我国的领土，在第二次鸦片战争中清政府割让给沙俄。这可说是有京剧观众的最北边的码头了。

这一阶段，周信芳游历北方重镇，在京剧的发源地饱览谭鑫培等名角的演艺和风采。通过在最负盛名的喜连成科班接受正宗的、正规的京剧训练，他开始接触和了解北方观众，他开始接触新编本戏与时装新剧，他开始收学徒，为人师表。但同时他倒仓而未得复原，这也在为他所展示的一派灿烂前景中，抹上了一线阴影。

周信芳学艺的第三个阶段是重返申城，追随前贤。时间约为1912年。

1912年周信芳重返申城。先入四盏灯（周咏棠）主办的迎贵仙茶园。三天的打炮戏是《南天门》《独木关》和《群英会》。头天夜戏，饰演曹玉姐的苏瑞芳嗓音奇高，胡琴定乙字调，此时周信芳嗓音已沙，内行人莫不为之担心，但周信芳饰演的曹福，出场时就以甩髯、抖袖、吊毛，博得了满堂彩声。唱的时候又勉力

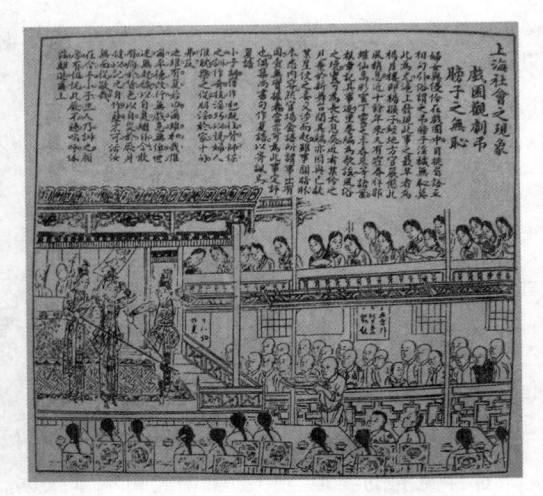

清末上海茶园的舞台　　　　　　　　　清末上海茶园观剧图

为之,唱到"点点珠泪"时,以虚音歌之,应付得十分巧妙。后来,他不仅在演《御碑亭》时这样做了,而且运用到其他剧目的表演中去。周信芳虽然没有正式拜谭为师,但私淑谭派,在艺术上深受老谭的熏陶。

后来,著名的历史学家顾颉刚先生曾说过:学谭鑫培最好的是周信芳。谭鑫培也很赞赏周信芳,他看了周信芳与江梦花合演的《御碑亭》,称赞周演得很好。后来谭鑫培回到北京,有人问他上海有什么好角儿,他就说:"有个麟麟童,是个唱戏的。"这是很高的评价了。

这一段时间,周信芳还与冯子和同台演出过《桑园寄子》《三娘教子》等戏。冯子和是南方名旦,他是一位京剧革新家,他传统功底深厚,但表演却比较生活化,注重性格刻画,周信芳从他身上也学到很多东西。这里还有一段轶事。有一次周信芳与冯子和合演一出新戏《贞女恨》,是写清道光年间,儒生李天祥进京赶考。其妹秀贞早就许配夫家,然而其表兄江不良想娶秀贞。未成,便散布流言,说其不贞。夫家打起官司,秀贞蒙受不白之冤。天祥中试回乡,代妹申诉,案情才得大白。这是一出幕表戏,并没有固定台词,均由演员临场即兴发挥。有一次演到天祥中试归来,追问妹妹究竟有否过失。原先排练时,妹妹是要回答的,可是这次扮演哥哥的周信芳问后,冯子和只是掩面而泣,避不作答。周信芳只能再临时抓词,作为问话。可是冯子和这一回依然不答,只是哭得更厉害了。周信芳有点慌了,连忙搜索枯肠,现编问话,进一步盘问,冯子和还是不回答,哭得更加伤心。这下把周信芳也急得哭了出来。台下观众看了反倒觉得演员演得特别逼真,竟热烈地鼓起掌来。戏演毕下场,冯子和对周信芳说:"我不逼你一下,你能出得来吗?"这使周信芳懂得了,一个好演员要学会应付各种复杂的场面,随机应变、即兴创造的能力有多重要啊!

周信芳早熟,登台早,成名早,然而学艺阶段时间并不短。他的学艺生活很有自己的特点。

在周信芳那个年代,京剧教学主要有两种方式,一种是科班学戏,那就是类似如今的戏曲学校,设置一定的课程、项目,由教师传授,加以训练,一期大概六七年;另一种是随班跟师,就是学生在戏班里拜师学戏,随班而行,边学边演。周信芳主要是走后一条路子。他跟着父亲的戏班,拜了文武老生陈长兴为师,后来又拜王玉芳为师,学戏不久便登台配演,以后一直边演边学。

这两种方法虽有不同,但都属于正规训练。随班跟师的也要从基本功练起,再开蒙学戏。周信芳跟的两位师傅都是好手。陈长兴是河南人,文武老生,是久站河南的好角儿。他所教的开蒙戏,三出文戏,三出武戏,完全是正规路子。王玉芳则是前辈艺人王九龄的弟子,也是著名老生。再加上周信芳的父亲也是著名的京剧伶人。因此周信芳从小就受到正规而严格的京剧训练。

特别值得提到的是,十三岁时,周信芳又到北京进了当时最负盛名的喜连成科班深造,使他的学艺生活进入了一个新层次。他在喜连成科班虽然不同于一般的学生,但既然是搭班学艺,就有两个任务:一是演戏,二是学戏。当时喜连成科班师资力量雄厚,训练最严格,教戏也最规范,一举一动、一戳一站都有法度标准。他在这里接受了科班的正规训练,不仅学到一些原来没有学过的新戏,而且对以前学的戏也有匡正和规范。通过随班跟师学艺与科班搭班深造,使他的技艺、戏路更符合规范。他能在喜连成科班挂头牌,与梅兰芳、余叔岩等同台竞艺,充分说明了这一点。

周信芳不仅接受了正规训练,而且正规训练是与舞台实践紧密地结合在一起的。他五岁学戏，六岁就登台演出了，以后基本上是边学边演，一直在舞台上跌打滚爬。边学边实践，比之光学不实践效果要好得多。边学边演，学的东西通过实际运用，就容易记住、巩固；另外学的东西通过舞台及观众的检验，哪些地方学得不磁实，哪些地方用得不得当，都会暴露出来，再加以纠正，也就提高了。前面提到的冯子和逼哭麒麟童，就可看出舞台实践对一个演员训练的作用。

周信芳正是在不断的舞台实践的过程中得到磨练，增加经验，逐步提高的。开始一个阶段，周信芳在台上步子太大，不大懂得节制。有一次与前辈李连仲同台演出《连环套》。李连仲饰演窦尔墩，他演黄天霸，"拜山"一场，黄天霸与窦尔墩有一段对话，黄天霸追问彭朋的情况，周信芳一面念词，一面步步进逼，问一句，跨前一步。由于步子太大，竟把李连仲逼到了舞台的边上，弄得退无可退。这一次，使他吃一堑长一智，以后再演此戏时就特别注意步子的大小以及舞台调度的分寸了。

以前当演员的也很重视"行万里路，读万卷书"。周信芳曾说过："我在流浪中开始了演剧生活。"他从六岁登台到十八岁，这十多年当中，一直走南闯北，频繁奔波。他盘桓于杭州、上海、苏州、镇江、南京、芜湖、汉口一带，又北走烟台、天津、北京，甚至远及海参崴、双城子，从南方水乡到北国大漠，甚至东北边陲，无不留下了年青的周信芳的足迹。行万里路对他来说，无异于一个无形的大课堂。他领略了北国、江南的山水风光、风土人情，在大小码头上观摩了很多名家好戏，寻访了不少良师益友，还开始接触和熟悉南方观众与北方观众。特别是他较长时间在南方的城市集镇演出，深受江南地域文化氛围的熏染与浸润，深受南方观众审美情趣的影响。比如，清末民初，杭嘉湖一带活跃着许多水路戏班，其中不少是水路京班。这种戏班利用江南水乡河网纵横的特点，常年驾船流徙于集镇码头，他们或演庙台戏、露台戏，或演水台戏，甚至以船头为流动舞台，演出船台戏，水面上的观众乘着船分列戏船两侧观戏。水路戏班演出风格通俗夸张、粗放炽烈、节奏强烈，别具一格。周信芳有没有参加过水路京剧班子，较难查考。我读到一篇文章，说道："周信芳是宁波江北区慈城镇人，六岁在鄞县'大四喜'水路班拜师学艺；十二岁带艺入北京'喜连成'科班……"但缺乏佐证。然而即使周信芳没有参加过水路戏班，但他常在水路戏班活动的码头演出，不仅耳濡目染，而且与水路戏班有一定的关系。杭嘉湖著名的水路京剧下家班中的卞银奎就与周信芳在杭州、湖州配过戏。长期在南方码头上滚，在南方舞台上演出，为他日后创造海派艺术与麒派艺术种下了重要的因子。

因此，正规训练与舞台实践紧密结合，是周信芳学艺生活的一个特点。周信芳虽然最初在南方学戏，但当时老师教戏，无论南方北方，都以京派路子传授。周信芳学艺之初由陈长兴、王玉芳开蒙、教戏，无论唱、做、念、打基本功的训练，还是说戏，都是按京派路子教的。像王玉芳，他是王九龄的弟子，王九龄先后搭班于余三胜的春合班和张二奎的四喜班，深得余、张的三昧，特别更逼近奎派。王玉芳继承了王九龄派，又兼擅汪（桂芬）派，那都是正宗的京朝派。周信芳初入上海后，又深得孙菊仙的青睐与教诲。孙菊仙票友出身，拜在程长庚门下，又久居北京，也是京派的代表人物。周信芳的《逍遥津》《四进士》都源自老孙。1908年周信芳入喜连成科班深造，接受京派的正规训育。周信芳特别迷恋谭派，在北京、天津观摩了谭派名剧，回上海后又得到老谭亲授。因此周信芳在学艺时期，以正宗的京派技艺打下了扎实的基础。周信芳后来虽然自创麒派，然而他自始至终崇拜京派，尊重京派。

周信芳在以正宗京派技艺打基础，认真学习京派剧目和表演技艺的同时，他又接触了许多南派京剧名角，并且深受他们的影响。这是他学艺生活中突出的另一个特点。王鸿寿、李春来、冯子和是周信芳早期深受他们熏陶的三位南派名角，其中又以王鸿寿对他的影响最大。如果说周信芳在京派名角中最崇拜的是谭鑫培，那么在南派名角中最钦佩的就是王鸿寿。王鸿寿艺名三麻子，安徽怀宁人，出身徽班，有深厚的徽戏根底，擅演红生戏，长年在上海演出，有"红生泰斗"之誉。他注重做派，唱念清切有力，表演富有生活气息。周信芳后来在《最难演之〈雪拥蓝关〉》一文中这样描述王鸿寿以及王鸿寿与他的关系：

　　我界前辈王鸿寿（即三麻子），京徽诸剧，文武皆能。红生尤为著名。徽班名剧，如《扫松下书》、《吴汉杀妻》（即《斩经堂》）、《徐策跑城》等。

其剧本留传京班，皆始于鸿寿先生也。

我界常例，演员每入新班，后台执事必请示剧目，以便日后按目派演。有向鸿寿师索剧目者，彼云：凡属于生行之剧，吾能演之；唐三千，宋八百之多，不妨请随意派演。可见其为伶界饱学之士。

曩时与余同隶丹桂第一台，朝夕亲炙，觉其艺术，实有过人之处。

早在周信芳初出茅庐之时，三麻子就以慧眼识神童，他带着周信芳走汉口，闯芜湖，进上海，为他把场，给他说戏。周信芳虽未正式拜他，但一直以师事之。王鸿寿教过周信芳的戏很多，如《扫松下书》《徐策跑城》《薛刚闹花灯》《洞庭湖》及一些红生戏。周信芳还拜南派京剧武生创始人李春来为师。李春来武功精湛，动作矫健利索，开打翻跌猛厉炽烈，周信芳向他学了《狮子楼》《四杰村》等。

可见周信芳在学艺时期以正宗的京派技艺打基础，又吸收南派京剧的长处，可以说是兼收了京派、南派的双重营养，从而构成了独特的知识、技艺结构。

另外，周信芳在学艺时期还开始接受新鲜事物，并萌发出了爱国之心与艺术的创造欲。周信芳的学艺时期，正值辛亥革命前后，列强侵略，清王朝即将倾覆，国家处于动荡之中，他到北京、东北，见到、听到帝国主义欺压残杀中国人民的事情实在太多太多，在他幼小心灵中萌发出爱国的嫩芽。他在天津首次接触新编本戏与时装新戏，开始接触新的艺术形态，他的正在觉醒的艺术创造欲也开始被激发。

第二章 沐浴在京剧改良运动的春风中

第一节 京剧改良运动的"海上新空气"

周信芳学艺阶段的后期及演剧生涯的初期，正值京剧改良运动（也称平剧改良运动）兴起之际；周信芳又身处京剧改良运动的中心上海，故而直接呼吸着这一股"海上新空气"。

19世纪末20世纪初，随着政治方面变法维新运动的发展以及西方文化思潮在中国的传播，资产阶级改良主义文化运动也日益高涨起来。一批具有民主、爱国思想的知识分子提出了"诗界革命""新文体运动""小说界革命"等口号。归纳起来，主要内容是两个方面：一是主张改革旧文体，"崇白话而废文言"，突破旧文体、旧诗体的束缚，"我手写吾口"，"欲令天下之农工商贾妇女幼稚，皆能通文字之用"（黄遵宪语）；二是主张"以旧风格合新意"（梁启超语），强调文艺作品的政治意义及其在社会教育方面的作用。当时出现了革命诗社南社，涌现了诸如《官场现形记》《二十年目睹之怪现状》等一批暴露旧世态，宣传新思想的"谴责小说"。此时，西方的话剧以"新剧""文明新戏"之名开始传入。1907年至1908年间，留日学生组织的戏剧团体春柳社先后在日本与上海演出了《黑奴吁天录》。稍后，进化团也在长江下游各地演出宣传革命的幕表戏。这样一股滚滚涌动的时代文化潮流，正波及并冲击着日趋成熟、发展的京剧艺术。

京剧改良运动的前奏，是一批利用杂剧、传奇形式表现新思想、新内容的剧作的出现。如筱波山人的《爱国魂》、浴日生的《海国英雄记》、吴梅的《风洞山》、春梦生的《学海潮》、湘灵子的《轩亭冤》、惜秋旅生的《维新梦》、华伟生的《开国奇冤》等。据阿英先生统计，从1896年至1911年，报刊发表的戏剧剧本共计一百六十二种，其中传奇、杂剧九十五种，地方戏（包括京剧）九十二种。① 这些剧本，以旧瓶装新酒，其思想倾向基本上是反帝反封建的；但案头剧本居多，直接搬上舞台的较少。但有些由京剧艺人编写的京剧剧本却屡屡搬上舞台，如《瓜种兰因》《潘烈士投海》等。

与此同时，在舆论界则展开了关于戏曲问题的理论探讨。最有代表性的是陈独秀以"三爱"为笔名撰写的《论戏曲》一文。此文最初用白话文发表在1904年第十一期《安徽俗话报》上，1905年又改用文言文刊登于《新小说》第二卷第二期。文章强调了戏曲的教育作用与社会功能。他认为，戏剧是"改良社会之不二法门……戏园者，实普天下人之大学堂也；优伶者，实普天下人之大教师也"。他从平等观念出发，批判了"以演戏为贱业，不许与常人平等"的封建观念，要求尊重艺人，提高其社会地位。他认为："人类之贵贱，系品行善恶之别，而不在于执业之高低。"西方各国"以优伶与文人学士同等"。同时他又尖锐地指出旧戏的种种弊端，"只知己之富贵功名，至于国家之治乱，有用之科学，皆勿知之"，主张从内容到形式进行改革，提出"不可演神仙鬼怪之戏"，"不可演淫戏"，要"除富贵功名之俗套"。他还主张"采用西法。戏中有演说，最可长人见识，或演光学、电学各种戏法，则又可练习格致之学"。他在文章中还热情赞扬了当时擅演新戏的京剧艺人汪笑侬。这是一篇十分重要的文章。

京剧改良运动的中心在上海。20世纪初，上海就出现了一批爱国的、热心于京剧改良的艺人，并涌现出一批具有反帝反封建倾向的新戏，包括时装新戏。1904年汪笑侬编写了新戏《瓜种兰因》，在春仙茶园首演。汪笑侬出身八旗，自幼酷爱京剧，为北京著名京剧票房翠峰庵的票友，得到过名伶孙菊仙的指点。1879年中举后，任河南太康知县，因触怒巨绅而被革职。弃官后下海，光绪中

---

① 阿英编：《晚清戏曲小说目》，古典文学出版社1957年版，第7页。

叶至上海,先后入丹桂茶园、春仙茶园。汪笑侬深受改良主义思潮影响,积极投身京剧改良运动,以戏曲进行通俗教育为宗旨,致力于编新剧,创新声。他在自题肖像的诗中说:"手挽颓风大改良,靡音曼调变洋洋。化身千万倘如愿,一处歌台一老汪。"他编写的《瓜种兰因》,写波兰与土耳其开战,兵败乞和之史事,影射清政府的腐败无能。1898年戊戌变法失败,六君子就义,谭嗣同临刑长吟,汪笑侬痛呼:"他自仰天而笑,我却长歌当哭。"并旋即编演了《党人碑》,借北宋书生谢琼仙怒毁党人碑的历史故事,痛斥把持朝政的顽固派。

汪笑侬像

他还陆续编演了《桃花扇》《缕金箱》《长乐老》等戏。他是京剧改良运动中的一员虎将。

潘月樵及夏月珊夏月润兄弟、冯子和等也是京剧改良运动的积极推行者。

潘月樵工老生,艺名小连生,他擅长做工,所扮演之角色气度不凡,性格鲜明,《群英会》的鲁肃,《白门楼》的陈宫,《战宛城》的张绣,都是他的拿手杰作。夏月珊、夏月润乃有"活马超"之誉的前辈艺人夏奎章之子。月珊工老生,月润演武生、红生。冯子和则是南派京剧名旦。他们在上海排演了许多针砭社会弊病的时事新戏。潘月樵与赵君玉根据法国作家小仲马的《茶花女》和文明戏,改编了《新茶花》,由冯子和、王惠芳演出,呼吁男女平等,歌颂反帝战争。夏月珊、潘月樵编演了揭露鸦片对国人严重毒害的《黑籍冤魂》。冯子和还编演了歌颂革命女杰的时装新戏《玫瑰花》。此外,王鸿寿主演过时装戏《潘烈士投海》,描写清末志士的故事。旦角王惠芳在上海排演过《情天血泪》《血泪碑》《秋瑾》等剧目。

潘月樵像

《翠屏山》，夏月珊（左）饰扬雄，夏月润饰石秀

《黑籍冤魂》剧照

《新茶花》剧照

第二章 沐浴在京剧改良运动的春风中

随着京剧改良运动的兴起，演出活动的频繁，1904年10月，我国第一家专门性的戏剧期刊《二十世纪大舞台》在上海创刊。

《二十世纪大舞台》的发起人为陈去病、汪笑侬、熊文通、陈竞全、孙寰镜、孟崇军，实际主办人是陈去病与汪笑侬。陈去病曾加入同盟会，又是革命文学团体南社的主要负责人。《二十世纪大舞台》的社址设在上海四马路（今福州路）惠福里的《警钟日报》社内。《警钟日报》乃蔡元培主持的反帝革命团体争存会的机关报，蔡元培亲自担任主编，陈去病、孙寰镜、柳亚子、陈竞全都是《警钟日报》的编辑者和撰稿人。因此，《二十世纪大舞台》与《警钟日报》有着密切的血缘关系。

《二十世纪大舞台》是京剧改良运动的鼓吹者。它出版了两期，便被查禁。第一、二两期刊物中共发表剧本六个，有孙寰镜的时事剧《安乐窝》，惜秋的《新上海》和《拿破仑》，陈去病的《金谷香》，汪笑侬的历史剧《长乐老》和《缕金箱》。这些剧本或揭露慈禧太后的误国与阴谋，或抨击上海租界的民族歧视政策，或刻画汉奸的无耻嘴脸，反映了当时民族资产阶级的革命思想。

第一、二两期《二十世纪大舞台》发表了十篇论述京剧改良的理论文章。柳亚子撰写的发刊词，实际上是辛亥革命前后资产阶级革命派关于京剧改良运动的一篇宣言书。他说："张目四顾，山河如死……偌大中原，无好消息……而南都乐部，独于黑暗世界，灼然放一线之光明。翠羽明珰，唤醒钧天之梦；清歌妙舞，招还祖国之魂。美洲三色之旗，其飘飘出现于梨园革命军乎。"他所指南都乐部，即指上海的舞台。他把在上海积极从事京剧改良运动的汪笑侬、夏氏兄弟等称誉为"梨园革命军"。他提醒人们重视戏曲的社会作用，痛斥在民族危亡之际依然演唱《燕子笺》《春灯谜》，而要求积极编演如《扬州十日》《嘉定三屠》之类的历史剧目，以揭露清朝统治者的暴虐，歌颂烈士遗民的忠诚。他号召大家"建独立之阁，撞自由之钟"，编演光复旧物、推翻清王朝的"壮剧""快剧"十分鲜明地把京剧改良与革命运动联系起来，把矛头直接指向清朝统治者。陈去病发表了《论戏剧之有益》《告女优》等文章，也动员革命党人和京剧艺人积极投入京剧改良运动，编演各种具有新思想的剧作。

《二十世纪大舞台》虽然只出了两期，但它引起了巨大的社会反响，对京剧

"新舞台"全体艺员合影

改良运动起了有力的推动作用。

上海"新舞台"的建造，是京剧改良运动进入高潮的一个鲜明标志。

1908年10月，夏氏兄弟、潘月樵等联合商界等人士集资在上海十六铺建造了一座新式剧场"新舞台"，夏月润还亲自东渡日本，约请日本布景师和木匠同回到上海，布置新式舞台布景。这是我国第一所具有近代化设备的新型剧场。它第一次将旧式的茶园，改为专供人们欣赏戏剧演出的新式剧场。剧场改为镜框式月牙形舞台，从国外引进布景、灯光设备及现代技术，还有转台。观众席从茶园以条桌对坐形式，改为并排客椅面向舞台，观众席有三重楼，可容两千人。"新舞台"建立后，上海各茶园竞相效仿，兴建新式剧场，一时达十五六家之多，连老资格的丹桂茶园也改建为丹桂第一台。

"新舞台"建立后，编演了大量的时装新戏，如《玫瑰花》《潘烈士投海》《秋瑾》《鄂州血》《波兰亡国惨》《宦海潮》《黑籍冤魂》《新茶花》《明末遗恨》等。"新舞台"编演的改良京戏，总计在五十出以上。这些戏揭露封建社会的罪恶，针砭时弊，宣扬民主思想。"新舞台"成了当时宣传革命、上演新戏的重要场所。正如马彦祥先生所说的："新舞台可以说是中国舞台史上的第一次大革命，它不仅改变了剧场的形式，而且用了新的舞台形式决定了剧本的内容。"[①]

上海的京剧改良运动与资产阶级的民主革命活动紧紧地关联在一起。不仅改

---

① 马彦祥：《清末之上海戏剧》，《东方杂志》民国二十五年（1936）第33卷。

第二章 沐浴在京剧改良运动的春风中

新舞台

良京剧反映的内容是鼓吹革命的,而且不少京剧改良运动的活动家,直接参与了革命的政治活动。辛亥革命期间,潘月樵、夏氏兄弟都积极投入了光复上海的战役。他们都是上海伶界商团的负责人,夏月珊还兼任伶界救火联合会会长,救火会成员大半是剧团里演武行的精壮青年。武昌起义的消息传到上海,上海同盟会领导人之一的陈其美即联络商团,借了枪支,组织敢死队,发动攻打江南制造局(清政府设在黄浦江边的军火工厂)的战斗。陈其美不幸被擒,商团决定二次攻打制造局,潘月樵等号召"新舞台"全体演员、伶界救火会众会员参加战役,潘月樵被公推为攻打制造局的总队长。他腰佩指挥刀,亲自率领伶界商团、伶界救火会以及支持这次行动的南市警察队,冲锋陷阵,终于攻克了制造局,救出了陈其美。潘月樵在战役中左腿中弹受伤。上海光复后,军政府授潘月樵少将衔,后来又委任他为沪军都督府调查部部长。孙中山先生接见了他,并亲笔题赠"现身说法"的匾额,表彰潘月樵、夏月珊等"启导伶界,有功社会"的实绩。

另一位京剧艺人刘艺舟,既是京剧的改革家,又是革命活动家。他在日本参加了同盟会,回国后演过新剧《黑奴吁天录》,编演或演出过京剧《爱国血》《新茶花》《复活》等。辛亥革命时期，他组织了一个剧团，一面演出，一面从事反清革命活动。剧团成员既是演员又是武装军人。武昌起义枪声打响之时，刘艺舟的剧团正在大连、辽阳、威海一带演出。他向全体演职员说："黄龙饮马，光复神州，此其时矣！"遂率领全团人员搭乘一艘去烟台的日本轮船。当轮船驶近登州（即蓬莱）海岸时，他要求日本船主在登州抛锚，船主不允。刘艺舟便带领二十名带枪的团员，强使日轮靠岸。此时天刚拂晓，汽笛长鸣的同时，枪声大作，登州守军从梦中惊醒，以为革命军驾驶军舰前来攻城，一时慌乱不堪，弃城而逃。就这样，刘艺舟传奇般地攻下了登州城。几天后黄县也光复，刘艺舟当了登黄都督。孙中山就任大总统后，刘又改任烟济登黄司令。二次革命失败后，刘艺舟被反动当局列入搜捕通缉的黑名单，被迫流亡日本。

《新茶花》，冯子和饰辛瑶华

上海的京剧改良运动，产生了巨大的影响。

1913年秋天，梅兰芳应邀首次来沪，与名角王凤卿同在丹桂第一台献演。梅兰芳说："我初次踏上这陌生的戏馆的台毯，看到这种半圆形的新式舞台，跟那种照例有两根柱子挡住观众视线的旧式四方形的戏台一比，新的是光明舒敞，好的条件太多了，旧的又哪里能跟它相提并论呢？这使我在精神上得到了无限的愉快和兴奋。"①

在沪演出期间，梅兰芳抽空观摩了"新舞台"的演出和新剧的演出，"觉得当

---

① 梅兰芳：《舞台生活四十年》，中国戏剧出版社1987年版，第132页。

时上海舞台上一切都在进化,已经开始冲着新的方向迈步朝前走了"。对上海之行,梅兰芳感触很深,他说:"一九一三年我从上海回来以后,就有了一点新的理解。觉得我们唱的老戏,都是取材于古代的史实,虽然有些戏的内容是有教育意义的,观众看了,也能多少起一点作用。可是,如果直接采取现代的时事,编成新剧,看的人岂不更亲切有味?收效或许比老戏更大。这一种思潮,在我脑子里转了半年。"[①] 转的结果是根据北京本地实事新闻他编演了时事新戏《孽海波澜》。另外,上海"新舞台"的灯光设备也启发梅兰芳对化妆方面的改革。正如他自己所说的:"我第一次到上海表演,是我一生在戏剧方面发展的一个重要关键。"可见,京剧改良运动对梅兰芳先生的影响之深。

京剧改良运动对偶尔来沪演出的梅兰芳先生尚且产生如此巨大的影响,那么对长期活动在上海,亲身沐浴在京剧改良运动春风之中的周信芳又将是怎样呢?

第二节 紧紧追随前贤足迹

1904年,《二十世纪大舞台》创刊时,周信芳还是一名小童串,他出入于各戏园,为著名演员配演娃娃生。1906年他首次到上海,并在上海、南京、汉口、芜湖等地演出,此时京剧改良运动已日趋高涨。1908年,"新舞台"以崭新姿态耸立在十六铺时,周信芳才十三岁,是他起用"麒麟童"艺名的第二年。此时他正好负笈北上,在京津演出。但次年他在天津搭班演出时已经感受到时装新戏的改革氛围。1912年,他回到京剧改良运动的中心上海。

周信芳作为一个有血性的青年,深受革命气氛的熏陶。潘月樵、夏氏兄弟等人在辛亥革命中浴血战斗的英雄事迹,激发了他的革命精神;他们编演讽喻现实的新戏,"新舞台"从内容到形式的巨大革新行动,都给青年周信芳的艺术生命注入了新的血液。他毅然加入了京剧改良运动的行列,并紧紧追随前贤的足迹。正如他自己所描述的:

---

① 梅兰芳:《舞台生活四十年》,中国戏剧出版社1987年版,第211页。

辛亥革命以后，许多进步艺人像潘月樵、夏月珊、夏月润、刘艺舟等参加了革命运动。他们不满当时的清廷腐朽和帝国主义的侵略压迫，演出了很多讽喻现实的新戏，如《新茶花》等等。我也被这种热潮卷进去了，追随着他们的脚步处处求新……①

这种求新，表现在哪些方面呢？

第一，努力编演时事新戏。辛亥革命虽然推翻了清朝政府，建立了中华民国，但由于封建势力的强大，资产阶级的软弱，未能改变半封建半殖民地的社会性质。以袁世凯为代表的封建军阀，在帝国主义支持下窃取了国家的政权，对内实行独裁统治，阴谋恢复帝制，对外出卖国家主权，引起了全国人民的极端不满。在这样的政治形势下，周信芳接连演出了好几个声讨袁世凯的剧目。1912年9月，周信芳就演出了宣传革命，谴责袁世凯的现代剧《民国花》，该剧由周永荣、赵嵩绥编剧，合演者有林颦卿、一盏灯、四盏灯、赵君玉等。同年11月，又演出了讽刺袁世凯的寓言剧《新三国》，与一盏灯、林颦卿、赵君玉、孟鸿群等合演。

1913年又演出了《宋教仁》（又名《宋教仁遇害》）。袁世凯变本加厉地迫害革命，国民党代理理事长宋教仁想通过议会斗争制约袁世凯，在各地发表竞选演说。国会选举中，国民党获得多数票，使袁世凯大为惊恐。袁世凯遂派上海流氓头子应桂馨行刺宋教仁。1913年3月20日，宋教仁在上海车站遇刺身亡。这是民国初年震惊全国的一大案件，由此引发了"二次革命"。袁世凯篡夺革命果实，残害革命志士，镇压民主革命的罪恶行径引起国人共愤，讨袁之声响遍全国。事件发生后，年方十八、血气方刚的周信芳迅速筹划将其编为时事新戏搬上舞台。就在事件发生一周后的3月28日，由孙玉声编剧的《宋教仁》即在新新舞台首演。这是一次戏剧演出，也是一次政治行动。海报一贴出，立即引起强烈反响，广大观众冒着风险，踊跃购票看戏。在袁世凯统治的时期，演这样的戏，看这样的戏，都要有很大的勇气。周信芳在戏中扮演宋教仁，合作者有赵君玉、孟

---

① 周信芳：《五个十二年》，载《周信芳文集》，中国戏剧出版社1982年版，第37页。

鸿群、盖俊卿、赵月来、赵小廉等。当演到宋教仁被人刺伤,在医院里临终前有一段念白,完全被剧场里观众激愤鼎沸的人声所淹没了。

关于这次演出的情况,1913年3月30日《申报》玄郎的文章《记廿八夜之新新舞台》曾有记述:

> 前晚初开锣,座客即争先恐后肩摩毂击,途为之塞。七时余已人满为患,后至者络绎不绝,以座无隙地,环立而观。甬道之上,亦拥挤不堪,竟至不便行走,卖座之如此发达,实为开幕后破题儿第一遭。
>
> 麒麟童饰宋先生,语言稳重,体态静穆,尚称职。永诀一场,做工既妙肖,发言又呜咽,座客多叹息伤悲,甚至有泣下沾襟者。

由此可见,演出很精彩,剧场气氛热烈,盛况空前。这次演出充分显现出青年周信芳充沛的爱国革命热情及奋不顾身的勇气与胆识。1915年周信芳又编演了《王莽篡位》。宋教仁被刺后,全国各地纷纷组织讨袁,上海、安徽、湖南、广东等省市先后宣布独立,这就是"二次革命"。在袁世凯的重兵进攻下,"二次革命"不久便失败。此后袁世凯加快专制独裁步伐。10月6日,组织打手包围国会,强令国会选举他为正式大总统,并准备黄袍加身,登基称帝。在这样的情势下,周信芳又编演了讽刺袁世凯窃国称帝的史剧《王莽篡位》。剧本写王莽为阴谋篡位,谦恭下士,收买人心,一旦羽毛渐丰,便设计弑汉平帝,篡位称帝,把汉室江山尽收囊中。这出戏首演于1915年10月13日。周信芳饰演王莽,合演者有冯子和、马德成、冯志奎、李春棠、月月红、陈嘉祥等。戏中借王莽之尸,把袁世凯骂得痛快淋漓。当时袁世凯正准备称帝,而尚未称帝,袁世凯是12月正式宣布帝制的。这出戏有极强的现实针对性,一针见血地揭露了袁世凯篡位称帝的狼子野心。并且在报纸所登的演出广告上鲜明地写作《篡位大汉奸》,可见当时周信芳已经具有很强的政治敏感性。差不多在同一时期,另一位爱国艺人刘艺舟在汉口满春戏院编演《皇帝梦》,该剧直接描写袁世凯的称帝丑剧。《王莽篡位》与《皇帝梦》遥相呼应,异曲同工,表达了当时广大人民群众的愤懑之情。

没隔几年，1919年爆发了五四运动。为了取消丧权辱国的"二十一条"，"外争主权，内惩国贼"，北京学生三千多人在天安门前集会游行，要求惩办曹汝霖、陆宗舆、章宗祥，并火烧赵家楼，痛打卖国贼。然而学生运动惨遭军警弹压，三十余人被捕。消息传出，举国震动，全国各地纷纷声援。就在五四运动爆发后不久，5月21日，周信芳便在上海英租界演出了任天知编写的时事新戏《学拳打金刚》。任天知客串演出，其他合演者还有王灵珠、苗胜春、王兰芳、宋志普、李庆棠等。《学拳打金刚》向封建专制势力猛烈挑战，矛头直指卖国贼。因此，在英租界只演出了一场，就遭禁演。

1923年2月，爆发了"二七惨案"，也就是京汉铁路工人大罢工，周信芳在北上巡回演出途中编演了《陈胜吴广》，以歌颂古代农民起义来配合和声援"二七"大罢工的现实斗争。戏中有一段鼓动百姓起来反抗暴虐秦廷的念白，说得铿锵有力，掷地作金石之声，具有很强的鼓动作用。

关于这一时期编演的新戏，后来田汉曾有诗咏：

喜为人间吐不平，早年英锐已知名。
曾因王莽诛民贼，亦借陈东励学生。

周信芳就是这样坚持京剧改良运动的方向，紧紧跟随时代的步伐，努力与时代的脉搏一起跳动，积极参与，把现实的战斗风云熔铸进京剧的舞台艺术形象，来激励观众，鼓舞观众，并使自己的演剧活动溶入于整个历史的滚滚洪流之中。

第二，积极进行京剧舞台艺术的改革。对京剧的艺术形式进行多方面的改革创新是京剧改良运动的重要内容。这一方面，周信芳的追求也是孜孜不倦的。

1912年周信芳加入新新舞台担任主要演员时，就开始了京剧改革的探索。当时他与著名花旦江梦花合作演出《御碑亭》，他们尝试在京剧舞台上运用写实的布景与灯光，剧中人物在御碑亭里避雨的时候，舞台上出现雨景，雨过天晴后，又在布景上变幻出夕阳与晚霞。这在当时的京剧舞台上还是十分罕见和新鲜的。

1915年周信芳进了丹桂第一台,最初与王鸿寿、冯子和等前辈同台,接着又与汪笑侬合作,亲身受到这位京剧改良运动主将的指导和教诲。周信芳认为,"笑侬先生是一位非常值得钦佩的爱国志士,他忧国忧民,他痛恨当道的魑魅魍魉,他迫切要求社会改革,但是他不知道何去何从,因此他就想通过高台教化,凭自己的身手口舌,来达到移风易俗的目的。他经常通过他演出的戏来讽刺和抨击他所嫉恶的政治与社会。"① 周信芳对汪笑侬善于编写剧本的本领和锐意进行艺术改革的精神,同样极其钦佩。因此他对这次合作十分重视。

周信芳与汪笑侬合作的三天打炮戏分别是《张松献地图》《马前泼水》和《受禅台》。在《献地图》一剧中,汪笑侬饰演张松,周信芳饰演刘备,其他有王鸿寿的关羽,冯志奎的张飞,应宝莲的赵云。《受禅台》是汪笑侬所创作的名剧之一。这出戏以曹操死后,李伏、华歆等逼汉献帝刘协禅位于曹丕的情节,借刘协之口悲叹祖先刘邦创业之艰难。周信芳很喜欢这出戏,因为它具有借古讽今、针砭时弊的作用,通过戏中人物之口,讲出了当时老百姓想讲的话。

接着,周信芳又与汪笑侬同台演出了全本《风流天子》。周信芳饰演唐明皇,汪笑侬前饰李太白,后饰雷

《取荥阳》,汪笑侬饰纪信

---

① 周信芳:《忆汪笑侬》,载《周信芳戏剧散论》,中国戏剧出版社1960年版,第98页。

海青。这出戏在上海唱红,各地京剧班团纷纷来沪观摩,其中也有剽窃的,汪笑侬为此口占一绝,有"台中幸免周郎顾,墙外还防李谟偷"。后来他把这诗题在扇面上,背面画上一幅花卉,送给周信芳留念。

当然,不只是《受禅台》《哭祖庙》《张松献地图》,《党人碑》等戏对周信芳都很有启发作用。在艺术方面,周信芳也认真学习汪派。他没有高音,就改走低音,把汪派的唱腔加以融化。后来他演汪派名剧《萧何月下追韩信》,自己演萧何,唱红了。其中有几句【散板】:"张良往日甚聪明,聪明反作懵懂人,夏侯将军速修本,三生有幸慰平生,见一将军在道旁……"就是融化了汪派的唱腔,唱出了自己的特色。

在与汪笑侬合作的过程中,周信芳进行了多项艺术革新,不仅在唱腔、表演方面追求新意,在服装造型方面也加以探索。他们合演《张松献地图》时,戏中张松戴的是小纱帽,帽上挂"桃翅",身上穿官衣,系绦,这种扮相已经不同于老的,属于改良的扮相。周信芳演的刘备是配角。如按照老的扮相,刘备穿红蟒,花纹色彩鲜艳,气派又大,这样相形之下,主要角色张松反而显得黯然失色了。周信芳认为这样不太合适,于是便作了改动。他让刘备里面穿一身红靠,把"靠肚子"拿掉,将围在腰间的腰栏系紧,这样,上身显得狭小一点。相应的,他又把左右两个"靠腿"原来向外翻的卷角变成向里翻。另外,他把靠旗的尖角剪去,镶上花边,变成四面长方形的旗插在背后。外面不穿蟒,改穿红官衣,一只臂膀露在外面(行话叫褶)。这样的服装,既不失刘备的身份,又与张松的改良装交相辉映。他的改革得到汪笑侬的支持与首肯,刘备这身"靠"也成了后来"改良靠"的滥觞。这里可以看出,周信芳早期的改革,目的就很明确,往往考虑到如何更好体现剧情,如何处理角色之间的主宾关系、相互映衬关系以及体现舞台整体美等问题,颇有艺术见地。

1916年春天,欧阳予倩搭了丹桂第一台,与周信芳、冯子和等同班。欧阳予倩早在1907年留学日本时就参加话剧团体春柳社,演出了《黑奴吁天录》。他回国后致力于话剧运动,并学习京戏,演出京戏,与张冥飞等合编或自己编写了不少新戏。

第二章 沐浴在京剧改良运动的春风中

周信芳与欧阳予倩在丹桂第一台相识后一见如故。欧阳予倩是演话剧出身的，但对京剧十分迷恋；周信芳呢，自小学京戏，但对话剧等新文艺也颇有兴趣，两人又都想搞革新，因此十分投契。

他俩合作演出较多的是《黛玉葬花》。这出戏由欧阳予倩与张冥飞、杨尘因合编，取材于《红楼梦》的《埋香冢飞燕泣残红》一回。该戏共分三场，第一场晴雯和碧痕吵了架，宝玉回怡红院，没人开门，好容易才叫开门进去，宝钗来访宝玉。后来黛玉到怡红院，吃了闭门羹。第二场，黛玉自叹，想弹琴而弹不成声，便去调弄鹦鹉，鹦鹉也不能给她慰藉，于是想去葬花。第三场，宝玉唱【摇板】上，把地上的落花扫起，堆在黛玉葬花的香冢旁边，两人抒发感情，最后消释误会。周信芳饰演宝玉，欧阳予倩饰演黛玉。

周信芳比欧阳予倩小五岁，两人身材长短、调门高低都差不多，因此配合得很好。他俩都喜欢搞些新花样。周信芳用大嗓唱小生。欧阳予倩为了演得逼真，尝试养了一只真鹦鹉，训练熟了，拿上台去作为活道具。起先不错，但当"黛玉"刚一走近它，它却张开翅膀乱飞，飞不动，倒吊在架子上，哇哇大叫。欧阳予倩在台上可急坏了，他急中生智，把原来几句念白删了，望一望鹦鹉，摇摇头，叹一口气，就唱下面一段唱词，好歹把漏洞补了过去。

周信芳还与欧阳予倩合演过红楼戏《宝蟾送酒》《鸳鸯剑》等。周信芳分别在戏中扮演薛蝌和贾琏。

不久，欧阳予倩又根据《聊斋》编了一出新戏《晚霞》。他对周信芳说："信芳，这个戏有热闹场面，也有缠绵悱恻的爱情场面，可以搞成一个歌舞剧。不过，这在京剧舞台上如何表现呢？信芳，这我可没有辙，得由你出主意。"周信芳读了本子，说："我看是可以表现的。你先说说你的意图。京戏的程式，舞台的调度，我来想办法。"欧阳予倩提出，"龙宫"一场可以搞几组舞蹈，夜叉部用十六位武行扮夜叉，柳条部用八位戴紫金冠、穿箭衣的扮美少年，燕子部用八位旦角扮少女。他要周信芳具体设计舞蹈与音乐。周信芳精通武戏套子，他让夜叉部根据武戏的"当子"走队形，翻跟斗。柳条部也用武戏的套子，用少年舞队。燕子部则用五个旦角，主要由欧阳予倩独舞。音乐用的是昆曲曲牌，并请张冥飞填了新词。这些舞蹈很好地渲染了主人公阿端与晚霞相见的抒情场面，而且给人耳目一新的感觉。在这出戏中，欧阳予倩饰演晚霞，周信芳饰演阿端。欧阳予倩对他们两人合作搞革新，十分满意，后来他在谈到这件事时说："信芳真够朋友，像他这样一个头牌生角，热情地陪一个新进的旦角演这么多小生戏，从没有半点犹豫，这在旧社会的舞台上实在难得。"

这一次周信芳与欧阳予倩合作，大约有半年时间，由于两人志趣相投，结下了深厚的友谊。他们从剧本、表演、布景各个方面都进行了改革。欧阳予倩搞过话剧，所以他与周信芳演的红楼戏，剧本结构吸收了话剧分幕的方法，以避免旧戏场子太碎的弊病，把许多情节归纳在一幕里做，同时又保持戏曲有头有尾的线型结构特点。另外，他们采用虚实结合的布景，硬景画片与软景画片相结合。如《黛玉葬花》第二场，设计了幽雅凄清的潇湘馆的布景，有门有窗，回廊下挂着鹦鹉，纱窗外竹影浮青吐翠，摇曳婆娑，偶一开窗，竹叶伸进屋里，逼真而有实感。这些艺术处理都是大胆的革新尝试，收到了很好的效果。

周信芳担任丹桂第一台后台经理后，逐渐形成了一个京剧改革的小集体，经常进行研究、探索、尝试。比如他们探索时装戏没有水袖如何表演，为此演古装戏时也有意识地训练。有一次李庆棠在《春香闹学》中扮演陈最良，水袖也是挽起的。

周信芳还尝试编演连台本戏。1914年周信芳演出了最初由王鸿寿编演的《路遥知马力》。当时剧场每天都有戏，因此不能光演老戏，得时常换新戏，《路遥知马力》这出新戏一本可以演几天，也可说是连台本戏。周信芳的演出在王鸿寿的基础上又有了发展。周信芳还与芙蓉草合演连台本戏《女侠红蝴蝶》，与欧阳予倩合演《汉刘邦统一灭秦楚》，欧阳予倩演虞姬、曹姬，周信芳演刘邦。有一本戏中，刘邦与曹姬在追兵追杀下，逃到一个古庙，无处藏身，见有一只香炉，两人只得藏身其中。香炉里面很小，两人挤紧了才能容下。追兵来了，搬倒香炉一看，见里面没有人，便将香炉摆回原处。但等追兵走了，两人又从香炉中走出。巧妙的机关布景使观众连声叫好。

周信芳编演的连台本戏还有《昏皇鉴》《英雄血泪图》《大红袍》《三戏白牡

丹》《风流天子》《狸猫换太子》等，另有本戏《杨乃武》《赵五娘》《临江驿》等。1923年1月14日，《申报》刊有《记丹桂之第六本狸猫换太子》的剧评。在这出戏中周信芳饰包公，冯子和前饰飞龙公主，后饰李后，王灵珠初饰寇承御，继饰沈尹氏，周五宝饰范仲华。剧评云："麒麟童之包公，以乌台一段最为卖力，五音联弹之独唱，竟唱至五分钟之久。他为回朝保救狄青等场，做工老练，可谓适合身份。"

第三节　努力塑造自己的艺术个性

周信芳自1915年5月进丹桂第一台，1916年就担任丹桂第一台的后台经理。1923年2月周信芳脱离丹桂第一台北上演出，1925年回上海又重进丹桂第一台，前后在"丹桂"演出达八年之久。

这一段时间是周信芳多方开拓，艺术逐渐成熟的时期，也是他努力塑造自己的艺术个性的重要时期。

周信芳自从十五岁倒嗓之后，虽然逐渐稳复，但终未恢复到原来的水准。根据这个具体情况，周信芳从唱工老生逐渐转为做工老生。当然他也并不偏废唱工，逐渐探索一种适合自己嗓音的演唱风格。

早在1912年十七岁时，周信芳这种表演格局已初见端倪。1912年6月，《申报》评论他演的《要离断臂刺庆忌》一剧时说："麒麟童断臂后绕台滚，以描摹痛入心窝之状，煞费力量，做工以此段为最佳，在庆处闻妻被杀，直仆地下，敏捷绝伦，情景逼真。刺庆后，白口悲壮沉郁，淋漓尽致。"[①] 在"丹桂"八年中，逐渐形成注重做工、念白唱腔别有一格的特点。

与此相应的，周信芳努力编演并积累能显示自己艺术个性的剧目，"丹桂"八年中，编演新戏、整理旧戏、加工上演别人的剧目三管齐下，演出剧目达二百五十七出之多，其中新戏二百零九出，亲自编排、演出的剧目有一百二十四出。

---

① 健儿：《评要离断臂五、六、七、八本》，《申报》1912年6月28日。

1920年5月,他在丹桂第一台首演了《乌龙院》。这出戏原来只有"闹院""杀惜"两场,而没有"刘唐下书",只是在昆曲《黄泥岗》中有"刘唐下书",但与《乌龙院》中的"下书"是两回事。后来周信芳看到冯志奎、潘月樵的演出,"闹院"之后有"下书",但比较粗糙,水词很多。周信芳进行了整理加工,在"闹院"与"杀惜"中间加入了"刘唐下书",使戏更加完整。在这出戏中周信芳饰宋江,冯志奎饰刘唐。周信芳充分发挥自己做工方面的特长,演得有声有色。

1922年5月,刘奎童初次到上海,露演于丹桂第一台,周信芳特地根据同名元杂剧,并参考《西汉演义》改编了《萧何月下追韩信》作为打炮戏,初由刘奎童饰萧何,周信芳饰韩信。次年北上演出时,再次加工,自饰萧何。他在一定程度上借鉴了汪派的《萧何月下追韩信》,并且吸收了美国电影明星约翰·巴里摩亚拍摄背影镜头的技巧,化进萧何的表演。当萧何读到墙上韩信弃官而走的题诗,周信芳背着观众站立台中,一边读诗,一边用肩背由慢到快地颤动,以表现萧何内心感情的波澜。此戏后来成为他的杰作。

20世纪20年代,连台本戏和机关布景在上海舞台上风行起来,涌现出了一批编写连台本戏的编剧、写手和制作机关布景的高手。编剧有唱京剧小生出身的陈嘉祥、唱里子老生出身的于振庭、唱老生出身的小孟七(孟鸿荣),还有杜文林、尤金圭等。设计机关布景的高手有周筱卿等,周筱卿是广东人,学过美术,曾为更新舞台老板,他搞的《天下第一桥》首次搞机关布景全堂变化,后来又搞了《开天辟地》《封神榜》《西游记》等,非常受观众欢迎。

1922年,周信芳排演了连台本戏《狸猫换太子》。在此之前,曾有天蟾舞台常春恒、刘筱衡的《狸猫换太子》和"大舞台"小达子(李桂春)、赵如泉的《狸猫换太子》,如今周信芳和冯子和又在丹桂第一台推出《狸猫换太子》,三台《狸猫换太子》的本子均出自于振庭的手笔。但三台系各有千秋。周信芳的《狸猫换太子》共演了七本,在第四本中演包公,第五本周信芳前狄青,后包公。其他演员有王灵珠、冯子和、刘奎童、李庆棠、金少山、王兰芳等。

周信芳排演了《狸猫换太子》第七本后,离开丹桂第一台北上演出,时在1923年2月。

1925年,周信芳回上海以后,又在丹桂第一台首演了《斩经堂》。此剧又名

《吴汉杀妻》，原为南派传统戏，由三麻子从徽班戏中移植而来。王鸿寿是用【吹腔】和【高拨子】到底的。周信芳不仅在剧本结构上作了调整，唱腔方面也改用了【二黄原板】、【摇板】，加强了音乐形象和悲剧气氛。周信芳饰演吴汉，王灵珠饰演王兰英。以后周信芳常演此剧，20世纪30年代还将此剧拍成电影。

1926年10月，周信芳在丹桂第一台首演了《徐策跑城》。这出戏周信芳很早就从王鸿寿那儿学得，但正式演出较迟。对此剧周信芳作了大幅度的创造和发展。王鸿寿原来挂"白满"，周改为"白三"，使人物在老迈中透露出旺盛的精神。对原来跑城的舞蹈更作了多方面的丰富和发展，使整出戏开了新的生面。

这一时期，周信芳不仅自己编写剧本，而且开始把话剧中的导演制度引进京剧界。1925年9月，他在丹桂第一台演出连台本戏《汉刘邦统一灭秦楚》时，《申报》刊登的戏剧广告上赫然写明"周君信芳主编导演"的字样。京剧起用导演，恐怕尚属首次。周信芳努力学习汪笑侬、欧阳予倩的本领，逐渐成为能编能导能演的全能型的京剧艺术家。

"丹桂"期间，周信芳曾北上演出，那是1923年至1924年，周信芳把具有个人特色的《萧何月下追韩信》《临江驿》等戏目介绍给了北京、烟台、天津、大连等北方观众。特别是他在北京第一台、开明戏院与盖叫天、林颦卿同台演出，引起了很大反响，从而扩大了麒麟童在北方的影响。

这时期周信芳还尝试了拍摄影片。1920年上海商务印书馆活动影戏部为他拍摄《琵琶记》。那时还是默片时代，京剧被摄成影片的只有谭鑫培等少数几位。商务印书馆从众多的京剧演员中选中了周信芳与梅兰芳两位青年演员，后来这两位青年演员都成为闻名世界的艺术大师，可见商务印书馆是如何独具慧眼。周信芳在《琵琶记》中饰演蔡伯喈，王灵珠饰演赵五娘，由杨小仲担任导演，但仅拍了"南浦送别"和"琴诉荷池"两个片断，这部影片没有最后完成。这是周信芳初上银幕，从此迈出了开拓戏曲电影的第一步。

周信芳由于幼年就随同戏班漂泊江湖，没有机会安安定定地上学读书。这一个时期，他虽然忙于演出，但总是千方百计挤出时间勤奋读书。周信芳的弟子高百岁在一篇回忆文章中写道："记得我十四岁初到上海拜谒师门时，见到他在排戏演出的纷忙中，还挤出时间，孜孜不倦地读"四书"、《毛诗》和古今名人的专集。"① 这种好学不倦的读书习惯后来始终伴随着周信芳，正如他自己所说："书到用时方嫌少。在我这个幼年失学的人来说，感受就更加深切。补天之术就是尽力而为，有一点多余的钱，有一点多余的时间，我都花在书的上面了。"② 除了读书，周信芳还从学戏、编戏的过程中吸收文化滋养，在和许多知识渊博的名家、师友往还中也获得了丰富的文化、历史知识。周信芳就是像海绵吸水一样，向各方面汲取着各种文化知识和艺术营养。

1923年，周信芳与著名京剧演员王梅笙宴请著名诗人、学者陈衍先生，并邀他题诗留念。陈衍老先生欣然命笔，各赠一首。在《赠周信芳》一诗中写道："信芳锡嘉名，取义本楚骚。可知疾恶意，非种必爬搔。观演《包龙图》，笑比清黄河。唾面斥奸佞，居然活阎罗。屡醉我美酒，请我为浩歌。倘使尹京兆，愧彼徒唯阿。"这件事说明周信芳当时经常结交、就教于知识界人士，而这首诗则对周信芳的秉性及那一时期的演艺活动作了生动的描述。

第四节　年轻的后台经理

1916年，周信芳年仅二十一岁，就担任了丹桂第一台的后台经理。丹桂第一台是清朝末年上海几家主要的戏园之一。"新舞台"创建后，丹桂第一台也改建成新式剧场，成为上海京剧演出的主要场所之一。起先舞台经理是许少卿，这是一位极有水平的经理，梅兰芳先生第一次来沪演出就是由他去京邀请并一手予以安排的。后来丹桂第一台盘给了尤鸿卿，开始由一位姓王的当后台经理，可是此人吃里扒外，尤鸿卿自己又不太善于经营，以致剧场营业每况愈下。后来尤鸿卿邀来了王鸿寿、汪笑侬、周信芳、贾璧云等名角，情况开始好转。尤鸿卿很器

---

① 高百岁：《谈经思马帐，立雪愧程门》，载中国戏剧出版社编辑部编：《周信芳艺术评论集》，中国戏剧出版社1982年版，第452页。

② 周信芳：《书到用时方嫌少》，载《周信芳文集》，中国戏剧出版社1982年版，第351页。

重年轻的周信芳，可是那后台经理却处处刁难周信芳。尤鸿卿一气之下，辞掉了原来的后台经理，干脆让周信芳担此重任。周信芳管理剧团井井有条，尤鸿卿极为满意，故而周信芳一连当了好几年的后台经理。一次尤鸿卿对他说："有你当后台经理，我就放心了，即使亏本亏到吃尽当光的地步，我也不关门。"周信芳很为感动，当即表示："只要你在这里做老板，我再苦也不走。"两人确实相处得很好。后来因为尤鸿卿的夫人私下里把后台经理的职务给了别人，并签了合同，尤鸿卿为此夫妻反目，只好忍痛让周信芳他去。

周信芳离开丹桂第一台后，便去天津、大连、北京、济南、青岛等地演出。1924年露演于北京第一台、开明戏院。

丹桂第一台后台经理易人后，由于经营欠善，卖座情况不佳，所邀角儿各奔前程，连那个后台经理也待不下去跑了。尤鸿卿只得重新出来收拾残局，并连忙派儿子到北方把周信芳接回了上海。

1925年初，周信芳重新回到丹桂第一台，打炮戏中专门安排了一出《萧何月下追韩信》，意思是说，丹桂第一台把周信芳给追回来了。当时丹桂第一台的业务已经难以支撑，周信芳的加入无异于给它打了强心针，他排演了《汉刘邦统一灭秦楚》等好戏。可是由于戏园病根已深，难以挽回，终于关了门。

周信芳在丹桂第一台当后台经理期间，邀了许多南北名角来"丹桂"演出。与他同台的，南派名角有王鸿寿、汪笑侬、冯子和、欧阳予倩、罗小宝、盖叫天等；北派名角有余叔岩、金少山、高庆奎、韩世昌、尚和玉等。通过这些合作，交流了技艺，开拓了戏路，提高了水平。

周信芳邀角来演出，总是着意捧人家，自己往往甘当绿叶，不演主角，而替别人挎刀。有一次邀李吉瑞来演《四望亭》，李吉瑞指名要周信芳演骆老太太，为他配戏，以壮声势。反串老旦，虽然困难，周信芳却二话没说，立即扮戏，结果很成功。

1915年，高百岁来上海，那时他才十四岁，但已在北京崭露头角。他幼年曾学刘（鸿声）派，唱"三斩一碰"（指《辕门斩子》《斩马谡》《斩黄袍》《碰碑》），有"赛鸿声"之称。这次他南下上海，在丹桂第一台首演。当时周信芳已是有名的角儿，但在高百岁演打炮戏《斩黄袍》时，由高百岁主演赵匡胤，而周信芳为他配演次要角色高怀德。周信芳的戏德、演技令高百岁折服，不久，就拜在他的门下。年方二十一岁的麒麟童，继收了大弟子程毓章之后，又收了一位徒弟。

周信芳收了高百岁之后，便悉心加以培育。一次高百岁仿效周信芳在《一捧雪》中一赶三，连起莫成、陆炳、莫怀古三个角色。周信芳谆谆嘱咐他："不要让观众一晚上看高百岁三次出场，而是要让观众看这一出戏中高百岁扮演了三个完全不同的角色。"高百岁到老师家里去，总是看到老师手不释卷，好奇地问："演戏还要读那么多书？"周信芳点点头说："是啊！要做个好演员，就得多读书！"这些话给高百岁留下了深刻印象，直到晚年还念念不忘。

在"丹桂"几年后台经理的生涯，显露了周信芳在艺术管理方面的才能。他注意优化组合，注意剧目建设。在分配上既照顾到下层演员的生活，同时引进激励机制，谋求前台、后台，主角与一般演员分配的合理性。另外又敢于在文化市场中与其他戏班、剧场进行艺术竞争。一度，周信芳与常春恒、李桂春三家同时在上海演出《狸猫换太子》，但周信芳无论在剧情、表演各方面都独辟蹊径。因此三家各擅胜场，都得到了观众的欢迎。

这一时期周信芳还有过一段"恋爱插曲"。周信芳在十七岁时曾与京剧著名武旦九仙旦之女刘凤娇结婚，生有一子二女。由于感情不和，到20世纪20年代中期，已经分居，周信芳过着独身的生活。这时一位富家小姐看中了他。那位小姐是上海大名鼎鼎的裘天宝银楼老板的女儿裘丽琳。她曾在圣贞德女校读了七年书，能讲一口流利的英语，在当时是有新潮思想的女性。她经常出入社交场所，便成为一群狂蜂浪蝶追逐的对象。但那些庸俗之辈都未能打动她的芳心。可是她偶尔到丹桂第一台看戏，偏偏那位表演不凡、正在走红的伶人周信芳却把她深深地吸引住了。随后她竟大胆主动地写情书，向周信芳表露心迹。周信芳虽然已经注意每天坐在第三排的那位小姐，但他岂敢轻举妄动？自己是个地位低微的"戏子"，如果与这位大家闺秀结合，必然会受到社会各方面的攻击。历来有多少名伶曾经栽在这上头啊！再说这位小姐很可能是出于一时的好奇与冲动吧！

然而，经过约会、见面、倾谈，裘丽琳的真诚解除了周信芳的种种顾虑。两人相爱了！但是接连而来的是一场轩然大波。家庭设置种种障碍加以反对，青年男女奋起反抗，经过种种曲折，最后结成伉俪。这本身也是一部社会爱情的悲喜剧。演了那么多年戏剧的周信芳自己竟成了这出戏中的主人公。关于这一段恋爱风波，上海作家孙树棻先生曾以艺术的笔触写过一部小说《伴飞》。我这本评传主要偏重于艺术方面，故而恕我在此不作更多描绘了。然而有一点是必须提一提的。裘丽琳"下"嫁周信芳后，两人一直相亲相爱，裘丽琳成了他的贤内助，最后"文化大革命"时期，也风雨同舟，相濡以沫，这是十分难得的。

对于这位周夫人，与周信芳共事多年的吴石坚先生曾讲过一段话："我在任何场合里，不止一次提到周夫人裘女士拿钱帮助周信芳唱戏和帮助后台精打细算，让大家尽可能多分几个钱的事。这就是周夫人对京剧艺术的贡献。一位大资本家的小姐，嫁给一位专门赔钱唱戏的人，这是了不起的梨园佳话。周夫人帮助周信芳成功。周夫人为人民解放事业，做过不朽的贡献。周夫人被'四人帮'迫害而死。在周大师九十诞辰之际，我以周老十年助手的情谊，向周夫人裘女士致以悼念。周老不朽。周夫人不朽。"①

周信芳的艺术道路、生活道路并不是一帆风顺的。这一时期的最后两三年，周信芳颇受挫折。1924年他到北方演出时，曾想在北京建立立足点，集资开设了一家新式旅馆美益饭店，但因用人不当，为人所算，竟亏损万余。周信芳从北方回到上海，先是重进丹桂第一台，前面已说过，不久"丹桂"便关了门。1926年2月转更新舞台，与杨瑞亭、赵君玉、小杨月楼等演唱本戏《飞龙传》，红火一

更新舞台

----

① 吴石坚：《忆京剧表演艺术家、麒派创始人周信芳》，载《京剧谈往录三编》，北京出版社1990年版，第204页。

时,但当时更新舞台也已是强弩之末,未几也关了门。周信芳再转大新舞台,排本戏《天雨花》,与黄玉麟等同台,但没多久,"大新"也关门大吉。这些剧场先后关门,当然各有其原因,但周信芳差不多在一年之中到三处演出,三处关门,这也够倒霉的了。行内人曾经调侃戏称他为"赶三关"。

从这一时期周信芳的艺术活动来看,清楚地表明,这位年轻的京剧演员比较全面地接受了前辈的京剧改革思想。这种改革思想,主要在两个方面:一是编演新戏,抨击时政,宣传民主革命思想,"建独立之阁,撞自由之钟";二是改革旧剧形式,使之适应反映新内容,适应观众新的欣赏需要。周信芳虽然比汪笑侬、潘月樵、夏氏兄弟他们年轻,但他努力追随前贤的足迹,鲜明地显现出追随时代步伐的进步倾向和强烈的艺术革新精神,因此他很快就成为京剧改良运动中的生力军。

20世纪10年代后期,由于政治形势的变化及其他方面的原因,京剧改良运动趋向衰微。欧阳予倩在《自我演戏以来》一书中,曾谈到1918年他搭"新舞台"时,主持人"已暮气甚深……没有丝毫奋斗的兴致",台上"表演粗滥,唱工更不注意,只剩有滑稽和机关布景在那里撑持"。然而周信芳却并没有因此而消沉。他仍以坚定的信念、坚实的步伐,继续坚持走改革之路。

五四运动既是反帝反封建的政治运动,又是一场宣扬民主与科学的新文化运动。这场运动一方面是对外来文化的开放与吸收,一方面是对传统封建文化的否定与批判。陈独秀等举起文学革命的大旗,呼唤国民文学、写实文学、社会文学。李大钊提出"我们所要求的新文学,是为社会写实的文学,不是为个人造名的文学",它必须以"宏深的思想、学理,坚信的主义,优美的文艺,博爱的精神"作为"土壤根基"。《新青年》还推出"易卜生专号"等,大量介绍西方批判现实主义文学。他们强调戏剧严肃的社会意义和文学价值,批判没落中的旧剧作为"玩物"与"把戏"的弊病。然而一部分论者由此从根本上否定戏曲存在的价值。胡适认为戏曲的写意方法是"粗笨、愚蠢、不真实、自欺欺人的做法,是时代的遗形物",明确提出要"扫除旧的种种遗形物"。傅斯年把旧戏看作"下等把戏的遗传"。钱玄同认为,"今之京调戏,理想既无,文章又极恶劣不通",旧戏"无一足以动人情感",赞成要把旧戏馆"全数封闭",把旧戏"尽情推翻"。这显然是一种民族虚无主义和全盘欧化的错误思潮。周信芳曾经说过:"五四运动前后,我受到进步影响,演出了《学拳打金刚》。"① 周信芳并没有接受虚无主义思潮,而是从积极方面受到了五四运动的影响。他更清醒地认识到旧戏改革的必要,同时也开始接受了批判现实主义的精神。1923年他又结识了进步戏剧家田汉,进一步受到新文艺观的熏陶。这一切都使周信芳从事京剧改革拥有了新的武器。从20世纪10年代到20年代,周信芳从一个京剧改良运动的追随者,逐渐成为京剧改革的中坚力量。

周信芳在京剧界的地位已经确立。1926年9月出版的、由日本学者波多野乾一所著《京剧二百年之历史》一书曾为周信芳立传,云:

> 麒麟童,本名周信芳。宁波人。母为女伶。北京喜连成科班毕业后,以上海为土著。以做白为主之老生而有名。工架最佳,南北少见。嗓音甚沙,然上海人有喜听其沙音者。《南天门》《九更天》《开山府》《铁莲花》等剧佳。彼富有编剧能力。以丹桂第一台(上海)为根据地,编演各种新戏。去岁又新排《汉刘邦统一灭秦楚》一剧。卒因营业不振,改往更新舞台,今则又转入大新舞台矣。②

---

① 周信芳:《五个十二年》,载《周信芳文集》,中国戏剧出版社1982年版,第37页。
② 〔日〕波多野乾一:《京剧二百年之历史》,上海启智印务公司1926年版,第118页。

第三章 麒派的形成

第一节 "天蟾"五年，艺术步入成熟期

1901年至1912年是周信芳的学艺时期，1912年至1926年是周信芳的初闯时期；1927年周信芳加入天蟾舞台，他的艺术进入了一个新的时期——成熟时期。

一、麒马合作

1927年初周信芳应天蟾舞台老板顾竹轩之邀，入天蟾舞台当台柱，并初创男女合演的体制。男角有刘汉臣、刘奎官、高百岁、董志扬、陆树田等；女角以琴雪芳为首。谢月奎为后台经理，编剧事务由于振庭主持，周信芳参赞。

谢月奎唱二路老生出身，是一位非常内行、非常出色的后台经理。周信芳加入天蟾舞台后，谢月奎第一步棋，就是筹办麒马合演。马连良是北方须生名角，他生于1901年，比周信芳小六岁。他八岁入喜连成坐科，先从茹莱卿习武生，后从叶春善、蔡荣贵、萧长华学老生，一年以后即登台演出。后为追摹谭派艺术，经常受教于王瑶卿。二十四岁（1925）演

天蟾舞台外景

出《打登州》《白蟒台》等戏，均有所创新，观众誉之为"独树一帜"。他嗓音清朗圆润，唱腔委婉潇洒，念白吐字轻重相间，发音虚实结合，富于音乐性；做工气度不凡，举止飘逸，很受观众欢迎。其时周信芳与马连良已经分别在南方、北方走红成名。两人戏路差不多，而且都擅长做工，而两人又各有自己的不同风格。这样两位名家放在一起演出，定然精彩纷呈，对观众来说也具有强大的吸引力和号召力。

然而对后台经理谢月奎来说，首先就碰到一个难题：如何挂牌子？如何安排戏码？谢月奎也真有本事。他先找马连良谈公事，说您在北方应做工老生，但今天这个班，我们已经有了南方最好的做工老生，因此请您应唱工老生。马连良听他讲得在理，也就点头应允。三天的打炮戏是《群英会·借东风·华容道》、全部《武乡侯》、《火牛阵》。

以往马连良演《群·借·华》，总是在《群英会》中饰鲁肃，《借东风》中改演孔明。现在则由马连良唱孔明一人到底，周信芳前演鲁肃，后关羽。《华容道》"讨令"之后，孔明的重头戏已过，照往常惯例，马连良便可休息，换二路老生来顶角。可是这一次特地加演"交令"，由马连良再次出场压台。一般演员演"交令"，很平淡，不过走过场而已。可是麒马合作，演得十分精彩。孔明明知关羽已经放掉曹操，却佯装不知，举酒要为关羽庆功。两人在台上一刚一柔，配合默契，分别将孔明的潇洒自若与关羽的刚愎自用刻画得活灵活现。观众从来没有看到过这样精彩的《华容道》，频频报以热烈的喝彩声。就这样，马连良把孔明唱红了，周信芳也得了一个"活鲁肃"的称号。

麒马还合演了《宫门带》《一捧雪》等戏目。在《一捧雪》中，以往马连良总是前演莫成、后陆炳，现马连良单唱"替死"，周信芳唱"审头"，饰陆炳，他的陆炳演得老辣练达，别有风味。"雪杯圆"则由马连良演莫怀古，唱大轴。

在合作过程中，麒马互为主次，各展其长，演出极为成功。演期原定一个月，但观众轰动，欲罢不能，一再展期，实际上演了两月之久。通过这次合作，两人结成亲密友谊。他们在台上互相配合，互相衬托，在台下切磋技艺，交流本子。马连良将自己带来的《清风亭》剧本送给周信芳，周信芳则以《要离断臂刺庆忌》的本子回赠。他们还一起研究编排《秋生造律》，一起揣摩如何吸收电影的表演艺术。他们那种互谦互帮，同行相亲的崇高戏德，给剧坛留下了一段佳话。

二、编演连台本戏

周信芳与马连良合演结束，马连良北归后，周信芳便在天蟾舞台编演连台本戏。开始编演的是《龙凤帕》。顾竹轩特地从家乡苏北请来了扬州评话名家王少堂，为周信芳讲演《龙凤帕》的故事，周信芳又参考了旧小说《慈云太子走国记》加以改编。1927年5月8日，首演《龙凤帕》头本二本。周信芳主演，合演者有琴雪芳、刘汉臣、王芸芳、高百岁、女白牡丹、彭春珊等，卖座鼎盛，演至5月下旬。由于三本四本接不上，就先排《华丽缘》，周信芳自己演皇甫少华和皇帝两个角色，王兰芳演刘燕玉、皇甫少华两角，琴雪芳演孟丽君，高百岁演孟士元，董志扬演刘奎璧等。戏中"比箭联姻""同游御苑"等都很精彩。这个戏是集体编写的，大家都去听弹词《华丽缘》，然后各人编自己的戏词，有的演员如琴雪芳不会编写，就请于振庭帮她编写，大概全剧也是由于振庭总其成的。这一年的5月25日首演头本二本《华丽缘》，至1928年1月，演至十一、十二本。1928年1月至5月还编演了前后部《苏秦张仪六国拜相》，前后部《卧薪尝胆》，一至四本《香莲帕》等一批剧目。

1928年6月复演头本二本《龙凤帕》，首演三本四本《龙凤帕》。《申报》登出广告："特烦周君信芳新编轰动南北万众欢迎，文武唱做、机关布景历史新戏。"演员有麒麟童、琴雪芳、小杨月楼、刘汉臣、王芸芳等。到8月演至七本八本。《龙凤帕》描写宋神宗时朝廷忠奸斗争故事。太师陆元忠之女及奸臣庞文仲之女均为皇妃，但神宗宠信庞文仲。陆元忠、陆妃以及包拯之孙包贵（任开封府尹）

《华丽缘》，周信芳饰皇甫少华

均受陷害。陆妃被打入冷宫，因其身怀六甲，神宗有旨，如生太子，可免其罪。庞文仲复派张奎去冷宫谋害陆妃。陆妃尽诉前冤，张为之感动，愿舍命救出太子。陆妃用龙凤帕将初生太子——慈云太子包裹，托张奎带出宫门。此后又开始了新的曲折惊险的故事。此戏剧情紧张，唱做也很注重。比如有一段包贵为救忠良，回家劝自己的妻子替死。周信芳饰演包贵，这段戏要演三刻钟，里面有段唱腔极其动听感人。《龙凤帕》演出获得成功，受到内行外行一致推崇。一群热心的票友还组织了"麒社"，为麒派大张旗鼓。

　　1928年9月至1931年8月，周信芳在天蟾舞台连续三年编演了十六本连台本戏《封神榜》，更加引起了轰动。主要的合演者先后有小杨月楼、刘汉臣、王芸芳、王凤琴、潘雪艳、赵如泉、赵君玉、杨瑞亭、朱雅南、杨藊侬、刘奎官、陈鹤峰、董志扬、高百岁等。

　　天蟾舞台在邀角及制作机关布景方面不惜工本，花了半年多时间筹划准备，耗资数万。为商聘旦角王凤琴出演琵琶精，给以千元包银。宣传方面也大操大办，除大幅广告之外，还多次在《申报》以整版篇幅刊登《〈封神榜〉特刊》。观众与舆论界反响都十分强烈。

　　瘦竹在《天蟾为什么排演封神榜》一文中说："利用高台教化，教看了这部戏的人们，彻底憬悟皇帝对于本身的切肤之害……"可见揭露暴政即是该戏总的主题。

　　这部连台本戏情节也很新奇，角色配备很齐整，特别是周信芳在各本中分别塑造了姜子牙、比干、梅伯、闻仲等一系列艺术形象，他的精湛的演艺备受推崇。《申报》刊登的《麒麟童的姜子牙与梅伯》一文称："本台当时编排《封神榜》，以有否出色当行的艺员扮演姜子牙为进止。好得本台有的是扮什么，像什么，演什么，好什么的全才生角麒麟童。随便什么角色教他扮，有不出色的么？随便什么戏教他演，有不当行的么？有了他这么一个领袖艺员，什

《封神榜》，周信芳饰梅伯

么戏不好编排……"①

在二本《封神榜》里，周信芳扮演伯邑考，小杨月楼扮演妲己。妲己卖弄风情欲挑逗伯邑考。伯邑考却正襟危坐，低头抚琴，不为所动。为了更好地表现双方的心理活动，还加了一个打宫扇的太监这样的角色，通过他反衬出妲己的淫威和伯邑考的凛然正气。周信芳在台上低头抚琴，但头顶上都有戏，他用眼角表达出内心从期望—警惕—蔑视—愤懑—忍耐的复杂的心理变化过程，演得精彩绝伦，扣人心弦。

三本《封神榜》剧照，周信芳（右）饰伯邑考，小杨月楼（中）饰妲己

他在另一本中扮演的闻仲，揉红脸，白眉，身穿改良靠，造型威武庄重。"绝龙岭"一场，闻太师率军陷入了姜子牙的九龙阵，他手下的大将邓忠、辛环相继阵亡，当大将张节前来报告邓忠死讯的时候，闻、张有一段【高拨子联弹】：

  闻 你是何人？
  张 我是张节到来临，报的是邓忠落马……
  闻 可是真？
  张 句句真。
  闻 可怜他，为国尽忠，慷慨就义，杀身成仁……

两人的对唱接榫严丝密缝，而这种紧锣密鼓的节奏与当时战场厮杀搏斗的规定情境和舞台气氛十分契合，产生了十分强烈的艺术效果。

连台本戏《封神榜》还有两点比较突出。一是机关布景光怪陆离，变化无

---

① 佚名：《二本〈封神榜〉特刊》，《申报》1928年12月2日。

穷。舞台上出现金碧辉煌的宫殿，八九尺高的长人。轩辕坟妖狐出现，当场化为骷髅三具，瞬间又变成三名美女。鸿钧老祖至灵宫说法，霎时宫殿变为大海，上有葫芦口冒出青烟，烟雾中站立神仙数十。老君所骑的青牛、元始天尊的坐骑口内都吐莲花，花上站立多人。申公豹杀头还原。摘星楼火烧琵琶精，明明是一美女，忽然变作琵琶。姜子牙五龙桥跳水，骑龙上天……真是极神奇变化之能事。二是编剧采取合作制，诸如周信芳、小杨月楼、王芸芳、刘奎官、高百岁等所主演的场子，分别由其本人自编，由周信芳综其成者，并为其他男女演员安位置、撰辞章，以及与其他场子相贯串。卓秀在《天蟾佳剧〈封神榜〉》一文中称赞这种编剧方法"佥收事半功倍之效，故出品迅速，幕幕饶精彩，人人富精神。然麒麟童辈之编剧才亦足贵已哉。"

《封神榜》演出后，卖座空前的好，一时间竟成为市民街谈巷议的热门话题。不仅上海人呼朋引类地争相观看，还有些外埠人士也专程跑到上海来看这出戏。每天傍晚未到六点钟，剧场楼上楼下即已满座，不少买不到戏票的观众则在剧场门口徘徊观望，久久不去。碰到连日阴雨，天蟾舞台照样是人满为患。因此报上称《封神榜》"卖座之盛之久，开舞台界的新纪录"。

《封神榜》由于注重演人、出情，故而有些精彩的片断，如《反五关》《鹿台恨》《比干挖心》《炮烙柱》等，后来都成为折子戏保留剧目，经常演出。

三、参加南国社

1927年，周信芳作为一个京剧艺人参加了田汉主持的话剧团体南国社。周信芳与田汉相识是在1923年秋天，那时周信芳在上海偶然见到一种叫《南国半月刊》的刊物。他被刊物中清新芳烈的文章所感染，并发现刊物的主编就是慕名已久的田汉。于是周信芳就循着刊物后面所印的地址，亲自到哈同路民厚北里40号登门拜访田汉。而田汉呢，早在1916年就在上海看过周信芳的戏，颇有相见恨晚的心情。于是两人一见如故，当下就亲切地以兄弟相呼，结成莫逆之交。

1927年田汉出任上海艺术大学校长,并主持成立了南国社。南国社的宗旨是"团结能与时代共痛痒之有为的青年,作艺术上之革命运动"。这一时期,国民党正在进行"文化围剿",在这种情况下,周信芳加入南国社,无疑是思想上的一大进步。他早年曾受到进步戏剧家的"启蒙",如今加入南国社后,更得到了田汉等革命艺术家的具体指点。

当时南国社经常在学校举行文艺讨论会,参加者有田汉、欧阳予倩、洪深、周信芳、高百岁、徐志摩、徐悲鸿、郁达夫、余上沅、朱穰丞等。他们有时讨论艺术与社会的关系,有时研究具体作品。通过这些活动,周信芳更广泛地吸收了新文艺思想,并开始研读鲁迅的小说与杂文。

1927年12月,南国社在上海艺术大学的小剧场举行"鱼龙会"演出。我国汉代,有一种由人装扮成巨鱼和巨龙进行表演的假形舞蹈,称作"鱼龙曼延",是当时百戏中规模最大的节目之一。南国社"鱼龙会"的名称即由此而来。田汉说:"我们这些人是鱼,就请两条龙来。周信芳、欧阳予倩,他们是京剧名角。""鱼龙会"共演七天,剧目有《生之意志》《苏州夜话》《名优之死》、译作《父归》等。

第一天,周信芳与欧阳予倩合演了欧阳予倩所作的六幕京剧《潘金莲》。这出戏大胆地把潘金莲作为一个叛逆的女性来描写。周信芳饰武松,欧阳予倩饰潘金莲,高百岁饰西门庆,周五宝饰王婆,唐槐秋饰何九叔,唐叔明饰郓哥,顾梦鹤饰张大官人的家人。这是京剧演员与话剧演员同台合作的一次盛举。剧中的潘金莲被描写为崇拜力与美的女性。她极爱武松,因得不到武松之爱而聊且爱上有几分像武松的西门庆,后来杀了武大郎;武松报兄之仇,潘金莲死于所爱者之手。整出戏表演非常精彩。周信芳演到追问何九叔时,用真刀往桌上戳去,两眼一瞪,手提何九叔,逼真的形象使同台的演员都惊住了。当武松举刀欲割潘金莲之心时,潘金莲挺胸跪近武松,说:"二郎,这雪白的胸膛里,有一颗赤诚的心,这颗心已经给你多时了。你不要,我只好权且藏在这里。可怜我等着你多时了,你要割去吗?请你慢慢地割吧,让我多多的亲近你。"

当然,现在看来,潘金莲虽有值得同情的一面,但她与恶霸西门庆勾结,毒死武大郎，总是一种恶行。然而在当时演出，反映却很强烈。《潘金莲》被称为"沟通旧剧、话剧之先河"。田汉看了演出后，对周信芳、欧阳予倩说："我听到这段台词时，完全陶醉了。"还称赞周信芳真把武松复活了。徐悲鸿欣然命笔写道："翻数百年之陈案，揭美人之隐衷；入情入理，壮快淋漓，不愧杰作。"《潘金莲》于1928年1月7日又在天蟾舞台公演。

"南国"时期，周信芳广泛接触新文艺。那时他在天蟾舞台演出《封神榜》等，有时散戏后，就换上西装，与田汉、唐槐秋等一起到黑猫舞场去跳舞。据周信芳说，跳舞对他后来设计舞台台步很有借鉴作用。

《潘金莲》，周信芳饰武松，欧阳予倩饰潘金莲

1928年南国社要公演，但剧场难借，好的剧场索价昂贵租不起。周信芳担任南国社的演出委员，他到处奔波周旋，终于免费借到九亩地梨园公所楼上的场子。但去了一看，原来是个摆神像的破楼，连舞台也没有。于是他们筹钱买了一批木料，连夜开工，终于把戏台、灯光都搞好了。那次演出了《古潭里的声音》《湖上的悲剧》等，虽然剧场地处偏僻，舞台也简陋，却赢得了广大观众的热烈欢迎。

1928年起，上海伶界联合会与南国社建立了密切的关系。周信芳与田汉等经常研究如何消除旧剧新剧的隔阂，创建新国剧的问题。田汉在《梨园公报》上发表题为《新国剧运动第一声》的文章，呼吁消除新剧与旧剧的成见，"建立新的国剧，使其成为民众全体的东西，而不是专供某一阶级的消闲品"[①]。1929年起，周信芳担任了上海伶界联合会的宣传部长、会长，并主持编辑《梨园公报》。《梨园公报》也成为探讨京剧改革，沟通新剧旧剧的论坛园地。

1930年6月，南国社在上海中央大戏院演出田汉改编的话剧《卡门》。由于

---

① 田汉：《新国剧运动第一声》，《梨园公报》1928年11月8日。

这出戏抒发了人们反抗旧社会黑暗势力的感情，只演了三场，就遭到国民党当局的禁演。9月南国社又遭查封，并到处搜捕田汉。由于鲁迅先生及时通告，田汉从原住处日晖里转移到平原坊的一个前楼上。但刚刚安顿下来，金焰等人又来报警，叫他快走。田汉在电灯匠和木匠等工友保护下，悄悄来到天蟾舞台后台找周信芳。这时周信芳、王芸芳等正准备上场，听到这情况都很焦急，但剧场后台又无法藏人。急中生智，王芸芳赶忙把自己的一件哔叽长袍借给田汉换了装，周信芳拿出二十元钱给田汉，然后用自己的汽车把田汉送到日租界一位朋友家里躲避，田汉这才安全脱险。

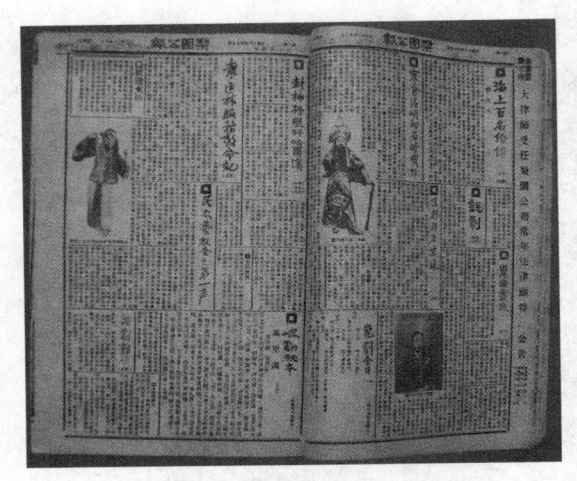

《梨园公报》书影

第二节 麒派的形成

1927年，周信芳加入天蟾舞台后，他的艺术进入了成熟时期，这一时期也正是周信芳他那独具风采的麒派形成的时期。

任何艺术流派的形成都有一个过程：从孕育、积累到逐步形成。麒派的形成也并非一朝一夕之功，同样是长期孕育、逐渐积累、不断磨砺的结果。周信芳在学艺阶段，主要是打艺术根基，孕育自己的艺术特色，为创造流派准备所需要的各种各样的条件。初创阶段则是多方开拓，由博而约，努力塑造自己的艺术个性，使自己不同于人的风格特色逐步积累、积淀，并使之相对稳定。以上两个时期是创造麒派的准备阶段，也是麒派形成的不可缺少的基础。而真正形成流派，那是在进入成熟期之后，1927年加入天蟾舞台，并参加南国社，1928年编演八本连台本戏《龙凤帕》，受到内行外行的一致推崇。至此麒派正式为社会所公认。

任何流派都是继承与创新的结果，因此流派绝不可能是无本之木，无源之水。艺术家在创造流派的时候，一般有两种情况：一种是明显地师承某一流派，在此基础上，结合自身条件，吸收其他养料，创造出新的流派。如言菊朋宗谭鑫培的谭派，初以"谭派正宗须生"闻名。他在谭派的基础上，根据自己的嗓音条件，创造了婉约跌宕、精巧细致的言派。另一种情况是并不明显地以某一流派为模仿和师承的对象，而是根据自己的条件兼学数家，杂糅诸家，博采众长，创造出独特的流派来。我认为周信芳的麒派属于后一种。

京剧流派的发展，最初阶段以老生为最活跃，"前三杰"程长庚、余三胜、张二奎即称为老三派。到清末民初又涌现出"后三杰"：孙菊仙、谭鑫培、汪桂芬。"后三杰"中，谭鑫培是婉约派代表，汪桂芬是豪放派代表。孙菊仙比较接近汪派，尤注重气势，比汪派更趋粗犷。基本上与他们同一时期的汪笑侬也接近汪派，"他的特点是腔调苍老遒劲，最适于慷慨悲歌"①。

周信芳曾说过："我非常尊重和欣赏汪（桂芬）、谭（鑫培）、孙（菊仙）等各家的表演艺术，也可以说我是宗汪、谭、孙的；但是我并没有死学哪一位，因为我没有谭先生的艺术天才，更没有汪先生那条嗓子，即使我学得再像，真是一模活脱，也不过是个有形的东西。我们应该化有形为无形才是。"②周信芳最崇拜谭鑫培，

《华容道》，周信芳饰关羽

---

① 周信芳：《忆汪笑侬》，载《周信芳文集》，中国戏剧出版社1982年版，第397页。
② 李师斌：《化有形为无形》，《大众日报》1962年8月19日。

主要学习谭鑫培声情并茂地刻画人物性格的本领，以及谭鑫培博采众长创造流派的方法，但艺术风格上更接近于汪、孙二位。

下面具体探索一下麒派艺术的来源。

剧目方面：从谭派中吸收了《打棍出箱》《盗宗卷》《打侄上坟》等许多剧目。从南派京剧泰斗王鸿寿那里继承了《徐策跑城》《斩经堂》《扫松下书》《走麦城》《华容道》和所有红生戏。从苏廷奎那里接过了《坐楼杀惜》《四进士》等。武生戏、武老生戏则来自杨小楼、尚和玉、李吉瑞、杨瑞亭、马德成等名家，剧目有《大报仇》《八蜡庙》《剑峰山》《溪皇庄》《莲花湖》等。

表演艺术方面：唱腔吸收了汪桂芬、孙菊仙、谭鑫培、汪笑侬的精华，形成咬字有力，行腔气势豪放，顿挫强烈的麒派风格。谭鑫培的悦耳动听，汪、孙两派的黄钟大吕、高亢沉实的格调，成为麒派唱腔的基本骨架。特别是长时期受到孙菊仙的教诲与亲炙，受其熏陶极深。孙最擅长【二黄摇板】，慷慨悲凉，一唱三叹，他的唱拉得足，放开来一泻千里。周信芳的唱最能传达情感，他所唱【二黄】有不少地方彰明较著是"老乡亲"的味儿。《逍遥津》的高音也是从的孙派。《四进士》中"公堂之上上了刑，好似鳖鱼把钩吞"，就是在孙派基础上加以创新的。在行腔中用胡琴垫音，"笔断意不断"的手法也来自孙派。

做工吸收了谭鑫培以丰富的表情动作刻画人物性格、感情的方法。《斩马谡》中老谭扮演孔明，通过与赵云对话时的语气、表情的细微变化，揭示出孔明"挥泪斩马谡"的复杂心理；《珠帘寨》中李克用两次接箭，两样姿势，两副神气……王鸿寿的做工对周信芳影响也很大，故而周信芳的做派很像王鸿寿。另外台步学小孟七，髯口功夫学苏廷奎（如《溪皇庄》中的褚彪），武生戏像李吉瑞、李春来、王金元，老头戏学马德成，小生戏像龙小云……

周信芳曾说过："任何人我都学……任何行当我都学……任何戏剧我都学。"[①] 他善于博采众长，取精用宏，移花接木，融会贯通。周信芳向传统学习，打破了流派、行当的局限，什么流派都学，什么行当都学。他不仅向各派老生

---

① 石仲、天衣：《周信芳谈"学到老"》，载中国戏剧出版社编辑部编：《周信芳艺术评论集》，中国戏剧出版社1982年版，第528—530页。

学，还向花脸刘永春、花旦冯子和等其他行当的名家学习。他演的《清风亭》，早年从学于前辈郝寿昌，后又揣摩夏月珊的表演，而他饰演张元秀那拄拐杖的各种姿势：抱着拐杖臂肘滑到杖底，再用肩扛起，用肘夹住，颤巍巍地挺起身……那些身段动作却是从京剧名旦杨长寿、杨长喜那儿学来化而成的。

周信芳20世纪初就与早年从事新剧的冯子和、欧阳予倩同台，20年代又与话剧家田汉、洪深交往，并加入话剧团体南国社，参与该社活动。周信芳除了向旧剧传统吸取营养外，还向新文艺，包括话剧、电影等摄取艺术养分。这也是形成他比较写实的表演风格的一个原因。像考尔门、约翰·巴里摩亚、贾莱·古柏、弗特立马区、却尔斯·劳顿这些美国电影明星的演技，他都加以揣摩、借鉴及吸收，以此来丰富自己的表演艺术。周信芳喜欢跳舞，他在慢步华尔兹中竟发现可以使舞台上加官步更加圆美边式的因素。周信芳还集编、导、演于一身，勤于整理旧戏，编写新戏，这显然是学的汪笑侬与欧阳予倩。

周信芳学习艺术，采取了"拿来主义"的方法。但这种"拿来主义"，并非盲目的、不加分析的"照单全收"。周信芳对学习、借鉴的对象，总是通过自己的头脑进行认真的思考分析与审慎的选择。比如周信芳十分崇拜、钦佩谭鑫培的艺术，而他的高明之处在于认真探索谭派的精髓与真谛。他认为谭派的好处在于：老谭能巧妙地运用自己的长处，显示出文武唱做的全能。老谭无论唱做、绝技，都紧紧扣住剧情，注重人物的心理刻画，技与艺达到了完美的结合。他学谭就学这些精髓。因此当有人歪曲谭派，"在留声机里学了几个巧腔，就在那里闭着眼，皱着眉，摇着身体，晃着头，哑着嗓子很得意地教他的谭派徒弟"[①]，他就挺身而出进行尖锐的批评。他崇拜老谭，但也不迷信。老谭曾把《文昭关》中"伍员马上怒气冲，逃出龙潭虎穴中"这两句唱词，改成"伍员马上威风勇，那旁坐定一老翁"，周信芳不客气地指出改词还不如原词好。

创造流派更是一项复杂的艺术劳动。周信芳并不采用简单搬用、生硬拼凑的办法，而是融会贯通，熔于一炉，结合自己的理解，结合自身的条件，加以改

---

① 士楚：《谈谈学戏的初步》，《梨园公报》1928年11月。

造、创造，从而使它形成新的质。比如《斩经堂》，王鸿寿是用【吹腔】和【高拨子】一唱到底的。周信芳不仅在剧本结构上作了调整，唱腔方面也改用了【二黄摇板】【原板】，以更利于抒发感情，更强化此戏的悲剧气氛。《独木关》，李吉瑞重唱，杨瑞亭重打，周信芳却另辟蹊径，以做工、念白为主。再如《别窑》，当时在上海就有三派，一派是在北京出名的龙派小生创始人龙德云之子龙小云的小生戏，一派是老徽班路子的潘月樵，还有一派是宗黄月山的黄派戏。黄月山重表情、念白，把子不动大刀，身上不扎大靠，是他最早把《别窑》带到上海的，后来他收了李玉奎、李吉瑞两个门徒。周信芳年轻时在天津曾私淑李吉瑞，李吉瑞到上海演戏，周总去观摩。三派演《别窑》，各家都不相同。龙派头戴扎巾盔，扎大靠，执银枪马鞭；潘派戴扎巾，穿软靠，佩宝剑，拿银枪马鞭；黄派是照《沙滩救主》中的薛仁贵打扮，戴大翼巾，穿白箭衣，拿银枪马鞭。周信芳对三派作了比较，加以取舍。他学龙派，身上扎白靠，但不用小嗓，用大嗓；学潘派起霸，腰里佩宝剑；而"送别"学的是黄派。同时他又有与三派都不同的地方，如他不拿银枪，不戴扎巾或扎巾盔和披巾，而戴的是荷叶盔。

做一般的艺术家，只要有较好的艺术天赋即可；而要做一个独创流派的艺术大师，就得有天才。周信芳就是一位难得的天才。他恭恭敬敬地学习传统，然后又"胆大妄为"地突破传统；他的艺术超越了传统，然而在他的艺术创造中又处处保留着传统的基因。他广采博纳，把豪放派、婉约派，把京朝派、海派，把旧剧、新剧，甚至把看似风马牛不相及的艺术因素，熔于一炉。经过他用特殊配方、特殊工艺进行具有独创意义的熔冶锻造，原来互斥的东西在他身上奇迹般地变成互补的东西；原来对峙的双方，在他身上奇迹般地浑成一体。这便是周信芳的本领。

麒麟，据《辞海》解释："古代传说中的一种动物。其状如鹿，独角，全身生鳞甲，尾像牛。多作为吉祥的象征。"可见，麒麟是一种集众兽特征于一身的动物。周信芳以麒麟童为艺名，而他所创的麒派也是一种集众艺之长于一体的独特流派！这是多么奇妙的巧合！

第三节 麒派形成的标志

周信芳表演艺术的成熟鼎盛时期，大致可以定在1927年至1949年。而麒派的形成约在1928年左右。其时周信芳三十三岁，风华正茂。我们把麒派的正式形成定在这个时候，因为其时已具备了麒派形成的几个标志。

一、积累了一批有特色的常演剧目

剧目建设与流派形成有着密切的关联。不同的流派总是根据自己的审美观点来选择自己的剧目，对之进行独特的艺术处理和艺术锻造，并通过剧目体现自己的流派特色。

周信芳经过多年演出实践，此时已形成了一套常演剧目，如《四进士》《萧何月下追韩信》《乌龙院》《斩经堂》《华容道》等常演不衰，编演加工了《临江驿》《徐策跑城》《扫松下书》等新剧目，还演出了大量连台本戏，如一至十本《汉刘邦》，一至六本《飞龙传》，一至十二本《天雨花》，一至十二本《华丽缘》，一至八本《龙凤帕》等。

这些剧目大多反映历史上的忠奸斗争、善恶斗争，歌颂忠义精神和正义力量。大部分剧目来自民间（如原徽剧剧目），具有民间艺术质朴清新的风格。而这些剧目又都适合发挥麒派的表演技巧。周信芳以衰派老生应工，他的这些常演剧目不仅大多为衰派老生戏，而且大多是做工戏，适合发挥他的麒派技巧，像《徐策跑城》突出一个"跑"字，《萧何月下追韩信》着重一个"追"字，《打严嵩》关键则在一个"打"字，在做工方面都有大加

《乌龙院》，周信芳饰宋江

发挥的余地。周信芳对一些各种流派所共演的戏,则进行整理加工,艺术重塑。如《萧何月下追韩信》《乌龙院》等经他编写、整理、设计,都成为大有看头的做工戏。此外,还有一些反映当时现实生活的时装新戏,也成为麒派剧目的一个特色。

二、形成了比较鲜明,并相对稳定的表演风格

在第二章里我们已经谈到,早在1912年6月,周信芳在新新舞台演出《要离断臂刺庆忌》时,他那注重做工、白口动人的表演特点已经初露端倪。此后,周信芳通过长期的舞台实践和艺术磨练,保持、充实、发展自己的特色,逐步形成了独特而又鲜明的表演风格。有人概括为四个字:有劲过瘾。有劲是指周信芳演戏全身心地投入,以浓重的感情色彩深入角色,也指他演戏认真、卖力;过瘾则指展开剧情,描摹人物强烈、透彻,淋漓酣畅,艺术感染力强。

周信芳注重并擅长做工,走到台上,浑身是戏,骨节眼里都灌满了戏。他的唱念也有自己的特色。他幼年时嗓音宽亮,十五岁那年倒仓,忽然一字不出。后经坚持喊嗓锻炼,虽未恢复到原来宽亮的程度,但练就了一条稍带沙音且能响堂致远的嗓子。他的唱吸收谭派的技巧,汪、孙两派的豪放格调,以苍劲浑厚、质朴奔放见长。念白沉实有力,韵味醇厚。20世纪20年代末,不仅麒派的做工脍炙人口,唱工亦很受欢迎,不少戏被蓓开公司灌成唱片,广为流传。

周信芳善于把唱、做、念、打融为一体,在舞台上塑造了宋士杰、徐策、萧何、宋江、邹应龙、张元秀等鲜明生动、有血有肉的形象。他重彩浓墨、动人心魄的独特风格在京剧舞台上已经别树一帜。

三、具有比较明确的指导思想

1928年,周信芳在《梨园公报》上发表了《谈谭剧》与《谈谈学戏的初步》两篇重要文章。文章总结了谭派艺术,并阐述了自己的戏剧主张,有两点十分引人注目。

一是关于京剧的宗旨,他说:"无论古典、浪漫和写实的戏,都是人间意志的争斗,如能够把剧中的意志来鼓动观客,那才是戏的真价值。"[①]

[①] 周信芳:《周信芳文集》,中国戏剧出版社1982年版,第292页。

二是关于谭鑫培及其流派，他说了一段很精辟的话：

仅学了人家的好处，总也要自己会变化才好。要是宗定那派不变化，那只好永做人家的奴隶了。

听说老谭学的是冯润祥、孙春恒，见的是程长庚、王九龄诸前辈；又有同时竞争的龙、余、汪、孙诸位名角。老谭生在这个时间，他就把各家的好处聚于一炉，再添上他的好处，使腔、韵调、念白、酌句、把子、姿势、做派、身段，给他一个大变化，果然自成一派。诸前辈死后，老谭堪称庙首，执伶界牛耳。

老谭破坏成规，努力革新，是大胆的；可想老谭的成功，是很不容易的。他成功在哪里呢？就是取人家的长处，补自己的短处。再用一番苦功夫，研究一种人家没有过的，和人不如我的艺术。明明是学人，偏叫人家看不出我是学谁，这就是老谭的本领，这就是他的成功。①

第一点说的是戏剧的宗旨，第二点说的是老谭创造流派的原则与方法，也是周信芳创造流派的依据与准绳。这就充分说明，此时周信芳的戏剧思想已经成熟，他创造流派艺术的活动已经处于自觉的状态。

四、伶界已有一批麒派的从学者，社会上已拥有一批麒迷

周信芳早在十五岁就收了第一个弟子程毓章，此后拜在他门下的有筱鑫培、高百岁、陈鹤峰、王瀛洲以及内弟刘奎童等。麒派艺术已有一批从学者，并由他们向各地传播辐射。而周信芳自己曾于20世纪20年代初北上演出，麒艺在北方已有一定影响。

社会上还涌现出一批麒迷观众。1928年，周信芳在天蟾舞台演出连台本戏《龙凤帕》获得成功。上海一群热心的票友成立了麒艺联欢社，麒派在观众中得到了认同。

---

① 周信芳：《周信芳文集》，中国戏剧出版社1982年版，第286—287页。

第四节 麒派形成的原因

麒派艺术一出现在舞台上，就令人耳目一新。尽管一度褒贬不一，但麒派鲜明的阳刚之美，麒派浓郁的生活气息，麒派偏重做工、念白、写实手法极其强烈的艺术感染力，麒派近代化、平民化的格调，都显现出其独特的风采，具有一种不可替代性。

任何艺术流派的形成都具有深刻的原因，当然它是某一位艺术家实践与创造的结晶，然而它又不仅仅是某一位艺术家的个人行为，它与整个时代，与艺术家所处的文化氛围，与具体剧种的发展状况都有着密切的关系。

麒派的形成也有其复杂而深刻的客观原因与主观原因。可以这样来概括：一颗天才的种子，落在了上海这一特殊的文化土壤之中，江南的细雨滋润着它，东海的海风催发着它，幼苗破土而出，茁壮成长，终于长成参天大树，开放着麒派艺术的绚丽花朵。

任何艺术流派都不可能离开它所处的特定的时代。一定时期社会生活的变革，政治斗争的风云，时代精神与社会风尚及民族的传统文化心理，都必然会对一个艺术家的艺术创造和艺术流派产生直接或间接的影响。麒派艺术亦不例外。麒派形成的时代，从政治方面看，一方面人民深受帝国主义的侵略蹂躏以及国内统治阶级的压迫剥削，可说是灾难深重；另一方面，进步的革命的政党领导下的人民群众反帝反封建的革命运动风起云涌。这种动荡的社会与时代呼唤着壮美的艺术。人民群众备受重压，胸中郁积着满腔的愤怒和一股不平的浩气，这股浩气不仅化作革命的洪流，冲击恶浊的世界，同时也要求在文艺舞台上得到宣泄和昂扬。

从京剧艺术方面看。一方面京剧处于鼎盛时期，戏班林立，名角辈出，观众踊跃，是一个出流派的年代。20世纪20年代，在生行方面逐渐出现了余叔岩、言菊朋、高庆奎、马连良"四大须生"；旦行方面出现了梅兰芳、程砚秋、荀慧生、尚小云"四大名旦"；净行方面有金少山、侯喜瑞、郝寿臣诸派；丑行则有郭春山、萧长华、叶盛章等名家。这是一个流派纷呈，观众蜂拥的年代。当时京剧艺术已趋于成熟，并处于繁荣向上的阶段，艺术生产力在艺术竞争中得到很大程度的解放。麒派形成在这个年代，并不奇怪。

此外，由于民主革命的兴起，京剧改良运动的深入，京剧面临着由古典艺术向近代艺术嬗变发展的过程。京剧的历史发展也呼唤着新的形式和新的流派。这一时期北派京剧与南派京剧各自有了长足的发展，海派京剧已开始风靡江南。这一时期京剧在题材方面有很大的拓展，除传统戏之外，出现了不少新编历史剧与时装新戏。这些戏传达和体现了近代的思潮。新舞台问世以来，京剧表现形式、演出形态都有了很大的变化，还出现了连台本戏、机关布景等。麒派的形成与这些历史变化密不可分。

麒派的形成在上海，也不是偶然的。上海开埠以后，不久便成为我国南方重要的经济、文化中心。随着上海城市规模的发展，到20世纪20年代后期，越来越显现出其举足轻重的地位。京剧自清同治六年（1867）传入上海，在上海这块特殊的土壤里，逐渐形成了独具风格的南派京剧，涌现了一批南派名角，如王鸿寿、汪笑侬、潘月樵、夏月珊、冯子和、李春来、常春恒、赵君玉等。南派京剧表演特色逐渐鲜明，其表演强烈火炽，形式灵活新颖，与北派京剧形成对比。南派京剧的发展是麒派形成的重要文化背景。

上海是个四海通商、万商云集、五方杂处的地方，它既是南北戏曲杂艺争演竞奏的所在，又是中西文化相互碰撞、汇合交流的窗口。在这里，艺术家便于吸收南北各种艺术的精华，而且有机会接触和借鉴西方电影、话剧、舞蹈等新文艺的表现手段来丰富京剧的表演。麒派的做工，就不仅继承了京剧的表演传统，同时也适当地吸收了话剧、电影的写实手法。

特别值得注意的是，上海的观众对麒派的形成具有重要的作用。周信芳曾说过：要想使演的戏出出讨好，处处讨俏，必须"知道世事潮流，合乎观众的心理"。上海人口密集，文化消费需求量大，而观众多为商人、市民阶层。艺术家必然要受到都市市民阶层观众审美需要、审美情趣的影响和制约。北方叫听戏，而上海人却叫看戏。市民观众追求新奇强烈，极视听之娱，同时也要求比较符合都市的生活节奏。周信芳确认京剧应该是大众化的通俗戏剧，观众要听得懂，看得有趣，麒派的通俗、新颖、强烈与上海市民观众的审美要求是十分契合的。

周信芳善于理解观众的心理，虚心接受观众的意见。20世纪20年代，周信芳收到一位印刷工人给他的一封信。信的内容是对他演的《四进士》提出意见。信中说，宋士杰偷到公差的信后，把田伦写给顾读的信抄在自己的袍襟上，这段戏没有演好。宋士杰曾做过书吏，深知此信的利害关系，你为什么抄完以后也不认真地校对一下呢？你为什么墨迹未干就把衣衫放下来呢？如果抄错了字，或看不清的话，宋士杰的官司不就要前功尽弃了吗？周信芳读了信，拍案叫好。他根据这位观众的意见，对戏作了认真的修改。当演到宋士杰抄信时，采用由慢到快，由轻到重的声调，将信的内容念出来，表示在逐字逐句地校对。抄完后，又加上吹衣、抖衣的动作，表示使墨迹干得更快。戏改好后，周信芳特地把那位观众请来看戏。那位观众看了，不仅很满意，而且十分感动。想不到一位名演员，这样重视一位普通观众的意见。

周信芳之所以能在上海舞台上久演而不衰，就是因为麒派艺术在一定程度上体现了上海都市观众的生存状态和审美情趣，体现了上海特定的地域集体深层心理。可以说，麒派艺术找到了舞台与广大接受者心灵相互沟通的途径。因此麒派是一个最能与观众共呼吸的流派。

京剧的成熟、繁荣阶段，恰恰处于清朝廷没落衰亡的时期，京剧不可能不受到这个大环境、大潮流的影响。如果说，京剧初创阶段带有浓重的民间气息，风格方面，"前三杰"无论程长庚、余三胜、张二奎都以黄钟大吕、高亢硬直见长，当时曾有"时尚黄腔喊似雷"的说法。但到了"后三杰"，经过谭鑫培的改革与琢磨，风格趋向悠扬柔婉。谭之后的诸家老生流派，均受老谭这种影响，基本上走婉约派的路子，向精致的方向发展。婉转悠扬、富于韵味确实是京剧演唱艺术的一种提升与发展。然而也不能不看到，谭派风格的形成与封建阶级悲观没落的情绪有关。有人曾说谭派是"靡靡之音"，如此概括当然失之偏颇，但它点出了谭派音调与当时时代气氛的关系，这对我们还是有所启发的。

麒派形成的时代，是中国人民备受重压，民主革命高涨的年代，麒派重振京剧豪放派的雄风，可以说是一种时代的召唤。从艺术规律看，艺术总是趋向多元化，趋向丰富多样，在老生行当婉约派流派众多的情况下，也呼唤着另一种风格的出现。这里需要说明的是，时代与流派虽有关系，但此种关系十分微妙，并不是简单的依存关系，也不是直接的因果关系。一个时代并不是只能有一种风格，一种流派。比如麒派形成的同时，就有余派、马派诸家，他们在剧坛上并驾齐驱，相映成趣。另外，京剧流派不单单是指唱腔艺术，而是包括唱、做、念、打，指整个表演体系和艺术风格。

一个流派的创造既有客观原因，又有主观原因，而客观原因又是通过主观原因起作用的。周信芳创造麒派的主观原因有以下几个方面：

第一，周信芳功底深厚，有扎实的基本功，这是创造流派的基本条件。麒派是豪放派，节奏强烈，做工繁重。虽以衰派老生应工，但经常文戏武唱，在台上跌打翻滚，有时还要持伞吊毛，如果没有非凡的基本功，就无法胜任。

第二，强烈的主体意识和开放心态。周信芳创造艺术不拘成法，不人云亦云，而是根据自己的条件，按照自己的构想，把所学的东西都作为艺术创造的材料，进行熔冶锻造。因此他所创造的剧目、表演技艺、舞台形象，都带有鲜明的个性色彩，而决不会与别人相混同。这种主体意识是对自身创造力的发现与肯定。郑板桥曾说过："学一半，撇一半，未尝全学，非不欲全，实不能全，亦不必全也。诗曰：十分学七要抛三，各自灵苗各自探。"周信芳也是这样做的，他在评论谭派时就曾强调："明明是学人，偏偏叫人家看不出我是学谁。"

周信芳的艺术创造呈开放心态。他很少门户之见，虽然置身海派行列，但对京派十分推崇，凡好的东西，对他的艺术创造有用的东西，无论京派海派，不管老生行当，还是青衣、花脸行当，来者不拒，兼容并包。他的广采博纳，其广其博，与世无侪。因此人们说他在吸收艺术营养方面，有一种惊人的"海量"。他自己说过："只有一股水，不能成为大海。"麒派与传统京剧相比，它有不少突破与建树，没有创造意识，没有革新思想，就不可能有麒派。

第三，与周信芳的禀赋、气质、性格、爱好有密切的关系。一个艺术流派，实质上是艺术家个性与人格的外化，人格中交融着艺术家的思想、气质、修养和经历。刘勰在《文心雕龙》中曾这样说过:"……才有庸隽,气有刚柔,学有深浅,习有雅郑,并情性所铄,陶染所凝,是以笔区云谲,文苑波诡者矣。"也就是"诚于中而形于外"。

周信芳秉性耿直豁达,急公好义,偏于刚。在《周信芳文集》中保存有两篇他青年时代所写的文章。一篇是《最苦是中国伶人》,一篇是《伶人亦有自由否》。前者对社会上轻视伶人、压迫伶人、奚落伶人的现象,鸣不平之声,文中呼吁:"请《梨园公报》告诉社会,告诉世界:最苦的是中国伶人,是一个劳而无功、受人压迫的人。"后者为某巨公强迫名伶余叔岩唱义务戏,周疾呼"伶人亦有自由否?"他对历史上见义勇为、正气凛然、慷慨激昂的名人贤士十分敬仰,也特别想在舞台上昂扬这种正气。激昂慷慨、强烈激越的麒派风格正是周信芳气质的生动写照。周信芳在舞台上塑造的艺术形象之所以特别动人,正因为在这些艺术形象中,体现着周信芳的真相,熔铸着周信芳的真魂!

从艺术禀赋来看,周信芳不仅富于戏剧表演的天才,同时又有艺术创造的天才。他特别善于运用身段、动作来刻画艺术形象。他从小就喜欢看精彩的做工与绝活。在他没有倒仓之前,就如痴如醉地观摩谭鑫培的《打棍出箱》《李陵碑》,对老谭飞鞋、耍刀的绝技兴趣浓厚。时隔十八年,他写《谈谭剧》一文时,还如数家珍。早年他看一盏灯(张云青)演双阳公主,因身怀六甲,胎气震动,疼痛难言,将枪横放揉腹时,右肩微耸,右嘴角向上吊动,并使甩发。周信芳对其真切感人的表演赞不绝口。周信芳十七岁时在上海新新舞台演出《要离断臂刺庆忌》,其做工、念白已引人瞩目。这恐怕可以说是周信芳的一种审美心理定式和艺术专长。

周信芳的嗓子原先是极其宽亮的,总要唱到正宫调,十五岁倒仓,这对一个演唱艺术家来说不能不说是一大不幸。周信芳以坚强的毅力练就了一条沉着有力的嗓音,并根据这样的条件,创造了虽带有沙音,但愈见刚劲苍凉的麒派唱腔。后来周信芳的嗓音曾一度变好,在1943年出版的《麒麟童特刊》上,刘菊禅撰有《贺周信芳返老还童》一文,文中说:"信芳自卡尔登辍演后,休养相当时期后,出演于黄金、皇后两院。余曾聆其《战太平》、全部《探母》两戏,嗓已转佳,高低音均有，与出演于卡尔登时之嗓音已大不相同，但沙哑之声尚未脱尽。后在某电台聆其播音，唱《文昭关》一出，由出场'伍员马上怒气冲……'之【摇板】唱起，至【二黄原板】。唱腔调完全模仿汪（桂芬）派，五音俱全，沙哑之声完全退尽。初聆时决不信为渠所唱。'恨平王无道……'及'一轮明月……'等句之声调，完全由脑后发出，非常悦耳。"当然，这样的境界并未得到长期维持。周信芳的嗓音是一个缺憾，然而他能变不利为有利，因地制宜，创造出具有独特风格的麒腔。他的嗓音又成了麒派演唱艺术中的一个有特色的因素。

周信芳不仅善于将不利变为有利，而且注意扬长避短，露秀藏拙。他曾说过："嗓子差，要有味；眼睛小，要有神；个儿矮，要有威。"这是补救天赋不足的至理名言，也是艺术的辩证法。世界上有两种艺术家，一种是本身天赋比较完美的，一种是天赋有一定缺憾的。天赋比较完美的艺术家，不一定成为成功的艺术家；而天赋有一定缺憾的艺术家，由于他善于扬长避短、不懈努力，却终能获得成功。周信芳就属于后面一种。他不仅补其不足，还进一步积极地发挥其做工、念白方面的长处或优势，充分展示其强项。以凝重老练的做工表演和沉着有力的念白，着意刻画人物的性格特征，从而产生强烈的艺术感染力，以此来弥补嗓音之不足。并且他将唱、做、念、打浑成一体，塑造出一种独特的艺术风格。

我国文坛巨擘茅盾先生曾指出：

> 艺术家之独创的风格之所以能形成，是一个艺术锻炼的问题，然而不光是一个艺术锻炼的问题，这在很大程度上和艺术家的文化修养、艺术修养，乃至世界观都有关系。同时，个人风格也不是向壁虚造出来的，而是艺术家在广博地观摩、钻研许多前辈和同辈艺术家的卓越成就以后，再融会贯通而创造性地发展之结果。周信芳先生的麒派艺术就是依据上述的艺术规律而创始，而形成，而确立的。①

---

① 茅盾：《周信芳演剧生活六十周年纪念祝辞》，载《周信芳文集》，中国戏剧出版社1982年版，插页。

我认为，这段话是对麒派形成的很精辟的总结。

麒派的形成是周信芳艺术道路上的重要一页，它是影响到周信芳以后艺术道路走向的一个重要的关捩所在；麒派的形成，对京剧来说，不仅仅是多了一种有独特风格的流派，而且对京剧的发展具有重要的意义。因此，麒派的形成，在整个中国京剧史上也是重要的一页。

第四章　歌台深处筑心防

自从中国进入了半殖民地半封建社会，外患内战频仍不断，中国人民陷入了水深火热之中。特别是20世纪30年代日本帝国主义大肆侵略中国。在这场侵略与反侵略的战争中，中华民族蒙受了极其深重的民族灾难。人生大舞台与戏剧小舞台是密切关联的，戏剧舞台绝不可能游离于时代与现实。那么，周信芳作为一位有良知有血性的艺术家，在世界动乱、民族危亡的日子里，他又是怎样想的，又是怎样做的呢？

第一节　炮火中成立移风社

1931年9月18日，日本帝国主义驻扎在东北的关东军，突然袭击我国东北军驻地北大营，炮轰沈阳城，制造了蓄谋已久的"九一八"事变，开始了对中国新的战争威胁。9月19日，日军占领沈阳全城。中国当局采取不抵抗政策，几十万东北军奉命退到山海关以南。日军随即占领了辽宁、吉林、黑龙江等省，并开始向热河进攻……"九一八"事变，虽然发生在东北，但这关系到整个中华民族生死存亡的大事，对全国人民都是一次强烈的震荡。周信芳极其敏锐地接受了这一震荡波。

当时周信芳正在天蟾舞台演出连台本戏《封神榜》。那天演完戏，他在化妆间里卸装，突然看到一张晚报，报上以大号字体刊登了"九一八"事变的消息。

他先是震惊，继而是愤慨，竟然忘掉了自己在卸装，愤然拍案而起。刹那间，在他脑海里出现了两组镜头：一组是日本侵略军在东北奸淫掳掠，抢劫烧杀无辜同胞的惨景；一组是他自己在舞台上演过的那些戏中的人物，他们丹心耿耿，古道热肠，不堪忍受国耻家恨，为了民族的利益奋起抗争，而不惜捐躯牺牲。他不能沉默了，他要用戏剧来表现人民的痛苦与愤怒，鼓舞人们起而与侵略者搏斗。他连夜与戏院老板、戏班同人商议。他说："我们不能像《封神榜》里的姜太公那样，再稳坐钓鱼台了，我们不能再演《封神榜》了，我们要演能唤起民心的戏。"在大家的支持下，他毅然决定停演《封神榜》。

但是，演什么戏呢？他想到了历史上亡国的教训，于是立即着手编写描写清代三百年历史的连台本戏。与周信芳合作整理的是尤金圭。1931年10月28日，《满清三百年》的头本在天蟾舞台首演。头本写洪承畴的故事。洪原为明末蓟辽总督。清兵攻关，祖大寿修本求援，洪承畴奉旨领兵御敌于松山。当时明将士无斗志，八个总兵俱不抵抗，夏承德夜间献城。洪承畴被清兵俘获。开始他不肯投降，后来多尔衮用美人计，使吉尔特氏扮作汉人妇诱之，洪遂降清。周信芳饰洪承畴，小杨月楼饰顺治之母吉尔特氏。洪承畴有两句自嘲的唱词"昔日乌纱金翎顶，大忠臣倒做了两朝臣"，给人留下深刻印象。

1931年12月，周信芳又在天蟾舞台演出了连台本戏的第二本，他将原来南派京剧旧有之《明末遗恨》编入二本之内。写明末闯王兵围北京，崇祯皇帝夜行巡视，见军士缺饷，便往访各大臣募捐。不料众大臣府中依然灯红酒绿，笙管鼓乐。当崇祯帝提到捐饷之事时，官僚们故作窘态，百

《汉刘邦》，周信芳（右）饰刘邦

般推诿。至此，崇祯帝恍然大悟，国弱民穷，皆因贪官污吏享乐肥私所造成，深深感叹大势去矣。未几，城破，守将李国桢身死。崇祯呼救无门，自缢于煤山。此剧由周信芳饰崇祯帝，刘汉臣饰李国桢。其他演员有小杨月楼、杨鼎侬、陈鹤峰、董志扬等。

1932年4月，周信芳又编演了第三本。描写皇太后下嫁多尔衮，顺治帝掠得董小宛，封为董妃。董妃遇疯僧后郁郁而死。顺治帝痛不欲生，遂至五台山出家。周信芳饰饰顺治帝，小杨月楼饰吉尔特妃，董志扬饰多尔衮。

这三出戏或是讽刺帝王的荒淫失政，或是鞭挞汉奸的卖国求荣，特别是该剧二本，有力地揭露了官僚们只图私利，不顾国亡的丑恶嘴脸，辛辣地讽刺了当时统治者的腐败无能。戏中，当周信芳借崇祯皇帝之口，说"卖国的汉奸何其多"时，台下为之轰动。这些戏确实起到了周信芳所力求达到的"唤起人心，齐力救亡"的作用。

"一·二八"淞沪战争以后，周信芳于5月脱离了天蟾舞台。他约了一批志同道合的伙伴，组织了移风剧社。有人问他为什么叫移风剧社，他说：我们就是想把上海苟且偷安、妥协投降的风气转移过来。移风社由周信芳担任社长，成员有周五宝、刘斌昆、王瀛洲、王芸芳等，移风社下设演员队与乐队。移风社不仅注意演出剧目富于现实意义，而且树立严格认真的演出作风。移风社有一条规矩，上场"直呼直令"，不准懈怠马虎。有一次演出《华丽缘》，周信芳饰演皇甫少华。"金殿"一场，文臣武将站了很多人。有位演员无意中念错了词，而且错得很滑稽，满台演员都发出嗤嗤的笑声，有的连词都念不上来了。周信芳却依然如故，丝毫不受影响，全神贯注地把自己的一段戏演完，很快地扭转了被动的局面。但是场上有几位演员想到刚才的情景还在发笑。这时，周信芳趁没有戏，退到隐蔽的地方，用水袖遮口，轻声而又严峻地说："别笑！"顿时制止了涣散了的空气，后面的戏演得很认真，很顺利。后来他们每演一出戏后，都要进行讲评，形成了良好的风气。

从1932年5月开始，周信芳率领移风剧社北上，赴青岛、济南、天津、沈阳、长春、哈尔滨、北京演出。所带剧目以《明末遗恨》为主，另有《卧薪尝胆》、

《洪承畴》《汉刘邦》《萧何月下追韩信》《四进士》《徐策跑城》《坐楼杀惜》《清风亭》《天雨花》《封神榜》等。北京演出后,经青岛南返,至南京、无锡、苏州、汉口等地演出。这次北上演出,总共历时三年。

这三年正是时局动荡的三年。日本帝国主义侵占东北后,进而向华北进攻,长城内外大片国土沦于敌手,民族危机越来越深重。周信芳率移风剧社到天津演出时,日寇正在天津大搞军事演习,整天炮声隆隆,人心惶惶。周信芳演出了《卧薪尝胆》,报纸刊登的广告,标题为"唤醒国民,有益社会,激昂伟大,杰作佳剧"。在剧情介绍中明确指出:"《卧薪尝胆》是吴越时代战争历史故事。……卧薪尝胆之故事真能仿效十年生聚,十年教训,群众一心,何愁不报仇雪耻,何虑不强国。《卧薪尝胆》看过真知亡国之苦况,激发爱国热忱……"[①]他还演出了《明末遗恨》等宣扬爱国热情的戏。

周信芳一面演戏,一面关注着坚持抵抗日寇的前方将士。1933年2月,他把一百元钱亲自送到天津大公报馆,请他们转给热河抗日前方。有一次,蜗居天津的一个清室遗老看了周信芳的演出,赏一百大洋,周信芳借花献佛,把一百大洋全部捐献给抗日前线的宋哲元部队。当时,给周信芳配戏的刘韵芳,要回上海去结婚,向周信芳辞行时,请周信芳为他的纸扇题词。周信芳看这把纸扇另一面是尚小云的花卉画,他在另一面题写了三首杜甫的七律:

周信芳 1925 年在天津留影

---

① 王永运:《周信芳与天津》,载周信芳艺术研究会编:《周信芳艺术评论集续编》,中国戏剧出版社1994年版,第263页。

蜀　相

蜀相祠堂何处寻，锦官城外柏森森。
映阶碧草自春色，隔叶黄鹂空好音。
三顾频烦天下计，两朝开济老臣心。
出师未捷身先死，长使英雄泪满襟。

恨　别

洛阳一别四千里，胡骑长驱五六年。
草木变衰行剑外，兵戈阻绝老江边。
思家步月清宵立，忆弟看云白日眠。
闻道河阳近乘胜，司徒急为破幽燕。

野　望

西山白雪三城戍，南浦清江万里桥。
海内风尘诸弟隔，天涯涕泪一身遥。
唯将迟暮供多病，未有涓埃答圣朝。
跨马出郊时极目，不堪人事日萧条。

在这三首七律之后，周信芳还写了一个短跋，跋中云："……癸酉四月二十五日写于天津，是夜炮声隆隆，更可留念。"

周信芳一向喜爱杜甫的诗，但选了这三首诗，是饱含深意的。一千多年前，爱国诗人杜甫面对"安史之乱"后山河破碎、百姓颠沛流离的情景，写下了这些悲愤之作。周信芳以这三首诗题赠朋友，实际上是他本人此时此地心情的写照。不过是借古人酒杯，浇自己块垒，他那种忧国伤时的悲愤情怀，爱国爱民的赤胆热忱鲜活地跳动于字里行间。

周信芳率移风剧社南归时，曾在南京福利大戏院作短期演出。一天，蒋介石官邸来人，通知周信芳等人去唱堂会，迫于形势，不得不去。那天戏码由周信芳自定，他就特意选了一出《博浪锥》。这出戏的内容是写张良刺秦皇的故事。秦始皇残暴无道，义士张良约苍海公趁秦始皇东游泰山，路过博浪沙时，前往行刺。苍海公愿独当此任，嘱张良远遁。秦始皇处戒备森严。在博浪沙，苍海公掷锥误中副车而被擒，自行撞死。张良闻秦始皇下令搜捕，逃向下邳，投奔故友项伯家中躲避。周信芳饰演张良。他在戏台上借古人之口，指桑骂槐地影射蒋介石的专制独裁。

　　周信芳率移风剧社北上的几年，正当兵荒马乱，人心惶惶之际，娱乐业普遍不景气，因此一路上经常受困。有时卖座不好，大家拿不到包银，经济上发生困难，有的演员不得不跑当铺典掉东西，维持生计。在北京演出时，也曾经上座率不佳。西单牌楼哈尔飞戏院八九百个座位，有时仅卖出二三百。在北京的尚小云见此情形，连忙伸出援助之手，他悄悄派人到剧场，把剩下的戏票全部买下来，分赠亲友前往捧场。20世纪20年代初，尚小云到上海演出时，曾受过周信芳的恩泽，此时是以恩相报。

　　更令人头痛的是，当时各种政治势力、帮派势力斗争十分错综复杂，伶人演戏十分艰难，可说是在夹缝中唱戏。周信芳到大连演出时，被日本特务当作蓝衣社加以盘问，他无意中说出郑孝胥是他的老师，才免去了麻烦。郑孝胥的书法是很有名的，20世纪20年代初，周信芳与高百岁、王芸芳等曾在上海拜他为师，学习书法，故有师生之谊。这次周信芳到东北演出，由于事先得知郑孝胥当上了伪满洲国的国务总理，所以不愿去拜访他。不料在遇到麻烦时，郑孝胥的名字给他解了围。非但如此，那个日本特务还给周信芳一张名片，说是要是碰到什么麻烦事情，只要拿出他的名片，就没事了。

　　后来移风剧社确实也利用了这一点。在大连演出时，戏院老板是个地头蛇，

《博浪锥》，周信芳饰张良

合同期满，不让走，甚至使出流氓手段，硬把戏箱扣住。刘斌昆拿了那张名片去找派出所，"以毒攻毒"，戏院老板才乖乖地送他们走。

当时的帮派势力也是十分厉害的，特别是上海，20世纪二三十年代，青洪帮控制着戏曲界，一些主要的剧场无不在他们的卵翼之下，如大世界、共舞台、大舞台、黄金大戏院都是由青帮首领黄金荣所把持。杜月笙的爪牙控制皇后大戏院、恒雅剧场等。青帮人物顾竹轩则是天蟾舞台的老板。他们通过控制剧场来控制艺人。京剧界一些名伶、艺人为了维持生计，有一立身之地，不得不"拜老头子"。周信芳当年是应顾竹轩之邀，进入天蟾舞台当台柱的，开始讲好前后台拆账。周信芳进天蟾以后营业一直不衰，但后来顾竹轩却违背合同，克扣包银，因而意见不合。顾竹轩声言要像对常春恒一样置周信芳于死地。周信芳与其至交合计后，决定拜黄金荣为"老头子"，以求庇护。不久黄金荣召顾竹轩到其住宅，对顾面示："信芳现在是你的师弟，你要多多照顾。"顾竹轩才不敢对周如何。周信芳到北方演出，回到上海之前，顾竹轩又派人传言，要周信芳回到上海必须先在天蟾舞台演出。还是黄金荣出场，周信芳才没有进天蟾舞台，而进了黄金大戏院。周信芳这样一位京剧名角儿，在那黑暗的社会里，也只能在夹缝中唱戏，在艰困中求生，这是多么可悲的事情啊！

周信芳这次北上演出，虽然遭到颇多挫折困顿，然而总的讲收获不小。这次北上演出应该说是第三次了。第一次1907年、1908年北上，那还在学艺阶段；第二次1923年、1924年北上，也只是初步把具有一定个人特色的剧目介绍给北方的观众；这一次与前两次就大不相同了，此时周信芳的演艺

黄金大戏院

已进入成熟期，他的麒派风格亦已形成，故而这次周信芳北上，令北方同行与北方观众刮目相看，在内行眼中，周信芳已经卓然成家了。

周信芳在天津新民大戏院演唱数月，天天满座。当过好几家剧场经理。熟谙京剧艺术的吴性栽先生曾经谈到周信芳这次在北京演出的状况。周信芳在北京演出，住在前门外的一家旅馆，演出的剧场哈尔飞戏院在北京西城，是原来奉天会馆改建的，剧场还是老的格局，两边台角点着两盏汽油灯作照明。那时吴性栽先生也在北京，有一天白天，他去逛前门外的关帝庙。那庙宇香火零落，大殿破敝幽暗。他进了大殿瞻仰神像，此时忽然有人推门进来，一缕阳光正好照射在关公的塑像身上，庄严肃穆的关公好像突然睁开双眼，熠熠生辉，吴先生骤然为这种神威所慑，不觉全身一震。正巧这一天晚上他去观看周信芳演出的二本《走麦城》。周信芳饰关羽，陈富瑞饰潘璋，李洪春饰黄忠。当周信芳演到关公显灵活捉潘璋的时候，他的两眼一瞪，在幽暗的灯光下，眼珠子黑白分明，炯炯有神，他那威灵显赫的情状与吴先生白天在关帝庙里所见塑像竟一般无二，吴先生不禁又为之全身一震！

周信芳的关公戏主要宗师于王鸿寿，童年时他在北京观摩过汪桂芬的关公戏，他的开蒙老师陈长兴也给他说过河南一派的关公戏，当然也受到一定的影响，然而他的关公戏得王鸿寿的真传最多。不过，三麻子在世时，周信芳只是陪他在红生戏中演吕蒙、黄忠、刘备等角色，从不饰演关羽。有一次三麻子有心捧周信芳，让他在《走麦城》中饰关羽。但周信芳再三辞谢了。周信芳对三麻子的关羽实在太膺服了，总觉得自己还没有学到家。故而直到三麻子去世后几年，周信芳还是不动红生戏。后来，在朋友的一再鼓动下，周信芳才开始唱红生戏。他一唱红生戏，果然不同凡响。在《走麦城》中，周信芳饰演的关羽功架威严，不论眼神、口劲、做表，无一不是上乘。关羽夜走麦城时的刀花、跪步、劈叉等动作，周信芳都做得既美妙，又合乎剧情，把关羽的那种大丈夫气概和刚愎自用的个性刻画得入木三分。无怪吴性栽先生从周信芳饰演的关羽身上强烈地感受到他的震慑力和感染力。吴先生感慨地说："就今天来谈关戏,则在唱念做表各方面,我无偏无私地说一句,南北艺人中已无人可与周比拟。"

周信芳在北京还贴演了《苏秦张仪》,一百多位行家来观看演出,其中有小翠花(于连泉)。周在念白中"借花献佛"一句的"佛"字,依中原韵念作"咈",用满口劲,十足喷出,百多个行家齐声叫了个嗑堂好。一个演员,用念白引起全场的炸窝,那实在是十分不易的事。北京有名的里子老生张春彦先生说:"把北京所有的名老生放在一只锅子里熬膏,也熬不出一个麒麟童来!"[①]

少年时代的周信芳负笈北上时,曾对谭鑫培着迷。历史上往往会出现惊人相似的情况,这次周信芳在北京,也着实使一些京剧界的后生如痴若迷。

那时,富连成科班里,北平戏校"德"字辈里,有一批十四五岁的学生,其中有不少就迷上了麒派,如袁世海、裘盛戎、李世霖、王金璐等。当时科班里有个规矩,不准学生多看外面的戏,怕看多了会学杂了。谁要是偷偷出去看戏被老师发现,就得受罚挨揍。而袁世海等一批学生却经常冒着风险出去,偷偷地看周信芳的戏。遇到富连成晚上有戏,而自己没事儿,他们就等台上一开锣,一个个从后门溜出去,卡准科班快要到散戏的时候,再溜回来,这样老师不会发觉。要是白天有戏,晚上没戏就麻烦了。因为那时科班到戏院来回,都要排着队在街上走,到了还得点人数,夜里还要查铺。怎么办呢?他们就事先与带队的、点数的同学说好,再托人在临睡前把棉衣塞进被窝里,装着里面有人睡觉,以瞒过查铺的。于是自己在日戏散场排队回科班时"开小差",在外面胡乱吃点儿东西,晚上就赶去看周信芳的演出,看完戏就回家住,第二天一清早再偷偷溜回科班。这样,居然也瞒过了一段时间。

有一次却露了馅,皆因这些孩子迷上了麒派,有时竟忘乎所以了。一天,裘盛戎无意中念起高音锣打的锣经"仓、仓、仓",当时北京都用低音或中音锣;周信芳用的才是高音锣。这一念,引起了旁边袁世海的"迷"劲,他脱口而出,唱了一句麒派的唱腔。这一切正好被老师听到。老师把他们两个叫到跟前:"这是

---

① 槛外人:《京剧见闻录》,宝文堂书局版,第78—80页。

麒派戏啊！学得不错么！什么时候学的？"裘盛戎、袁世海只得"从实招来"。结果呢，挨了一顿板子。可是挨完了，还是偷着去看，回来照样犯"麒迷"。由此可见麒派艺术魅力之大。

1935年4月，周信芳重回上海，上海的"麒迷"们喜出望外，麒社骨干胡梯维特地撰写了一副楹联，曰：

此别忽三年坐教孺子成名百口皆称萧相国
重来歌一曲且喜使君无恙万人争看薛将军

著名国画大师吴湖帆手书"百口齐唱萧相国，万人争看薛将军"两句手书大幅楹联赠予周信芳。

麒社还于1935年4月18日专门出版了《麒艺联欢社欢迎周信芳同志特刊》。《特刊》上刊登了周信芳的剧照及朱瘦竹、大郎等名家的文章。朱联馥的《麒麟童之特点》一文中说："周信芳艺名麒麟童之所以受人欢迎，誉驰南北，自成一家，奉为一代宗匠，自然有其特点在。这个特点，就是在'唱做兼全'，而且格外于做的功夫有深刻研究，特异创造。无论扮的是文、武、老、壮，演的是喜、怒、哀、乐，举止行动，使台下观众忘记了演戏者是麒麟童，竟认为剧中人便是当时'孙叔敖'了。这便是他的得名由来，他的与众不同的特点。然而'假戏真做'，'言之匪艰，行之维难'。自从周信芳成名到现在，他却年年进步。而梨园中即有模仿他的人，犹没有追得上他的艺术的。所以周信芳永远是保守着他的特点和荣誉，而使内外行都视为难能可贵，奉为圭臬了。"倪古莲在《麒麟童在平津之风头》一文中则说："……但麒麟童却独创作风与人争一日之长，更如麒麟童之表情，恐亦足称全国第一，如《四进士》，如《坐楼杀惜》等重头戏，其做工实浑身是戏，有非京派所能及者。在天津新民大戏院连唱数月，亦天天满座，可见学有本源之艺术，无京派海派之可分，到处皆受人欢迎。否则平津两地，即胶皮园中人，且能哼几句'我本是卧龙岗……'等皮黄戏，实力不充万不能随便登台。麒麟童在平津之成绩卓著，可见艺之超越不凡，今次漫游东北返沪，想更炉火纯青矣！"

周信芳在特刊上也发表了题为《三年回溯》的文章，他说："民国二十一年春三月初八日，偕五宝、斌昆、兰芳、世恩、奎林、张氏昆仲，跋涉江海，饱尝风尘，今春回申，屈指三年矣！自愧毫无建树为惭。虽有薄技，不过谋衣食而已矣，艺术何敢言哉。曩昔某名伶云，艺术贯通中国，成功是彼一人，未免言之过甚。戏剧虽云小技，深奥何有止境。"他谈到谭鑫培的表演苍劲浑厚，炉火纯青，说："自恨力薄技浅，不敢望其项背也。承各界诸君督促教诲，明知艺术隔如天渊，努力求进，或获万一，日后若能跻得一席地，则皆出于诸君子指导之赐也。"这篇短文可看作周信芳对北上三年的一个小结，同时亦可看出当时周信芳对艺术，对自身的一种认识。

周信芳回到上海后，4月17日即在黄金大戏院登台。1935年至1936年，周信芳先后演出了全部《清风亭》《汉寿亭侯》《连环计》《明末遗恨》《韩信》《洪承畴》《董小宛》等剧目。

1936年，周信芳应上海联华影业公司之邀，与袁美云合作拍摄了戏曲影片《斩经堂》，由费穆担任艺术指导，周翼华导演，黄绍芬摄影。

《斩经堂》原是著名徽剧，写西汉末年，王莽篡汉，通缉刘秀。潼关总镇吴汉擒获了刘秀。但吴母不忘汉室，且王莽与之有杀夫之仇，乃命吴汉释放刘秀。又命吴汉将其妻王莽之女兰英杀之，吴汉不忍，吴母以死相逼。吴汉至经堂，兰英正诵经，见吴汉带剑而至，问明，夺剑自刎。吴汉乃投刘秀。

这是周信芳第二次上银幕，《斩经堂》系有声片。周信芳正当盛年，唱做念打精气神十足，特别是"杀妻"一段，以优美繁复的舞蹈身段刻画吴汉复杂的心理活动和痛苦的思想斗争，极其精彩。当时戏曲影片尚属初创阶段。但在拍摄《斩经堂》时，已经注意了如何克服在时空推移和场面调度方面，戏曲艺术与电影艺术的某些矛盾，在电影镜头转换与组接方面，都作了一定的尝试。在背景处理方面，周信芳与费穆商量，既采用了许多写实的背景，如巍峨的关寨，幽深的树林，同时又保留了许多传统戏曲的设景方法和马鞭等特有道具。影片最后，吴汉杀了兰英后，投奔刘秀，接上翻身跨上真马驰骋而行的镜头，别开了生面。当然，这部影片还有一些不妥帖的地方，在某些画面里，依旧有上场门、下场门的痕迹。

1937年6月11日，《斩经堂》正式在上海新光影院首映，田汉、桑弧分别在《联华画报》上撰文评论。田汉在题为《〈斩经堂〉评》的文章中说："银色的光，给了旧的舞台以新的生命……中国旧戏的电影化是有意义、有效果的工作。"[①]

在《斩经堂》拍摄过程中，还利用现成的场景与衣箱，演了一个短小的喜剧小品《前台与后台》，由费穆编剧，周翼华导演。

后来，华安影业公司接办"联华"。他们计划拍摄一套《麒麟乐府》，内容是周信芳的好几出名剧，《斩经堂》作为《麒麟乐府》的第一部。后因战争爆发，中途停止，计划未能实现。由于1920年拍摄的《琵琶记》拷贝散佚，《斩经堂》是现在留下的周信芳最早的一部影片，同时也是现存周信芳盛年时代唯一的影片形象资料。

第二节　歌台深处筑心防

1937年7月7日，日本侵略军在北京卢沟桥附近进行军事演习，诡称一名士兵失踪，硬要进入宛平县城搜寻，并要求中国驻军撤出宛平等地。遭到拒绝后，日军即炮轰卢沟桥和宛平城，向中国驻军发动猛烈进攻。这就是闻名中外的"七七事变"，也称"卢沟桥事变"。从此，日本帝国主义向中国发动了全面的侵略行动，抗日战争全面爆发。

其时，周信芳正在天津演出。1936年周信芳拍完影片《斩经堂》之后，随即带着王芸芳、张德禄、王兰芳、刘斌昆、刘韵芳、刘文魁等一行人到北方演出。"七七事变"发生后，周信芳的戏班被困天津。后来想方设法，张罗了盘费，才得南下。

[①] 田汉：《〈斩经堂〉评》，《联华画报》1937年第5期。

第四章　歌台深处筑心防

周信芳回到上海，正赶上"八一三"淞沪战役，船刚靠拢上海码头，只见敌机在黄浦江上空呼啸狂吼。这时戏班的行李已经卸完，本来可以早早离去，但周信芳无意避开，他站在船头上，两手叉在腰上，怒视着这一批批掠空而过的鹰隼，眼中喷射出愤怒的火焰。

周信芳一回到上海，就投入了抗日救亡运动。当时他经济并不宽裕，曾被他的跟包拐走一批行头，每月还要偿还一些债务。但为了救济受难同胞，他与夫人设法筹了一笔钱，购买了一批粗布、棉花，他夫人发动闺中友好缝制了一批棉衣，送去救灾。当时上海文化界的进步人士已经成立了文化界抗日救亡协会，由中共地下文化工作委员会委员之一的田汉和欧阳予倩任负责人。10月6日协会在卡尔登大戏院前台二楼的办公室里举行座谈会。会议由田汉、欧阳予倩主持，出席会议的有于伶、殷扬、田洪、胡萍、龚秋霞等，京剧界有周信芳、高百岁、金素琴、金素雯、李瑞来、吕君樵等。

上海文化界抗日救亡协会同人合影　　　　卡尔登戏院，周信芳长期在此演出

周信芳在会上发表了意见，他认为，京剧界的爱国艺人要同整个文化界的同志联合在一起，积极投身于民族抗日救亡运动。会上周信芳与欧阳予倩倡议，成立戏剧界救亡协会，并专门设立歌（平）剧部。与会者一致同意了这一倡议。

次日，上海戏剧界救亡协会成立大会在卡尔登剧场举行，参加者数百人。与会者高唱着《义勇军进行曲》，群情激昂。会议决定成立话剧与歌（平）剧两部，大家一致推选周信芳为歌（平）剧部主任。

第二天，上海的《救亡日报》以《旧平剧界怒吼了，祝歌（平）剧部诞生》

为题，报道了这次会议的情况，并刊登了上次座谈会集体合影的照片。

歌（平）剧部成立以后，随即开展了繁忙的救亡宣传活动，周信芳与高百岁、金素琴、金素雯等人奔赴近郊战场的前沿阵地，向抗日战士进行慰问宣传，他们还去后方伤兵医院慰问负伤战士。这些活动都是在敌人的猛烈炮火和敌机空袭的情况下进行的。他们的慰问宣传，鼓舞了前方将士的斗志。周信芳还经常出现在电台，义播劝募，并播唱全部《明末遗恨》。在租界收音机里到处都能听到周信芳苍劲有力的念白："我君臣虽死，也要死个悲壮慷慨！"

1937年11月间，日寇占领了上海，上海沦陷，落在敌伪控制之下，只剩下英、法租界，遂成为"孤岛"。

这时上海文化界抗日救亡协会在中共地下党领导下，组织了十三个救亡演剧队，走向前线和农村宣传抗日。其中有五个队辗转到达武汉，后来与一些进步演剧团体改编成十个抗敌演剧队。周信芳与欧阳予倩被留下来，在"孤岛"上海坚持抗日救亡运动。

田汉等在撤离上海前，又与周信芳、欧阳予倩等人在卡尔登戏院集会，田汉说："无论是离开，还是留在上海，都要战斗，决不做亡国奴！"

这时欧阳予倩组织了中华剧团，有金素琴、金素雯等人参加，上演了宣传抗战意识的京剧《梁红玉》《桃花扇》《渔夫恨》等。周信芳呢，恢复了原来组织的移风剧社，并在人员上进行了调整和充实。仍由周信芳任社长，金庆奎任后台文武总管，李长山为文管事，李人俊为武管事，张世恩为"场面"（即乐队）负责人。主要演员有袁美云（原为京剧演员，后为电影明星）、高百岁、杨瑞亭、刘文魁、王兰芳、张畹云、路凌云、贾斌侯、刘斌昆、刘韵芳、张津民、李文浚、姚渔村、王仲平、曹慕髡、梁次珊等。周信芳与欧阳予倩商量，两家合租卡尔登戏院，一家一天地轮换着演出。后来中华剧团移往三星大戏院，由周信芳的移风剧社在卡尔登独力支撑。

周信芳的移风剧社于1937年10月28日开始在卡尔登演出，至1941年历时四年。其间演出最多的是《明末遗恨》和《徽钦二帝》这两出戏。

《明末遗恨》周信芳从"九一八"以后就多次演出过，可是现在祖国大片土地沦陷于日寇的铁蹄之下，再演此剧，其效果就更其强烈了。

《明末遗恨》，周信芳饰崇祯皇帝

《明末遗恨》，周信芳（左）饰崇祯，刘韵芳饰王承恩

《徽钦二帝》，周信芳饰宋徽宗

第六场闯王兵犯山西，危及京城，崇祯皇帝撞钟擂鼓，召集群臣，商量对策。国丈田宏遇提出："万岁何不向百姓输捐粮饷，哪个不肯，就国法从事。"这时，崇祯有一段长篇的念白："听国丈之言，叫孤去输捐百姓。百姓们虽有救国之心，但是他们能有多大力量。国家捐了他们不止一次了，捐得他们精力全疲，而且自顾不暇，现在哪里还有钱来捐助呢？虽然爱国心未尝少息，但是只怕心有余而力不足了。我这做元首的，再去压迫他们，敲他们的骨髓，实在的于心不忍。可是那一些面团团、腹便便的有钱百姓，他们又没有爱国思想，一个个花天酒地，我我卿卿，逢到缠头之费，一掷千金，国家兴亡，置若罔闻，慈善事务，不舍分文，富翁如此，能不痛心也！"这里写的是明末的历史状况，其实分明影射当时抗战初期社会的现状。

"踏雪探府"一场中有一段崇祯皇帝与太监王承恩的对话：

  崇 祯 这是做什么的？
  王承恩 这是守夜的兵卒。
  崇 祯 他们不冷么？
  王承恩 不到换班的时候，不敢擅离寸步。

崇　　祯　他们的长官也在此处？

王承恩　他们的长官，早就抱着姨太太入了温柔乡了！

崇　　祯　他们多少俸银？

王承恩　二两银子一个月。

崇　　祯　只有二两银子？

王承恩　他们八个月没有关饷啦！

崇　　祯　孤的国库空虚，都发了饷了哇！

王承恩　您的饷银是按月不缺，都被他们的长官从中给克扣去了！

崇　　祯　咳！这就莫怪天下大乱了！

周信芳饰演崇祯皇帝，念、表苍凉有力，抑扬顿挫，具有强烈的艺术感染力。这段对白把当时国民党当局的腐败揭露得淋漓尽致，观众无不拍手称快："骂得好！"当念到"商女不知亡国恨，隔江犹唱后庭花"时，台下也总是响起阵阵掌声。

在"杀宫"一场，崇祯皇帝以悲凉深沉的语调对其子女说："世上什么最苦？亡国最苦！世上什么最惨？亡国最惨！……要知道，亡了国的人，就没有自由了！"一字一句催人泪下，全场观众无不为之扼腕动容。

接着崇祯闻报义军杀进紫禁城，知道大势已去。皇后跪在他面前求计，崇祯无言以答，右手拿起一块白绸子，举到面前，四目相对，默默无言，崇祯以绝望的眼神暗示皇后，只有"黄泉道上再相逢"了，皇后会意，拾起白绸急奔而下。崇祯又手刃长平公主，走出后宰门。此时锣鼓声起，撼人心旌，崇祯在悲凉的【二黄】唱段"战鼓咚咚连声震"中起跑圆场，惊恐之中靴子也掉了。他一边跑，耳边仿佛听到乱军中百姓的悲号，他时而登山，时而跌扑，最后在"实无面目见先灵"的唱词中，作挺立僵尸的塑像，表现他吊死在煤山。

《明末遗恨》这出戏，以前潘月樵、夏月珊、夏月润、林树勋、七盏灯等曾在"新舞台"演过。周信芳根据潘月樵的旧本进行改编，并作了许多新的创造。潘念京白，周念韵白；"雪夜访国丈"一场，潘一人背太子，周不背太子，但带着太监王承恩；潘本没有"撞钟"，周则加进了昆曲《铁冠图》的"撞钟""杀宫"的情节,还利用前人笔记所载,充实戏的情节;"新舞台"演出,带"刺虎",周演至煤山上吊为止。周在戏中还增添了大段的【反二黄】唱腔。在表演方面,则把潘月樵的狠劲,高庆奎的激情,化为麒艺的血肉。这出戏十分叫座,一连演了半年多,天天客满。"踏雪拜府"一场,还被灌制成唱片在电台播放。在孙景璐主演的影片《孤岛春秋》里,也穿插了《明末遗恨》的片断。

周信芳还演出了《冷于冰》,这出戏写权奸严嵩父子结党营私、陷害忠良,导致内忧外患,海盗骚扰,民不聊生。末场太湖义民尸横遍野,冷于冰跪地哀悼,这里有一段幕后合唱:

> 凄凉英雄泪,凄凉英雄泪,淋漓流满腮。
> 南北战场遭蹂躏,神州万民哀。
> 侵地掠财,裂破肺肝,天地哀。
> 生灵涂炭,忍令此贼恣杀,破碎山河任他颠倒主裁。
> 誓以匹夫纾国难,艰于乱世需真才。
> 凄惨惨血雨腥风,昏沉沉黄雾阴霾。
> 发浩歌,意慷慨,崇忠义,一战关衰。

这段合唱深刻地揭露了侵略者的暴行,抒写了人民的苦难,慷慨悲壮,感人肺腑。

1938年,周信芳又请著名电影编剧朱石麟编写了《徽钦二帝》,9月在卡尔登戏院首演。这出戏写宋徽宗沉湎于声色,信奉道教,叫道士郭京演六甲神兵;他排斥忠臣李纲,而重用奸佞童贯、张邦昌。金将粘罕攻破汴梁,掳徽、钦二帝,囚于五国城,使之青衣侑酒。侍郎李若水随行,痛骂金人后殉节。这出戏,以前欧阳予倩与夏月珊在"新舞台"也曾演过,但重点在描写宫闱荒淫,权臣误国,这次重新改编,主要突出了亡国之痛。

有一场戏,徽宗昏昏沉沉地独自饮酒,大将张叔夜上来禀报城池已失。这时扮演宋徽宗的周信芳把水袖急翻几下,一手按住酒杯,双目瞪住张叔夜,头部不住地颤动,然后吃惊地"啊"了一声,十分凄惨。这出戏演出的剧场效果非常强烈,当观众看到徽、钦二帝被金兵俘虏,一路押送时,联系到日寇铁蹄践踏祖国美好河山的现状,无不激动得洒下热泪。徽宗有两句对百姓的唱"只要万众心不死,复兴中华总有期",也深得观众共鸣。舞台上投降敌人的张邦昌等"反面人物"也引起了观众的极大义愤。他有一段念白:"我这个皇帝是你们要我出来做的,无非是维持维持地方而已!"这正好是当时汪伪政权无耻嘴脸的生动写照,每演到此时,台下便发出哄堂的嘲笑之声。戏中张邦昌被众人痛骂,还挨了一顿老拳,观众无不拍手称快。后来周信芳曾回忆说:"这已经是大道政府时代了,我找朱石麟兄写了一部《徽钦二帝》,上演的第一天只卖八成座,但愈演愈盛。观众对剧词中那些透露民族感情的话,激动得跳起来,拥护热烈无以复加。"①

《明末遗恨》与《徽钦二帝》是这一时期周信芳演出的影响最大的两出戏,它们受到了观众的热烈欢迎,即使台风暴雨,交通受阻,卡尔登戏院照常满座,有时发大水,剧场进了水,也还照常演出,从剧场门口搭上木板,直通场内。人们称这两出戏是投向敌人的两颗"艺术炸弹"。也正因为如此,敌伪对周信芳加紧了迫害。伪皇道会会长常玉清就多方威胁,英租界巡捕房也派人来盘查。还有人用装有子弹的恐吓信,恫吓周信芳等人。当局对周信芳演的戏每出都要审查,《明末遗恨》剧词中有"山西""曲沃"等地名也不许说。《徽钦二帝》只演了二十一天,就被勒令停演了。

周信芳极为气愤,为了揭露敌伪的横暴,引起社会对他们的反感,他公开登报声明停演之原因。同时他又夜以继日地编写歌颂民族英雄的新戏《文天祥》,然而还是遭到禁演。周信芳不顾敌人恐吓,在卡尔登戏院的舞台两侧挂出了新戏预告,一边是《文天祥》,一边是《史可法》,斗大的字就像一副惊世醒目的对联,使观众一进戏院就看见两位民族英雄的名字,从而受到感染,肃然有所联想。这副对联一直挂到移风剧社被迫解散为止。

敌伪一方面禁演周信芳编演的进步戏剧,一方面几次三番胁迫周信芳为他们

---

① 田汉:《周信芳先生与平剧改革运动》,《文萃》1946年10月3日。

《文天祥》，周信芳饰文天祥

演出。先是有日本人主持的电台出了公函要伶界播音，条件是"只要周信芳肯出来领导，上海全部演员都可以没有问题"；接着是伪统税局局长邵式军要周信芳去唱堂会，都被周信芳拒绝了。后来特务机关"七十六号"的头目吴世宝做生日，胁迫周信芳去唱堂会，周信芳与夫人商量后准备坚决不去，而暂去他夫人的一位外国朋友处躲避。但后来一位"后方"派在上海工作的同志，为了周信芳和大家的安全，决定让周去敷衍一下，就这样周信芳去唱了一出《萧何月下追韩信》。

周信芳的移风剧社坚持了四年之久，于1941年8月被迫解散。四年中除了演出《明末遗恨》与《徽钦二帝》之外，还演出了大量新编的历史剧与传统戏，如《温如玉》《香妃恨》《亡蜀鉴》《冷于冰》等。1938年年末，周信芳演出了朱石麟编写的连台本戏《文素臣》。周信芳导演兼主演，合作者有高百岁、王熙春、金素雯、刘文魁等。这出戏取材于《野叟曝言》，主要讲男主人公不满意不良政治，很能得到观众的同情。公演之夕，有"万人空巷来观"之说，连演三月，被称为独标风格的新型平剧。1939年续排二、三、四本，观者愈众。三本"金殿骂奸"一场中，慷慨激昂的念白获得满堂彩声。该戏高潮迭起，场子紧凑，在戏中巧妙运用了电影手法，构成极佳的情境，它是不靠机关布景和开打卖座的成功之作。这一年，申曲、电影、弹词竞相仿演，时人称为"文素臣年"。此剧演至1941年

周信芳《文素臣》剧照　　　　　　《文素臣》宣传册

初,共演六本,每本都有好玩、可看的地方。

移风剧社在卡尔登戏院演出,因场子小,只有八百多座位,即使客满,经济收入也有限。移风剧社与前台拆账,要维持社里的开支很不容易,一是靠多演出,二是节约开支。他们基本上每晚都演出,周六、周日还要加日场。周信芳自己每周也演九场戏,有时一个晚上还要演双出。

这一时期周信芳还经常参加劝募和义演活动。"八一三"战争爆发,上海驻军五二四团浴血抵抗。后来中国军队奉命撤退,谢晋元副团长率该团第一营留守闸北四行仓库。1937年11月上海沦陷,"八百壮士"被困在胶州路,上海各界爱国同胞闻讯后,纷纷募捐,前往慰问。周信芳派了李文浚、曹慕髡为代表前去联系,并决定去胶州公园慰问演出,还把自己的私人汽车拿出来运输幕布、地毯等演出用具。那天演出剧目有姚渔村、王仲平、张畹云的《战蒲关》,李文浚的《潞安州》等,这些戏颂扬了历史上固守孤城、誓死抗敌的忠烈儿女,对"八百壮士"是一种有力的鼓舞。

1940年1月23日,上海的进步人士为救济难民,联合举办慈善义演。周信芳的移风剧社积极参与其事,并与文化界人士联合演出了话剧《雷雨》。演出地点是卡尔登戏院。周信芳扮演主角周朴园。其他演员为移风剧社的演员及部分文化界、电影界、新闻界人士。金素雯饰繁漪,桑弧饰周冲,胡梯维饰周萍,张慧聪饰四凤，马蕙兰饰鲁妈，高百岁饰鲁大海。导演是朱端钧。

演出后，反映极为强烈。报纸上发表评论说："周信芳演的周朴园，在剧词上虽然生疏一些，可是他关于表情的神态，依旧保持他在过去旧剧上的荣誉。他在表演周朴园和侍萍初次会面一场时，更显出一副老奸巨猾的姿态。末一场，周朴园自悔的时候，麒派喉咙分外加强了剧情的紧张空气……"看过这出戏的人都称赞周信芳是一位多才多艺的艺术家。导演朱端钧认为，这次与周信芳等戏曲艺术家合作，得到不少艺术滋养。

周信芳自己感受也很深，他对朋友说："对于人物性格的分析和角色的内心活动，话剧在这方面抓得很紧，演员的体会亦深，京剧如果也能够这样，那就好了。"

同年8月，周信芳还参加了上海梨园公会为梨园坊筹款而举行的规模盛大的义演。戏码是《大名府》《一箭仇》。周信芳在《大名府》中饰演卢俊义，与他同台合演的有小杨月楼、赵如泉、林树森等。周信芳还与盖叫天合演了《一箭仇》，盖叫天饰史文恭，周信芳饰卢俊义。两位南方剧坛泰斗的合作，引起了轰动。

这一时期是周信芳一生演剧生涯中最为闪光的岁月之一。在民族危亡、人民生灵涂炭的时刻，周信芳始终与人民站在一起，与人民同呼吸共患难，同仇敌忾，发人民之不平，歌人民之心声。抗战时期，敌伪经常来纠缠他，他誓不与他们同流合污，曾想离开上海，由香港、安南转入重庆，后因太平洋战争爆发，香港路断，才没有走成。此后又想取道界首，亦因河南战事发生而作罢。总之，周信芳以实际行动，实践了自己关于"戏剧真价值"的戏剧观。他以戏剧为武器，舞台为阵地，借古喻今，抒发深重的亡国之恨，救亡之志，从而唤起民众。他演的是历史，为的是现实。《明末遗恨》"杀宫"中的台词，原来是"生生世世莫生帝王家"，周信芳却改为——公主说："儿有何罪？"崇祯说："你说你无罪么？生为中国人便是你的罪！"《明末遗恨》一剧并没有涉及民族与民族之间、国家与国家之间的矛盾，但这里却鲜明地点出"中国人"来，其矛头显然是指向现实中的日本侵略者的。

梅兰芳蓄须明志，程砚秋归耕南园，周信芳演剧救亡，都表现了崇高的民族气节和爱国精神，可谓异曲同工。1945年抗战胜利后，田汉写了一首诗，送给周信芳，诗云：

> 烽烟九载未相忘，重遇龟年喜欲狂。
> 烈帝杀宫尝慷慨，徽宗去国倍苍凉。
> 留须谢客称梅大，洗黛归农美玉霜。
> 更有江南伶杰在，歌台深处筑心防。

这是对周信芳极其恰当的评价。

周信芳是一位伟大的爱国者，也是一位民主民族主义者。但在当时，他还不是一个历史唯物主义者，所以对历史的认识尚有局限，比如《明末遗恨》一剧中把农民起义领袖李闯王看作是杀人如麻的流寇乱贼，对明朝灭亡的原因也没有作出深刻揭示。周信芳想用崇祯的悲剧激起民众救亡的斗志，但客观上却有使人同情崇祯的效果，因此田汉曾写文章对《明末遗恨》提出过批评。

另外，这一时期周信芳对京剧改革运动有了更加深入和全面的认识。抗战以后，田汉经过与周信芳多次交谈，对周对于京剧改革运动的认识作了归纳，一共有七点[①]：

一是平剧应该改革，"不但是由于国家民族的必要，也由于平剧自身的存在和发展"。他反对京朝派的死样活气，也反对江南派的重情节，好时髦，华而不实。

二是平剧改革"最要紧的是使平剧是'完整的戏'……以后的平剧要以戏为本，看戏不看个人，打破角儿制度，注重好的剧本"。他要求有更多的社会戏。主张为剧本找演员，不应该单为演员找剧本。

三是旧剧改革不但要提高思想内容，更应争取高度的技术。他反对把旧剧

[①] 田汉：《周信芳先生与平剧改革运动》，《文萃》1946年10月3日。

当作古董保存。他认为"恢复旧剧技术的最好的法子,不是消极的当作古董保存,而是积极地把它吸收在新的东西里面去作为它重要的成分而流传下去,发展下去"。

四是赞同郭沫若先生说的"要改革平剧,必先改革剧人"。平日抽鸦片烟,趋承权贵,唯利是图,不顾大众利益的剧人必然是旧剧界的"死硬派"。他主张要加强剧人的再教育,再学习。

五是他认为旧剧改革有两个障碍,一是票友,他们许多人是保守派有力的支持者;二是剧评家,也大多是保守派。他希望迅速建立正确有力的旧剧批评,以防卫改革运动。

六是应该向话剧、电影,向一切进步艺术学习,平剧作为戏剧界的老大哥不能迈着牛步,落在人家后面。

七是平剧改革必须有一个适宜的客观环境,呼吁减低苛捐杂税,保障戏剧的发展。

以上七点,比较全面、系统地阐述了周信芳的京剧改革思想。周信芳的京剧改革思想来源于20世纪初的平剧改良运动,但经过三十余年的实践,周信芳有所丰富和发展,对京剧改革的必要性,京剧改革的几个关键,如注重剧本、保存技术、改革剧人、横向借鉴、适宜环境等都发表了精辟的意见。明确提出"打破角儿制度,注重好的剧本",主张积极地把旧的技术吸收到新的东西中去,以及向话剧、电影等新文艺样式学习……在当时能提出这些新观点,确是难能可贵的。

周信芳的京剧改革思想是与他的京剧改革实践密切结合在一起的。抗战时期,他一方面努力借戏剧的剧情和人物宣扬抗日救亡思想,另一方面则努力进行艺术的改革。他在与田汉谈话中说道:"在旧戏技术方面,我们也很想让它能和新的东西配合。对于导演地位、舞台技术等等都想有所改进。予倩先生离沪之后,中华剧团不久便不能支持了,一部分演员加入移风社。那时同我们合作的除素雯、熙春之外,还有葛次江、曹慕髡、李文浚等。大家都非常认真,不但每人

《温如玉》，周信芳饰温如玉

做戏，而且彼此有反应，技术方面每天都有改变，因此进步迅速，大伙儿也亲近愉快。"

周信芳领导的移风剧社，与别的剧团不同，首先是重视剧本编写。像《明末遗恨》《冷于冰》是周信芳亲自编写的，《温如玉》是前辈京剧艺术家冯子和编写的，《文素臣》则是著名电影艺术家朱石麟编写的。周信芳对剧本的采用和处理，态度很慎重。凡是新排的戏，本子拿来后，他总要亲自审读，并且根据演员条件，和作者商量，进行修改加工。他从来不随便抓个剧本来就乱演。本子一旦定了，就不随便改动，要求演员在台上根据剧本唱念，反对那种"台上见"的作风。有时，他又把某场戏交给某个主要演员去补充、丰富，这样一方面可充分发挥主要演员的长处，同时也是集思广益，使剧本更加丰富、完善。

周信芳的艺术改革着重于加强戏剧的艺术感染力。他演的《温如玉》写一个家道中落的官家子弟温如玉与妓女金钟儿的爱情故事。有一场，温如玉二次进院，赶来为金母拜寿，可是金钟儿已经另接了豪门何公子，温如玉受到金母的冷遇。夜深人静时，温如玉被撇在清冷的后院，隔院传来何公子调笑之声，内心十分痛苦。按照常规这里一般用一段"叹五更"的唱来抒发心中的愁思。可是周信芳却独出机杼，发挥自己念白的专长，用了一段【数板】："平康姐妹太无情……刘郎弃，阮郎近，相对气难平！长叹守孤灯，眠难成。千般恩爱寄高岑。自沉吟，自沉吟！"接下来是一个大段的散文独白。这样破格的艺术处理，不仅新颖独特，而且更富于艺术感染力。

在他的领导下，移风剧社创造艺术的态度严肃认真。演员在台上从不偷工减料或马虎走神。为了创造动人的舞台形象互相切磋，想方设法。有一次排演《文素臣》，一位演员演张老实，当他看见一个大元宝，动了心思，可是表情总是不够味，周信芳认真思考后，给他做了一个示范动作。周信芳瞪大了眼珠，瞧着元宝，两手曲举过肩，五指张开，说："呀！一个大元宝！"他用这种夸张的动作，生动地把一个爱财人的心理刻画了出来。移风剧社的成员，平时在生活中也努力克服旧戏班中的一些坏习气。因此，在京剧界，移风剧社颇得好评，人们说："卡尔登出来的人是有王法的！"

周信芳早在20世纪20年代就以京剧艺人的身份参加了话剧团体南国社，多次与话剧演员同台合作；1940年又正式登台演出话剧，这在旧剧界是罕见的。周信芳虚心向新文艺学习，大胆地沟通了旧剧与新剧的隔阂，具有深刻的意义。

第三节 黎明前的斗争

1945年抗日战争胜利后，周信芳为打败了日寇而欢欣鼓舞，他很想把京剧改革的希望重新振作起来，在戏剧舞台上大干一场。然而，虎去狼来，国民党反动派统治之残暴比之日伪可谓如出一辙。

当时中共地下党组织对周信芳是很关心的，田汉是他的老战友，也是指引他的良师。党组织又派负责上海文化工作的姜椿芳同志和他联系。姜椿芳的公开身份是苏（联）商在沪主办的时代出版社的负责人。早在1941年，姜椿芳就给周信芳提供过《史可法》《荆轲刺秦王》等剧本的提纲，鼓励他演出宣传重气节、反屈辱思想的戏剧。开始姜椿芳并没有暴露身份，但周信芳从他的谈吐举止中，已经猜出了几分。接触渐多，逐渐成了好朋友，周信芳也把姜椿芳看作是党的声音的传播者，对他十分敬重。

抗战胜利后，周信芳与姜椿芳商量，准备创办一个戏剧刊物，专门宣传和研究戏剧改革问题，刊物的名称叫《人民戏剧》，并请人绘制了封面。他还准备编写全部《岳飞》，姜椿芳找了上海音乐专科学校的沈知白教授谱写了全剧的主曲《满江红》。周信芳又想买下一所戏院，专门演出历年的保留剧目，编演一些革新的戏。姜椿芳为他介绍了广大中下层市民集居的南市附近的亚蒙戏院，并谈妥了戏院的售价。姜椿芳还与苏联对外文化协会、美国新闻处代表、英国使馆文化参赞等接洽，筹划周信芳去苏联和欧美各国访问演出的事宜。然而由于种种原因，这些计划均未能实现。

抗战胜利之后，国民党反动派紧接着发动内战，妄图"剿灭"共产党和革命力量。上海文化界在中共地下党的领导下，开展了反内战、争自由的民主运动。周信芳靠拢进步组织和地下党，在民主运动中成为中坚力量。反动政府一方面使广大艺人陷入饥饿的境地，一方面还把极大的侮辱强加在他们的头上。1946年5月，上海警察局训令，实行特种职业登记，即"艺员登记"。他们把戏剧编导、演员列在歌女、舞女一道，发卡登记管理，并通过舆论扬言"艺员登记势在必行，话剧演员亦不例外"，"连梅（兰芳）博士也不能例外"。这引起了广大戏剧工作者的极大愤慨。周信芳与众艺友去请教田汉，田汉说："愿打这个抱不平。"伶界联合会与游艺协会等举行联席会议，决定拒绝登记。为了壮大声势，由周信芳、田汉、董天民联合邀请电影界、话剧界人士一起参加。5月11日上海剧艺界成立了拒绝"艺员登记"委员会。5月20日剧艺界又在新利查西菜社举行招待新闻界的茶话会。主持人梁一鸣宣告："剧艺同人为了维护艺人应有的人格将积极进行反抗'艺员登记'运动，不达目的不停止。"田汉先生说："艺员登记是一种不能忍受的侮辱，中国的传统观念一向不把搞戏剧的当作艺术家，而是'王八戏子吹鼓手'，这观念现在决不应该存在。……只有文艺与戏剧才是代表国家的。郭沫若先生到苏联回来说，苏联人士只知道鲁迅与梅兰芳，而根本不知道谁是警察局长。在这一点上，我希望剧艺界同人不要妄自菲薄，剧艺运动是有其地位的，是有人会认识它的价值的。"周信芳在会上列举了上海爱国艺人潘月樵、夏月珊等率领同人参加辛亥革命，抗战时期各剧种艺人艰苦斗争的事实，严正指出"艺员登记"是对广大艺人的人格侮辱，坚决拒绝。他把"艺员登记"这一类不合理

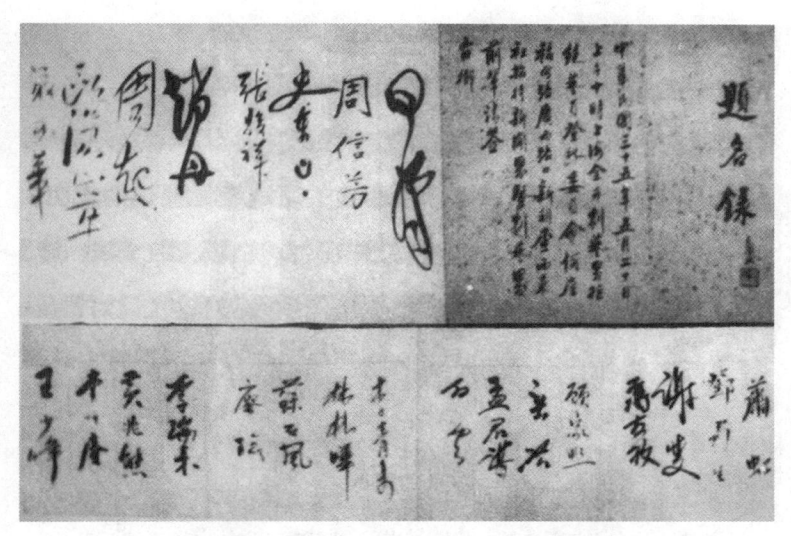

上海剧艺界拒绝"艺员登记"新闻招待会题名录

措置，斥为"丑表功"、变本加厉的暴行。他激动地说："我们要不惜牺牲职业去争取拒绝登记的成功。"①出席会议并发言的还有张骏祥、赵丹、史东山、吴祖光、欧阳山尊、白杨、筱文滨、施春轩等。此举得到新闻界和社会舆论的同情与支持。反动当局起先十分嚣张，警察局长宣铁吾亲自坐镇，但在群情激愤和联合斗争下，当局不得不收回成命，改称剧团必须先向社会局申请、登记，不再有艺员单独登记和侮辱艺人人格的条文。剧艺界反对"艺员登记"的运动取得了胜利。

1946年6月，以前由京剧界一些进步青年组织的艺友座谈会又恢复活动，周信芳正式参加艺友座谈会，并被推为主持人。在各种座谈会上，周信芳与郭沫若、夏衍、于伶等革命人士有所接触，使他加深了对革命的理解。欧阳山尊访问延安回来，在上海红棉酒家向文艺界进步人士介绍解放区的情况，并传达了毛泽东《在延安文艺座谈会上的讲话》。周信芳参加了集会，深得教益。周信芳还与郭沫若、田汉、许广平、冯乃超、于伶等一起去虹桥公墓祭扫鲁迅墓。

出于斗争形势的需要，1946年6月下旬艺友座谈会改名为伶界联合会艺友联

---

① 周信芳：《反对艺员登记，剧艺界大团结》，《文汇报》1946年5月21日。

周信芳（右一）与郭沫若、田汉、许广平、冯乃超、于伶一起祭扫鲁迅墓

谊会，周信芳仍为主要领导人之一。敌人没有轻易放过日益倾向革命的周信芳，国民党淞沪警备司令部传讯了他。不久艺友联谊会被迫解散。在宣布解散的会议上，周信芳与田汉都以愤慨的语调说，要牢牢记住这件事，并鼓励大家，为争取民主自由，坚持斗争到底。

1946年6月，以周恩来为首的中共代表团在上海设立了办事处。周恩来很重视文化界的工作，他经常派上海工委文化组的夏衍、胡绳、冯乃超、张颖等同志，与文化界人士联系或接触。他曾对张颖同志说："麒麟童抗战时期坚持在上海工作，敢于与日寇斗争，你应该去拜望、采访。"同年夏秋之间，张颖代表周恩来拜访周信芳，转达了党对他的问候。9月21日，周信芳应周恩来同志之邀，到马斯南路（今思南路）107号周公馆出席文艺界座谈会，出席座谈会的还有于伶、黄佐临、欧阳予倩、洪深、刘厚生等人。与会者聆听了周恩来关于形势报告。周恩来在报告中着重揭露了美蒋的内战阴谋，鼓励大家在艰苦的环境中坚持斗争，为了争取胜利的明天，一定要留在上海，坚持和平民主，坚持进步文化工作。这番话深深打动了周信芳的心。抗战胜利后，周信芳目睹国民党治国无方，民主无望，曾一度对前途悲观，打算出走香港。但听了周恩来同志的报告后，便打消了这一想法，决心留在上海，继续从事进步文化工作。

1946年，国民党反动派对解放区的进攻和对国统区人民的迫害，越来越加剧。上海文化界进步人士发起了《反内战争自由宣言》的签名运动，周信芳不顾反动派的威胁，毅然在黄金大戏院经理室签名，并且在6月29日的《文汇报》上公开发表题为《反对内战，解民倒悬》的文章。有人恐吓他，他说："我已准备带着铺盖去坐牢！"1946年6月30日，《文汇报》发表《上海文化界反内战争自由宣言》，有二百六十余名文化界人士签名，其中有茅盾、巴金、田汉、于伶、夏衍、冯雪峰、熊佛西、周信芳、高百岁、林树森等。

周信芳还参加了反对裁撤上海戏剧专科学校，要求豁免娱乐捐等一系列的斗争活动。

1947年2月，为庆祝解放战争的节节胜利，以给田汉祝寿为名，周信芳与梅兰芳合演了《打渔杀家》，在舞台上表现与一切恶势力斗争到底的决心。

9月，由田汉出面在北四川路上海戏剧专科学校内组织"艺社"票房，9月5日，田汉、洪深、欧阳予倩、梅兰芳、周信芳、熊佛西等举行筹备会，12日艺社正式成立。其宗旨是：为了改革旧剧而研究旧剧，并积极编演新京剧，以及其他改良的新地方戏。

艺社第一期社员有一百五十多人，其中一半是上海戏剧专科学校的学生，还有京剧、话剧、电影、漫画等方面的人士，以及不少业余京剧爱好者。活动内容有吊嗓、排练剧目、举办戏剧讲座等。周信芳曾就京剧改革问题作了演讲。他说："平剧要求改良，目的也就是要求能有反映今天时代，适合今天时代要求的戏。"他又分析了京剧逐渐凋落的现状和改革中的障碍，但又充满信心地说："我又觉得平剧是有希望能站到教育群众的讲坛上的。"

1949年春，正是解放军渡江战役前后的日子，上海处于黎明前的黑暗。他屡次拒绝到反动电台演唱所谓"戡乱"节目。国民党反动派知道大势已去，又阴谋胁迫许多知名人士同他们一起逃亡台湾。这期间，有不少人来游说周信芳。有的向他宣传"在共产党统治下没有出路"的论调；有的请他到香港去演出，说提供数额巨大的包银和十分优裕的演出条件和生活待遇；有的还用别墅以及周游世界、子女出洋留学等作为诱饵，但这一切都没有使周信芳动心。

不久，地下党委派熊佛西等前去联系周信芳与梅兰芳，希望他们拒绝反动派的裹胁,留在上海迎接解放。当他们到周家拜访时,周信芳亲自把他们接到楼上的书斋。熊佛西开始以"谈戏"为名,但周信芳一下子就猜出了他的来意。他郑重地说:"请放心,我决不跟国民党走,坚决留在上海迎接解放。"

在中国光明与黑暗决战的关键时刻,周信芳作出了明确而正确的抉择。谈话结束时,熊佛西说还要去拜访梅兰芳。周信芳主动打电话联系,并陪同他乘上他的小轿车,一起拜会了梅先生。梅先生也明确表示:"国民党的倒行逆施,失尽民心……我是哪儿都不会去的。"

1949年4月18日,百万雄师渡江前夕,党组织通知姜椿芳离开上海。姜椿芳去向周信芳告别时,周信芳激动地说:"老姜,我家里有一间小房间,你就在这里暂时躲避,不要走吧!"姜椿芳说:"不啦,谢谢你的诚意,我们很快就会见面。"两位战友依依惜别。

5月25日,周信芳居住的上海西区解放了,他立刻给北区未解放的亲人打电话,兴奋地欢呼"解放了!"第二天,姜椿芳来了,原来他从北京回来了,随解放大军进了城。姜椿芳还通知他和梅兰芳一起去北京参加全国第一次文代会。周信芳高兴地答应了。

5月28日,周信芳亲自到上海人民广播电台广播,表达了他对上海解放的无比喜悦的心情。

抗战以后的几年中,是周信芳从一个爱国艺人向革命艺术家飞跃的时期。

20世纪30年代到40年代,周信芳不仅表现出一个爱国艺人的崇高精神品质,而且在艺术上也愈趋成熟,这一时期,可以说是麒派艺术得以蓬勃发展的黄金时代。

周信芳长期在上海卡尔登戏院、黄金大戏院演出,逐步形成坚强的演出阵容,许多名角儿、好角儿与他同台,如裘盛戎、高盛麟、李玉茹、姜妙香、俞振飞、刘斌昆、赵桐珊、苗胜春、艾世菊等。并且卡尔登与黄金大戏院逐步成为以周信芳为首的麒派艺术的大本营,不仅有高百岁、刘文魁等麒派老生,其他花脸、武生等也跟着麒派的路子走,使麒派艺术得到了进一步的总体性的发展。

这一时期,演出的剧目也极为丰富,除前文重点介绍的《明末遗恨》《徽钦二帝》等剧目外,常演的传统老戏有《桑园寄子》《四郎探母》《黑驴告状》《审头刺汤》《投军别窑》《坐楼杀惜》《生死板》《赵五娘》等；连台本戏有《天雨花》《孟丽君》《文素臣》等；本戏有《董小宛》《雌雄剑》《六国封相》等，其他还有《香妃恨》《温如玉》《冷于冰》《方孝孺碧血十族恨》等。

周信芳的演艺也越来越成熟，越来越精湛，风靡了上海与南方其他地区。不仅他的一些拿手杰作脍炙人口，有时即使为别人配戏，在台上仅仅一两个动作、三四句念白也能博得热烈彩声。有一次在卡尔登戏院为赵啸澜的《玉堂春》配演蓝袍，前面有一节红袍与蓝袍拜见巡按的戏，周信芳仅仅几个进退揖让的哑剧动作就使剧场炸了锅。他在《黄鹤楼》中演鲁肃，在刘备未到之前，到楼上先行打扫一番，念两句下场诗，这样一点点戏，又是闲角，但周信芳演来却照样能激起观众的兴奋来，可见其艺术魅力之大。他不仅做工风靡观众，而且唱工愈佳，一度嗓音也变好了。20世纪30年代中期，他所灌制的唱片《萧何月下追韩信》《徐策跑城》竟畅销十余万张。

这一时期，周信芳先后在卡尔登戏院担任后台老板，在黄金大戏院担任前后台老板，在剧团、剧场的经营管理方面，显露出他的卓越才能，也积累了丰富的经验。对这一时期的活动，周信芳自己曾这样描述：

"九一八""一二八"，这些沉痛的日子，激励着人们的爱国心和斗争意志。这时我开始写《史可法》《文天祥》，演出了《洪承畴》，企图以这些新戏来打击汉奸卖国贼，鼓舞人民的抗日热情。

1937—1949年，抗日战争和解放战争时期，在前期，上海沦为孤岛，落在敌伪控制之下。记得当田汉同志等撤离上海前，在卡尔登戏院开会。他

《六国封相》，周信芳饰苏秦

说：无论是离开，还是留在上海，都要战斗，决不做亡国奴！当时我参加上海戏剧界救亡协会的工作，后来，演出了《徽钦二帝》。抗战胜利以后，在国民党的统治下，不能经常演出，但是参加了党的地下组织所领导的"艺友座谈会"、反内战签名运动和反艺员登记斗争。这时，对于革命，对于革命的文艺，开始有了新的认识；对于怎样运用传统戏曲这个武器来作战，也有了较多的方法。

　　这个时期，跟革命艺术家接触更多了，受党的影响更多了，对革命的要求更自觉些了，我把它叫做"革新时期"。[①]

这是周信芳对自己十二年的历程所作的概括小结。

---

① 周信芳：《五个十二年》，载《周信芳文集》，中国戏剧出版社1982年版，第37页。

第五章　将艺术推向高峰

"长夜难明赤县天","雄鸡一唱天下白",新中国成立,人民翻身作了主人,在中国这块广袤的土地上,经历了一场翻天覆地的变化。对这种变化,周信芳的感受是非常深刻的。他曾激动地说:

> 五十多年来,我眼看着半封建半殖民地的旧中国由崩溃而灭亡;我亲切地迎接我们伟大的祖国像迎接初升的朝阳。
>
> 五十多年来,我第一次以最大的兴奋和骄傲,做一个解放了的中国人民,做一个为人民服务的艺术工作者。①

周信芳伸开双臂,以满腔热情拥抱新中国的朝阳,而阳光雨露又亲切地浇洒在周信芳的心田,使这位已过中年的艺术家,感到自己又年轻了,焕发出了新的青春。

上海一解放,周信芳便投入了繁忙的社会活动。1949年6月4日他在八仙桥青年会出席了上海市文化界座谈会。在会上,初识陈毅市长。7月2日至28日,作为上海代表,赴北京出席第一届中华全国文学艺术工作者代表大会,会上当选为全国文联委员、全国剧协常务委员、全国戏曲改进会筹委会委员和指导部负责人。这是一次全国文艺工作者大团结的盛会,周信芳与其他代表一起受到了党中央许多领导人的亲切接见。会上,周信芳作了有关旧剧艺人翻身的发言,还应邀

---

① 周信芳:《我欣慰活在这个时代》,载《周信芳文集》,中国戏剧出版社1982年版,第1页。

周信芳参加开国大典，与梅兰芳、周扬在天安门城楼上

演出了《四进士》等名剧。

周信芳从北京回到上海，不久又与梅兰芳等作为戏曲界的代表，出席了上海市第一届各界人民代表会议。

1949年9月，周信芳与梅兰芳、盖叫天、袁雪芬等一起，应邀赴京出席了第一届全国人民政治协商会议，在会上当选为全国政协委员，并参加了盛大的开国大典。在天安门城楼上，得到毛泽东、周恩来等领导人的亲切接见。

第一节 在"戏改"战线上

新中国成立以后，戏曲界一项极为重要的任务，就是戏曲改进。周信芳一开始就积极地加入"戏改"战线，并成为这条战线上的中坚力量。

1950年年初，上海市戏曲改进协会京剧分会成立，周信芳任主任委员。不久，由陈毅市长批准，以原上海市军管会文艺处为基础，成立上海市人民政府文化局，于伶代表夏衍局长邀请周信芳出任文化局戏曲改进处处长。周信芳当即表示，尽管自己力不能及，但是党要他负此重任，他是不容推辞而乐于从命的。7

月,周信芳又担任中央戏曲改进委员会委员。

一个京剧名角去当政府的处长,这在当时是罕见的。曾经做过他秘书的丁毓珠问起此事时,周信芳说:"没有做过,怕做不好,只能尽力而为。"他担任处长确实非常尽力,他并不是挂名当官,而是与其他机关干部一样,每天到文化局上班视事,处理公务。大家认为他是一个很"干部化"的艺术家。刘厚生在《与周信芳先生相处》一文中写道:"1950年冬天,我跟他在北京开全国戏工会议,在旅舍中他经常是亲自收拾铺盖,整理房间……有几个'大角儿'能够这样呢?"马少波在《祝周信芳先生永远年青》一文中则写道:"周信芳十分简朴,穿一件褪了色的蓝布夹克衫,往来于京沪之间,总是轻装简从,单身独往,连随员也不带一个。"他还写道:"去年全国戏曲工作会议闭幕之后,信芳先生因政协工作未即返沪,留京月余。这期间工作、演出相当劳累,政务院有意送他一点钱,补助零用。他向田汉先生说:'深深感谢政府的爱护,但是我为人民工作是应该的,国家对我已经照顾许多,哪好无端加重国家的负担',而坚决地谢却了。"

周信芳出任文化局戏曲改进处处长后,努力工作,推进"戏改"工作。

1950年8月"戏改"处举办了上海市第二届地方戏曲研究班,周信芳担任班主任,刘厚生任副主任。早在1949年7月,上海就举办了第一届地方戏曲研究班,当时是由军管会文艺处主办的,伊兵为班主任,刘厚生为副主任。戏曲研究班是利用夏季剧团停锣歇夏的时机,聚集全市戏曲曲艺团体的编导、演员、音乐、舞美工作人员,一起学习政治,学习政策,讨论整理剧目,帮助戏曲艺人提高思想觉悟和艺术水平。第一、二届举办时,虽然"改人、改戏、改制"的"戏改"方针政策还没有正式颁布,但实际上戏曲研究班已经开始做起来了。

1951年5月5日,中央人民政府政务院发布由周恩来总理签署的《关于戏曲改革工作的指示》(即"五五指示"),提出"戏曲应以发扬人民新的爱国主义精神,鼓舞人民在革命斗争中与生产劳动中的英雄主义为首要任务。凡宣传反抗压迫、爱祖国、爱自由、爱劳动、表扬人民正义及善良性格的戏曲,应予以鼓励和推广"。指示明确提出了"改人、改戏、改制"的任务。上海的戏曲研究班与"五五指示"的精神是完全一致的。"五五指示"发布后,1951年7月上海文化局"戏改"处又举办了第三届地方戏曲研究班,仍由周信芳任班主任。

这几次研究班,成果十分显著,艺人们通过政治学习和艺术研讨,对文艺政策、传统剧目、剧团体制等方面的问题都有了新的认识,为戏曲界进一步进行"改人、改戏、改制"的"戏改"运动作了必要的思想准备和组织准备。

新中国成立以后,"戏改"的方针政策总的来讲是正确的,当然某些地方也有一些"左"的倾向,某些时候有些摇摆与反复,一会儿开放"禁戏",一会儿又提出"反对上演坏戏"。周信芳对于戏曲改革问题的观点是比较明确的。

1951年他在《戏曲会议的收获》一文中说:"抛弃麻醉、恐吓人民的封建奴隶道德与迷信,淫毒奸杀或丑化和侮辱劳动人民的语言动作,抛弃对人民有腐朽、落后影响的东西,吸收有利于人民的健康、进步的东西,做到百花齐放。"又说:"禁戏的手续,今后必须要经过中央批准;中央照顾了戏曲工作者,因此艺人自己不能坚持不改,借口不改而不求改进,永远停滞;相反地,却是要自己去改,逐渐去改,精密地大力地去改,由艺人自己担起了这艰巨的戏改工作。"

1952年,他在《我的喜悦和感受》一文中,谈到若干古老的剧种,由于无数艺人的爱护与努力,至今保存了丰富多彩的内容,"但在这次会演中,我们也看到若干剧种过去的那种美好的东西,现在失去了。这是因为在短短的会演期间不能很好地表演出来呢,还是已被埋没了呢?鉴于此,更使我感到整理旧剧目是一件迫不及待的事。如果我们再不挖掘、整理这些遗产,那么我们将要受到莫大的损失。我们要从这次会演开始,更好地执行中央戏曲改革工作的指示,重视遗产,做好整理旧剧目的工作。"

上面两篇文章,一篇写于全国戏曲工作会议之后,这次戏曲工作会议讨论了"戏改"工作的方针政策,并就戏曲剧本的创作、修改、审查、交流问题,以及对旧的戏班、行会、师徒、养女制度进行改革和加强戏曲艺人的团结教育等进行了研究。后来政务院发布的"五五指示",就是以这次会议的意见为基础的。另一篇是写于第一届全国戏曲观摩演出大会之后。文中比较全面地阐述了周信芳关于戏曲改革的观点。归纳起来有三点：

一是我国的戏曲艺术是丰富的民族遗产，必须尽快挖掘这些遗产，做好整理旧剧目的工作。

二是必须分清精华与糟粕，对一些宣传封建迷信、淫毒奸杀的，有害于人民的糟粕予以抛弃，对精华则要吸收和发扬。

三是"戏改"主要依靠戏曲工作者自己来做，戏曲工作者要学习，要团结，要使"戏改"成为自己自觉的行动。

正因为基于这些认识，当1956年及1957年舞台上出现了原来一些禁戏及《僵尸开店》《阿飞展览会》《僵尸复仇记》等剧目时，1957年7月，周信芳在出席全国人民代表大会期间，就与梅兰芳、程砚秋等联合向戏曲界倡议：努力提高戏曲的思想质量和艺术质量，多演富有教育意义和技术的优秀剧目；并把一些虽无意义但有技术的戏加以改进，相约不演丑恶、淫秽、恐怖、有害人民身心健康的坏戏。

第二节　驰骋舞台，老当益壮

1949年新中国成立时，周信芳已经五十四岁，这个年龄对国画家、书法家来说，可能还是刚刚步入佳境的年龄，但是对于以身手为工具、演唱为手段的京剧演员来说，不能不说是临近夕阳晚霞的时刻了。而且新中国成立后，周信芳担任了许多社会职务，一个个头衔加在他的身上：全国人大代表、中央戏曲研究院副院长、华东戏曲研究院院长、上海市文化局"戏改"处处长、上海京剧院院长等。然而，周信芳懂得一个艺术家决不能离开舞台，特别是由他的强烈的翻身感激发出来的为人民多演戏、演好戏的无限激情，使他魁梧矫健的身影依然活跃在舞台上，其精力与风采均不减当年。从表演艺术看，新中国成立后周信芳的艺术更加炉火纯青，嗓音也有所改善，他灌的唱片《逍遥津》《徐策跑城》唱念功力更佳，声音也更清，比从前减少沙哑，进入归真返璞的境界。

　　1951年春天，全国掀起了抗美援朝、保家卫国的热潮。广大人民愤怒谴责美帝悍然发动侵朝战争的罪行，在道义上、行动上坚决支持反击侵略者的正义斗争。周信芳与华东京剧实验剧团一起排演了新编历史剧《信陵君》。这出戏由周玑璋、苏雪安、吕君樵、伍月华集体创作，通过窃符救赵的故事，歌颂了信陵君在邻邦人民遭受危难侵略时，不畏强暴，英勇救援的高尚品德和英雄主义精神。周信芳饰信陵君。戏中有几段唱词十分慷慨激昂，如第六场中：

> 恨秦邦他比那豺狼凶狠，兵到处扫平了千落万村。
> 坑降卒四十万灭绝人性，只杀得血成河鸡犬不闻。
> 魏无忌虽无学还不痴蠢，焉能够认贼为父拱手降秦。

第十二场中：

> 因此上顾不得辞王与别驾，带领着车骑百乘门客千人浪迹走天涯。
> 是非公论在天下，叫秦王恍然大悟，赵魏虽小也不能怕了它。
> 唇亡齿寒情义大，叫魏王惕然知警，搭救邻邦便是保国家。

周信芳塑造的信陵君形象生动丰满，给观众以强烈的感染作用。

　　紧接着，周信芳代表上海京剧界表示，要通过义演，用全部收入捐献一架"京剧号"飞机，用实际行动投入抗美援朝运动。他率先带领华东戏曲研究院在大众剧场义演三天《四进士》，又策划由江南前辈京剧艺人作经常性的义演。最轰动的一次是老艺人捐献义演专场。参加演出的主要演员年龄都在五十岁以上，最高的达七十八岁。七十二岁高龄的前辈郭蝶仙，六十七岁的筱兰英，六十五岁的苗胜春都参加了，周信芳只能算是小弟弟。这次演出的戏码有：盖三省的《探亲相骂》，应宝莲、苗胜春的《莲花湖》，赵如泉、郭蝶仙的《坐楼杀惜》，筱兰英的《朱砂痣》以及梅兰芳、周信芳、盖叫天等主演的《龙凤呈祥》。

《龙凤呈祥》名角荟萃，尤其引人瞩目。那时梅兰芳正好回上海养病，他抱病参加义演，在戏中饰演孙尚香。盖叫天几天前在杭州演《武松打虎》时受伤，这天也赶回登台，饰演赵云。周信芳身居"戏改"处处长之职，公务十分繁忙，已有两夜未曾合眼了，他照样参演，并且一赶二，前演乔玄，后演鲁肃。在戏中担任角色的还有张少甫饰刘备，姜妙香饰周瑜，赵如泉饰张飞，苗胜春饰孔明，韩金奎饰乔福等。戏中宫女全由著名青年女演员扮演，有李蔷华、李韵秋、徐湘云等。原定宫女为八人，后因报名者太多，只得增加名额，扩大到十六人，真是浩浩荡荡。这次演出反响热烈，盛况空前。

周信芳不仅在国内积极参加义演等活动支持抗美援朝斗争，并且亲自赴朝鲜前线慰问中国人民志愿军和朝鲜人民军指战员。1953年7月，周信芳参加了中国人民第二届赴朝慰问团，并担任副总团长，总团长是贺龙元帅。随同周信芳参加慰问团的有华东戏曲研究院所属京剧实验剧团的吴石坚、李玉茹、沈金波、张鑫海、郝德泉、汪志奎、刘韵芳、齐英才等。

参加慰问团的除了上海的华东京剧实验剧团的同志外，还有北京的三个剧团：梅兰芳先生率领的梅剧团、程砚秋先生率领的程砚秋剧团和马连良先生率领的马连良剧团。这是一个代表全国京剧最高水平的慰问演出团。

慰问团不仅在志愿军司令部驻地演出，而且深入到前沿阵地，有时在露天舞台演出，有时在坑道、山洞里演出，有时冒着敌人的炮火演出，有时在风雨中坚持演出，撑着雨伞清唱，他们千方百计把优美的京剧艺术和全国人民的深情厚谊奉献给最可爱的人。演出的剧目有周信芳的《徐策跑城》，梅兰芳的《贵妃醉酒》，程砚秋的《三击掌》，马连良的《四进士》，周信芳还与梅兰芳合演了《打渔杀家》，与马连良合演了《群英会·借东风》。几位大师风云际会，但彼此谦逊推让，通力合作，在戏曲史上留下了一段佳话。

新中国成立后，周信芳的演出活动是十分频繁的，他不仅坚持剧场的正常演出，参加各项活动举办的演出，还经常送戏到工厂、农村、海岛、渔港，风尘仆

周信芳在沪郊田头为农民演唱

仆地到全国各地巡回演出。1954年赴舟山群岛慰问解放军指战员，1955年率上海京剧院一团赴东北、华北五个省的十个城市巡回演出，1958年率团赴中南、西南、西北、华北七个省的十一个城市巡回演出，1959年到上海郊区嘉定徐行公社在田头为农民演唱，参加劳动……可以说，北国南疆、山村海岛，到处都留下了他的足迹，回荡着他的声音。

在这些演出活动中，生动丰富而值得记述的东西实在太多，这里略记数则。

1955年去东北演出，在大连恰逢高盛麟的武汉京剧团，周信芳利用空隙时间观看了高盛麟主演的《雁荡山》。演出结束后，高盛麟诚恳地要求周信芳给他指点。高盛麟功底扎实，架式漂亮，此时技艺已日趋成熟，可以说无可挑剔。周信芳激动地握着高盛麟的手说："演得太好了！"第二天，跟周信芳合作多年的鼓师张世恩对他说："院长，这几年盛麟在台上麒派的东西越来越多了。他拿过去，就能学到好处，化得好看。这都是受您的影响啊！"周信芳感慨地说："我的影响不算什么。他现在各方面都有很大长进，身体也好了，上得台来精神抖擞。庆奎晚年穷困潦倒，盛麟比他父亲就幸运，赶上了解放，赶上了新社会！"

1956年1月，周信芳突然接到一个重要的晚会演出任务。市文化局指定要周信芳和俞振飞、言慧珠等参加演出，戏码是：王金璐的《挑滑车》，俞振飞、言慧珠的《断桥》，大轴是周信芳与赵晓岚的《打渔杀家》。演出地点是原中苏友好大厦的友谊电影院。到临近开演前，有关领导才宣布："今天晚上，毛主席来观看演出。"周信芳虽然已多次见过毛主席，但毛主席来看他的演出，这还是第一次。因此他心情十分激动，演出也特别认真。这一天毛主席由陈毅、魏文伯、夏征农等人陪同观看，演出结束后，毛主席登上舞台接见演员。周信芳恭恭敬敬地向毛主席深深鞠了一个躬。毛主席紧紧握住他的手，操着浓重的湖南口音称赞道："演得好！演得太好了！"

一个月之后，周信芳又接到通知去北京演出，同行者有俞振飞、李玉茹、孙正阳、黄正勤、赵晓岚等。这次在北京全国政协礼堂演出，一共演四天，周信芳演出了《打严嵩》等。前面三天毛主席天天都来看戏，第四天毛主席没有来，周恩来总理与陈毅同志来了。看完演出，周总理风趣地说："麒老牌，你演得真好啊！"旁边的陈毅用四川话说："总理，我早就对你讲过，上海的戏演得可好喽，你就是不信！"总理笑着说："我可没有不相信啊！"

1958年周信芳率团赴西南地区巡回演出，他们从上海乘轮船抵达汉口后，换乘小型轮船，经由三峡进入四川。可是小轮船过了瞿塘峡，机器突然发生故障，船只得靠岸修理，周信芳等下船在附近一个小镇上住下等候。小镇上忽然来了个大演员，整个镇沸腾起来，他们纷纷聚集在旅馆门口，要一睹麒麟童的风采。这深深感动了周信芳，他主动向镇长提出，利用在

《打严嵩》，周信芳（左）饰邹应龙，裘盛戎饰严嵩

镇上逗留的机会，为当地百姓演出一场。镇长一听，喜出望外，群众闻讯，更是欢欣雀跃。于是周信芳就在一个四面透风的大席棚里，为镇民演出了《萧何月下追韩信》《打严嵩》等拿手好戏。镇民们不仅被周信芳的精湛技艺所陶醉，更为这位大演员时刻想着观众的高尚艺德而深深感动！

周信芳不仅把巡回演出看作是为广大群众演出的机会，同时也看作向全国各地的古老剧种、地方剧种学习的机会，通过巡回演出，使他扩大了艺术视野，看到了更多古老剧种的优秀艺术，也向各个剧种学习到了许多艺术成就和经验。

第三节　崇高的荣誉

党和国家以及人民极其尊重周信芳，十分珍视他所作出的贡献。

1952年第一届全国戏曲观摩演出大会期间，周信芳演出了《徐策跑城》，被授予荣誉奖。与他同时受奖的有梅兰芳、程砚秋、袁雪芬、常香玉、王瑶卿、盖叫天等。这是党和人民给予戏曲艺术家最高的荣誉与奖励。

另外，1951年、1955年、1961年有关部门先后三次为周信芳举行隆重的纪念活动，表彰周信芳对京剧事业的卓越贡献。

1951年2月4日，上海市人民政府文化局在康乐酒楼举行庆祝周信芳演剧五十周年暨戏曲界敬老大会，十九个剧种的老艺人二百零五人到会，各界人士二百余人前往祝贺。周恩来总理以及郭沫若、茅盾等亲笔题词。

周恩来总理的题词为：

庆贺周信芳先生演剧五十年的成就

郭沫若的题词为：

周信芳先生，您真是戏剧界的麒麟！五十年的艰苦奋斗，对戏剧事业卓著功勋。祝您再奋斗五十年，使戏曲改进，日新又新，永远服务于人民，提高劳动人民文化水准。

茅盾的题词是:

在反动政权的压迫之下,信芳先生曾经坚韧不拔地为正义而斗争,他所编演的新戏,充满了爱国主义的精神。他对于京戏的表演艺术改革是有卓越的贡献的……

梅兰芳先生从北京回到上海,一下火车就赶到会场祝贺,他还以《灿烂的成就,光辉的历史》为题发表文章,称赞"周信芳先生是我们戏曲界具有高度政治觉悟的一位战士"。他又说:"麒派在大江南北,是普遍流行着的;《萧何月下追韩信》《打严嵩》成为京剧界中非常流行的歌调。他还教育了许多后起人才。"

与此同时,首都戏曲界也举行了纪念周信芳舞台生活五十年座谈会,马少波发表了《祝周信芳先生永远年青》的讲话。

1952年9月,上海市戏曲改进协会编辑出版了《周信芳先生演剧五十年纪念文集》。文集中刊登了周信芳的《我欣慰活在这个时代》以及梅兰芳、马少波、冯雪峰、熊佛西、陈白尘、姜椿芳、刘厚生、欧阳予倩、阿甲等人的文章。

1955年4月,文化部、全国文联、中国剧协联合举办梅兰芳、周信芳舞台生活五十年纪念。4月11日,首都文化界在天桥大剧场举行纪念会,首都一千四百多名文艺界人士出席。全国文联秘书长阳翰笙致开会词,文化部副部长夏衍讲了话。欧阳予倩作了关于梅兰芳的题为《真正的演员——美的创造者》的报告,田汉作了题为《战斗的表演艺术家——周信芳》的报告。梅兰芳、周信芳分别作答词。周信芳的答词题为《衷心感谢党和毛主席的培养和领导》,他回顾了自己从幼年随师学艺,直到以后对舞台表演艺术进行革新的艰苦历程。他感慨地说:"个人的力量是非常微弱的。我那时的情况,正如驾着一只小船,在漫漫长夜中,通过惊涛骇浪,由此岸驶往彼岸,随时都有覆灭的危险。"谈到新中国成立以后,他激昂地说:"虽然已经过了我们的中年时期,但在呼吸了新时代的空气以后,我们都感觉到自己年轻了。"最后他说:"梅先生和我虽然都是六十岁的人了,但

《二堂舍子》，周信芳饰刘彦昌，梅兰芳饰王桂英

我们的精神永远不老，我们愿与全国戏曲工作者同心携手并进，为祖国的伟大的社会主义建设事业奋斗到底。"

4月12日至17日，在天桥大剧场梅、周举行纪念演出。梅先生演出的剧目有《断桥》《洛神》《宇宙锋》等；周信芳演出的剧目有《乌龙院》《清风亭》《文天祥》《扫松》。梅、周还合演了《二堂舍子》，梅兰芳饰王桂英，周信芳饰刘彦昌，梅葆玥、梅葆玖分别配演沉香与秋儿。由于梅、周与洪深三人都是属马的，有人提议"三马同台"，于是他们合演了一出《审头刺汤》，洪深饰汤勤，梅兰芳饰雪艳，周信芳饰陆炳。洪深于京剧虽属票友，但功力不凡，演来丑中见美，颇有深度，观者叹为观止。

纪念活动期间，梅兰芳专诚请周信芳到家里吃饭。席间两位老朋友开怀畅叙。梅兰芳说："我想搞点新戏，我老了，再唱《天女散花》不合适了，所以想搞点类似《穆桂英挂帅》那样描写古代中年妇女的新戏。"周信芳也有同感地说："我们人老了，但还是要再搞些新戏。"

第五章 将艺术推向高峰

1961年12月，文化部和中国戏剧家协会联合举办了周信芳演剧生活六十年纪念。12月11日在北京首都剧场举行纪念会。田汉以"向周信芳同志的战斗精神学习"为题致词。文化部副部长齐燕铭致祝词，他说周信芳的艺术创造有鲜明的独特风格，而又丰富多彩。他创立了独树一帜、脍炙人口、流传大江南北的麒派。他提出，戏曲工作者要学习周信芳的热爱人民、热爱祖国的革命精神，学习他对于戏曲艺术勤学苦练、精益求精、革新创造的精神。周信芳致答词，他把自己六十年的演剧生活，分成五个十二年，他说最幸福的时光是新中国成立后的十二年。这十二年，无论在哪一方面，都远远超过了过去的四个十二年。

《四进士》，周信芳饰宋士杰

纪念活动中，周信芳陆续演出了《乌龙院》《四进士》《打渔杀家》等拿手杰作以及新编优秀剧目《义责王魁》《海瑞上疏》等。《打渔杀家》中，萧恩有一个吊毛的动作，开演前，周总理考虑到周信芳年事已高，并有血压偏高之疾，故而特地关照周信芳不许翻吊毛，最多来个抢背，可是一到场上，周信芳早把个人的健康置之脑后，情不自禁地照样走了个吊毛，而且动作利索，非常漂亮。事后为他配戏的演员埋怨他不听劝，他说："不这样演不行啊！观众看到这里，都知道要走个吊毛，我怎么能偷工减料呢！"在纪念活动期间，周信芳还到中南海怀仁堂举行演出，毛泽东主席观看了他与裘盛戎合演的《打严嵩》，刘少奇主席观看了他主演的《乌龙院》。

这次纪念活动搞得很热烈，《戏剧报》编辑部还发表长篇文章《六十年的战斗》，高度评价周信芳对戏曲艺术作出的巨大贡献。文化部与中国剧协举行了两次大型座谈会，研讨麒派表演艺术，由田汉亲自主持，齐燕铭、老舍、金山、阿甲、李少春、袁世海、李和曾、杜近芳、高百岁等到会发言。周信芳回到上海后，上海也举行了纪念活动，周信芳演出了《乌龙院》。文化界知名人士还纷纷题诗祝贺。

田汉的诗是：

> 六十年来磨一剑，精光真使石金开。
> 浑忘眼弱与头白，唱遍山陬与海隈。
> 万死不辞尊信国，千人所指骂王魁。
> 乾坤依旧争邪正，珍重先生起怒雷！

王昆仑写了《赞周信芳同志演剧生涯六十年》八首，择其二首：

> 感染谁如麒派深？人人击节效麒音。
> 一宵剧场呈新奏，来日风驰处处闻。

> 阐古迎今境益高，大师岁岁为民劳。
> 杀家铡美多规范，艺苑流传无尽遥。

于伶赋诗曰：

> 歌台花甲气如龙，麒派风标一代宗！
> 今日工农同祝贺，千红万紫拥高峰！

第四节 精益求精，再创高峰

自1949年至1966年这十几年间，是周信芳的艺术精益求精、日臻完美，不断推向高峰，达到炉火纯青境界的重要时期。前面所讲的三次纪念活动认真系统地总结了周信芳的艺术道路和艺术成就，一浪又一浪地有力推动着周信芳艺术的不断发展。

第五章 将艺术推向高峰

为了将艺术推向高峰，周信芳以不懈的努力着重做了几件工作，而这几件工作的完成又标志着周信芳的艺术走向了新的高峰。

第一，继续编演新戏。新中国刚成立不久，1950年，周信芳就演出了在敌伪时期遭到禁演的《文天祥》。他以十分强烈的激情在舞台上塑造了一位气壮山河的民族英雄形象。这出戏演得非常精彩，第五场在金殿上文天祥与奸佞贾似道等当面交锋，充分发挥了麒派念白的艺术功能。后来文天祥受命冒险亲赴元营议和。伯颜背信弃义，竟将文天祥无理扣押，百姓设法营救。王祥妻引导文天祥从小路登上民船，这里的一段舞蹈，节奏紧促，动作边式优美。第二十八场五坡岭前，文天祥与元军激战，周信芳身穿大靠，载歌载舞。第三十一场就义，伯颜与元帝来监中劝降，文天祥正襟危坐，神态安详，面对他们的絮絮烦言，文天祥轻蔑一笑："哼！……这些废话说他则甚！"力重千钧。最后，文天祥与夫人诀别，他抚抚夫人的肩，淡然而又深情地说："夫人让我先行一步。"然后略整衣冠，从容走上刑台，吟诵"人生自古谁无死，留取丹心照汗青"这两句千古名句。这出戏引起强烈反响。在1955年梅兰芳、周信芳舞台生活五十年的纪念活动中，周信芳再次演出了这个剧目。

1954年，在上海举行了华东区戏曲观摩演出大会，周信芳演出了《秦香莲》，前饰王延龄，后饰包公。无论是老生应工，还是反串包公，娴熟精湛的演技与人物性格的刻画如水乳交融，浑成一体，获得了极大的成功。

1959年3月，周信芳演出了新戏《义责王魁》。这是根据评弹《王魁负桂英》

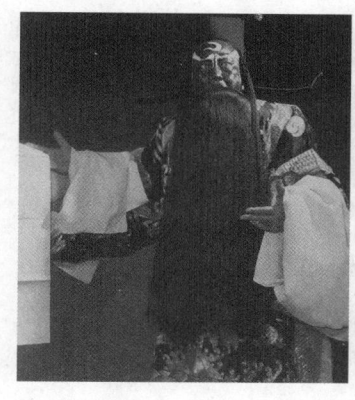

《秦香莲》，周信芳饰包公　　　　　　　　《义责王魁》，周信芳饰王中

《九更天》，周信芳饰马义

中"义责"一回改编的。1958年，著名评弹演员刘天韵、蒋月泉以"义责"这回书参加全国曲艺会演，周信芳对此很感兴趣，一是义仆王中忠诚正直的性格深深吸引了他；另外，这类角色也非常适合他的戏路。故而决定把它改编成一个小时左右的单折小戏。为了编好这出戏，周信芳差不多搜集了所有关于"情探"题材的剧本，并与执笔者吕仲共同研究。表演方面吸收了传统戏中关于家奴剧目的技巧，并加以发展创造。这出戏在舞台上有力地批判了忘恩负义的思想行为，歌颂了纯朴伟大的"卑贱者"。过去在京剧剧目中义仆戏很多。像《一捧雪》中的莫成，《战蒲关》中的刘忠，《九更天》中的马义等，都是义仆的形象，但这些作品大多强调义仆对主人的愚忠。《义责王魁》是对奴隶哲学的一种反拨。王中虽是家人，但爱憎强烈，是非分明，对主人的忘恩负义十分气愤，先是规劝，继而怒责，最后毅然与之决裂。通过一连串的人物行动，生动地刻画了这位老人的铮铮骨气和凛凛的正义感，在众多义仆戏中开了新生面。正如周信芳自己所说："尝试在舞台上创造这个劳动人民的艺术形象。"

1959年周信芳还编演了著名的历史新戏《海瑞上疏》，笔者将在第六章中加以详细地描绘与评述。

1962年春天，周信芳筹划新戏《澶渊之盟》的排演。此剧由剧作家陈西汀编剧，5月在汉口人民剧场先行公演，回上海后在天蟾舞台公演。《澶渊之盟》写的是北宋年间的历史故事：辽邦大举进犯宋室，北宋朝廷里寇准主战，王钦若主和，两派发生激烈冲突。软弱无能的宋真宗动摇于两派之间。在危急关头，他勉强接受寇准建议，并亲临今河南清丰县附近的澶渊前线，然而在捷报频传、辽军溃败时，他不但不乘胜收复幽蓟等失地，反而接受投降派的主张，以"屈己安民"为借口,用金帛贿赂敌人,签订了"澶渊之盟"。

周信芳很喜欢这出戏,也很喜欢寇准这个角色。在京剧剧目中,写寇准的戏不少,如《探地穴》《清官册》《罢宴》等,然而《澶渊之盟》中的寇准形象更加完善,表现的主题也更深刻,历史真实与艺术真实得到了较好的结合。周信芳亲自修改剧本,担任导演,饰演寇准一角。由李桐森任助理导演,李仲林设计武打兼演李继隆,赵晓岚饰萧太后,汪正华饰宋真宗。

周信芳不仅对寇准这个人物进行了精心地琢磨,而且对剧中所有人物和表现形式作了透辟的分析和周密的安排。后来他还写了《谈〈澶渊之盟〉的三个人物》专文,对宋真宗、寇准、萧太后三个人物作了剖析和论述。他认为这出戏中的萧太后并不像《四郎探母》中平庸的老太婆,而是一个有才干、有气度的统帅。塑造这个人物时要突出她的"诈"与"骄"这两个性格侧面,可说是要言不烦,句句中的。周信芳在戏中的表演极其精彩。"北城见萧"一场,借鉴了《空城计》,但艺术处理却不同,寇准在城楼上的大段唱腔,是对萧太后讲话,对话式的。"寇准拜相"一场,宋真宗勉强任命寇准为丞相,但还不大放心,告诫他:"今日身当大任,必须戒除刚字。"寇准答道:"臣并无奇才异能,只有这一点刚直之忱,堪以事奉陛下,今陛下却要臣去此一字,叫为臣何以奉君啊!"念这段台词时,刚柔相济,分寸得体。"风雪澶渊"一场有一节跑圆场的动作,但与《徐策跑城》并不雷同,意在细腻刻画寇准的内心活动。当他滑倒,老军将他扶起时,他先是幽默一笑,然后指着雪地,唱【散板】:"未提防覆雪之下有坚冰。"一语双关,曲尽了寇准此时的复杂心理。

《澶渊之盟》公演后,很得好评,人们说:"周院长这么大年纪了,还搞了这么一出体现麒派表演风格的新戏,真不愧为艺术大师!"著名戏剧家龚啸岚曾说:"后来排出的《澶渊之盟》《海瑞上疏》两个大戏,都是上乘的作品,其中寇准和海瑞,是他晚年创造的'双璧'。"[①]

[①] 龚啸岚:《最切实际的怀念》,载周信芳艺术研究会编:《周信芳艺术评论集续编》,中国戏剧出版社1994年版,第48页。

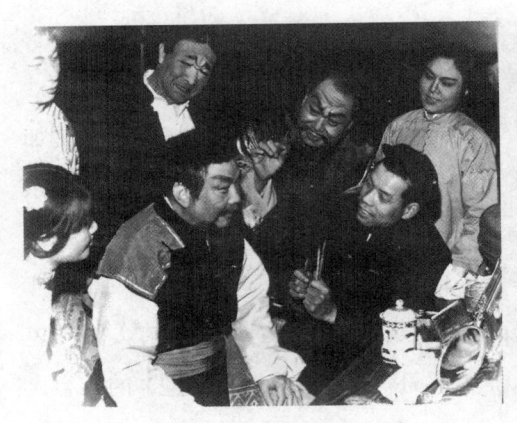

周信芳在后台化妆　　　　　　　　　《杨立贝》，周信芳饰杨立贝

新中国成立后，周信芳对编演现代戏也倾注了热情，积极参与戏曲反映现代生活的实践。1958年，他担任上海京剧院院长时，领导编演了《红色风暴》《智取威虎山》《赵一曼》等京剧现代戏。1963年下半年，周信芳又排演了《杨立贝》，但连排之后，未获公演。

周信芳新中国成立之后编演的一批新戏，大多是成功的。但是由于"左"的干扰，海派京剧一直受到歧视，周信芳也受这种舆论的影响，有时批评"恶性海派"扬弃过多，对新中国成立前一批具有鲜明海派特色的戏并没有再去动它，编演的新戏海派风格也发扬不够，这不能不说是个缺憾。

第二，认真整理加工部分常演剧目，琢磨出一批艺术精品。周信芳一生演出的剧目达六百出之多，其常演剧目也不在百出之下。这些剧目多数是新中国成立以前编演的。由于周信芳从青年时代起就追求进步，追随革命，所以他所编演的剧目大多是健康的、进步的。然而，正如周信芳自己所说："由于个人思想水平的限制，对于传统剧目的精华与糟粕，还不懂得怎样去区别；对于戏剧的阶级性，认识也不是那么明确。"比如我们前面曾谈到过《明末遗恨》中把李闯王的农民起义军看作流寇叛贼，就是一例。新中国成立以后，周信芳接受了历史唯物主义与辩证唯物主义思想的教育，系统地学习了新文艺思想和新文艺方法，他就萌生了这样的强烈愿望："把我过去常演出的剧目都重新研究一番，试图以马克思列宁主义的观点来重新评价和处理。"当然也包括艺术上作

《鸿门宴》，周信芳饰张良　　　　　　《打渔杀家》，周信芳饰萧恩，梅兰芳饰萧桂英

进一步的加工。周信芳在一篇文章中说："许多我常演的剧目，在若干地方戏剧种，也是常演剧目。地方戏剧目文词的亲切生动、富于生活情趣，表演上的细腻逼真，感情充沛，深深打动了我。我决心博采众长来丰富和提高自己的脚本和表演。"①

周信芳的这种愿望与当时文化主管部门推进"戏改"工作的要求是十分吻合的。于是，1954年中国戏剧家协会和华东戏曲研究院特地指定吕仲、陈西汀、何慢、严朴、蒋星煜、徐筱汀、苏雪安等几位编剧干部协助周信芳进行这项整理工作。整理的剧目有《清风亭》《乌龙院》《四进士》《文天祥》《打严嵩》《鸿门宴》《赵五娘》《凤凰山·独木关》《投军别窑》等。几年以后又整理了《打渔杀家》《审头刺汤》《金殿求计·单刀赴会》等，总共有十几个剧目。这次整理，实际上是一次全面的修改和加工。从对剧目主题思想的推敲和确

---

① 周信芳：《十年来的舞台生活》，载《周信芳戏剧散论》，中国戏剧出版社1960年版，第27页。

立，对剧中人物性格的分析与把握，对故事情节的解释与安排，一直到对唱词、宾白的修改与润色，都进行了认真的考虑，每一个剧本都经过周信芳细心的校订。

一是深化主题。周信芳演出的剧目中有些戏原来主题及倾向就是比较积极的，但有时显得还比较含混，或比较肤浅。比如《打渔杀家》这是一出传统好戏，表现了萧恩的反抗精神和英雄气概，但是正如周信芳所说："在解放前，我们还不会用阶级观点去分析它，因此对它的人民性就了解得不深不透，不能通过表演把它充分表现出来。"这次整理加工，着重用阶级观点来分析打渔杀家这场斗争，深刻揭示出萧恩这一形象的典型意义。具体处理时，把这场反渔霸抗税的斗争置于梁山农民起义与腐败官府严重对立的阶级斗争背景下来展现，细致地表现了萧恩从处处忍让到奋起反抗的过程，从而概括而生动地反映出古代人民走向革命的真实历程，突出地体现了作品"官逼民反"的主题思想。

《乌龙院》原本是一出"三小"（小生、小丑、小旦）玩笑戏，且有庸俗色情的内容。早在新中国成立前，周信芳就作过许多改动，然而也还遗留着一些妒杀或情杀的痕迹，人物也比较模糊，对阎惜姣，到底应该憎恨她还是同情她，不是很鲜明。整理过程中，以历史唯物主义观点加以分析，透过宋江、阎惜姣、张文远一般男女的情爱纠葛，看出蕴含其中的带有革命与反革命性质的严峻斗争。在戏中突出了梁山给宋江的那封信，并使之成为剧情发展所围绕的主干。这样，这出戏就超出了一般思想肤浅的情杀戏的范畴，展现了一场正义与邪恶、美与丑的斗争，成为一出富于深刻思想内涵的优秀剧目。

二是增强人物形象的典型性。这与深化主题密切相关，因为作品的主题是通过人物、情节等诸多因素加以体现的，其中尤以人物为最重要。比如前面所说的《乌龙院》，以前有些演出把宋江处理成一个嫖客，宋江用三十两白银买下阎惜姣，金屋藏娇，寻欢作乐，时而把腿翘在阎惜姣身上，说什么"花钱的老爷喜欢这个调调儿"。如此一来，杀惜当然是一场妒杀、仇杀或情杀了。经过整理修改，宋江是作为一个农民起义的英雄来刻画的，改买女藏娇为仗义疏财："王婆求我来帮衬，三十两银子葬你父亲，要我纳妾我不允，你母女苦苦哀求要报恩。"这就不是乘人之危，而是"及时雨"的济困救危。宋江与阎惜姣的矛盾也不是为了争风吃醋，而写宋江处处宽容，再三忍让；在阎惜姣非但不肯交出梁山的信件，并且要出首公堂的情况下，宋江迫不得已，出于护卫自己，才被迫将阎刺杀。宋江淳厚、朴实、刚正这样一个农民起义英雄的形象生动树立在舞台上了。阎惜姣从忘恩负义、淫荡不轨发展到对宋江实行政治陷害，其性格及发展脉络也更加清晰了。

《四进士》也是周信芳的代表作品之一，他从十五六岁时演起，始终未曾间断。四十余年间在演出中不断丰富和提高，得到广大观众的赞许。但原本对杨素贞、杨春、田氏等人物性格的刻画不够鲜明；对田伦数载不赴任所，刘题好酒贪杯均未交代清楚；顾读的贪赃枉法，完全出于被动也不尽合理。整理时分别作了加工、补充和修改。杨素贞是一个弱女子，但她立志为丈夫报仇，戏里突出了她的勇敢与机智；杨青是杨素贞的哥哥，但贪财好酒，见利忘义，甚至可以把嫡亲妹子做买卖，这是一个封建社会堕落文人的写照；杨春是个小商人，他花三十两银子想买个老婆，结果却卷入了一场官司，但他与杨素贞结拜兄妹，并极力帮她去打官司，倒是一个好人。由于人物的性格和脉络理清了，戏路也更顺畅了，戏的题旨也更鲜明了。

三是加强剧目的完整性。这里说的完整，主要是指剧目故事情节的发展完整合理，人物性格丰满，发展符合逻辑，以及整个结构的完整。

《乌龙院》的老本是不带"刘唐下书"的，有的艺人演"刘唐下书"也放在"闹院"之前。没有"刘唐下书"，不仅戏的情节不完整，而且宋江刺杀阎惜姣纯然是纠缠在男女关系上的情杀，这就限制了戏的主题的深化。如果"刘唐下书"放在"闹院"之前，也有不妥之处，宋江是先见刘唐，然后揣着梁山书信去到存有二心的情人那里，这就不像是个精明干练的英雄了。周信芳把"刘唐下书"安置在"闹院"之后，"坐楼杀惜"之前。宋江在乌龙院怄气之后来到街上，偶遇刘唐，与刘酒楼密会后，在回家路上被阎婆拉拉扯扯拖进乌龙院，这样就比较合理妥帖，情节和人物都顺了。这次整理加工时，周信芳又对"刘唐下书"一场作了重点的加

《清风亭》，周信芳（右）饰张元秀，刘斌昆饰贺氏

工，使内容更加丰富。另外还增添了第一场"晁盖修书"，这样把全剧十分重要的书信及银子的来龙去脉交代清楚了，开场也比较热闹，使全剧故事首尾呼应，更为完整。

《清风亭》是周信芳在20世纪30年代初整理成全本首演的。新中国成立以前，他就感到雷殛张继保的演法牵涉因果报应问题，因而将雷殛部分删除不演。1954年整理加工时，对结尾又作了重新处理。在张元秀二老双双碰死在清风亭，张继保悻悻而去之后，以一段众乡民的对白作结：

周小乙　好狠的心啊！

乡民甲　小乙哥，他是不是张继保啊？

周小乙　怎么会不是。他烧成了灰，我也认得他。

乡民甲　他怎么不认识呢？

周小乙　这不很明白吗？官是官来民是民，穷人怎能攀富人！一场恩养反成恨。

乡民乙　唉！报恩只有这二百文！

乡民甲　就拿这二百钱去买两张芦席，把他们老两口子埋葬了吧。

乡民乙　他们老两口，就是为这二百钱死的；要花这二百钱，不是伤了他们二老的心吗？依我看来，把这二百钱打一个铁箍，箍在张继保家的祖坟上。别让人家把坟给骂裂了。

乡民甲　这老两口子怎么办呢？
乡民乙　我看还是咱们凑几个钱，把他二老葬了吧！
众乡民　好，埋葬了吧。

周信芳认为，这样处理"更能让人们留下对张继保这类人物的深刻仇恨的印象"。

其他如《四进士》的"双塔结盟"至"柳林写状"以前的部分，因为过去经常略去不演，缺乏准确的脚本与文词，整理时删去了一些芜杂的场子，对保留的部分进行了提炼和加工。在整理《鸿门宴》时，把原本中一些琐碎的场子作了集中和精练。这些处理，都使剧本更加完整。

在整理时，周信芳还把剧本与表演统一起来加以考虑。在《四进士》的"柳林写状"一场里，毛朋写状子时，加了一句"刁嫂田氏，用钢刀杀死七岁保童……"其实这里是一句赖词，杨素贞却当保童真的被杀，因而失声痛哭。经毛朋言明，素贞才知原委。后面杨素贞到宋士杰家中，前面的一段对话又重复一遍，宋士杰读状子，读到"用钢刀杀死七岁保童"时，杨素贞仍旧痛哭起来，这就不合理了。周信芳仔细推敲后改成：杨素贞听到赖词，假装啼哭，故意试探宋士杰，待宋士杰点明这是一句赖词，她便"暗暗点头，佩服宋士杰见识"。这样既使剧情合理，又保留了丰富的表演。

四是剧本语言的推敲与修改。周信芳一向重视剧词的推敲，早在1928年，他就在《梨园公报》上写过一篇《对于〈别窑〉的一句》的文章，谈到《别窑》中有一段薛平贵与王宝钏的对唱："从空降下无情剑，斩断夫妻两离分。王宝钏难舍薛平贵，薛平贵难舍王宝钏。流泪眼观流泪眼，断肠人送断肠人。"有一位叫罗我的作者提出，其中"薛平贵难舍王宝钏"一句没有押韵，跷辙了。周信芳仔细推敲后，以为这六句白话式的唱词浅显真实，生动自然，改了反而逊色，他认为"诗文也有不以文害辞，不以辞害意的两句常谈"，"所以，我的愚见，这六句可以不必改动"。这次整理加工时对剧词作了一次全面的润色和修改。比如他已唱了几十年的《萧何月下追韩信》中有两句唱词："听说去了五十遥，又见月影上树梢……""五十遥"意思是五十余里，但文义比较费解。虽然这两句唱词已经到处流传，可说是家喻户晓的了，然而周信芳为了使语言更加符合规范，毅然地将它改成："五十余里路已遥，又见月影上树梢……"再如《四进士》中宋士杰在三公堂有一段唱词："公堂之上上了刑，好似鳌鱼把钩吞。悲切切出了都察院，只见杨春与素贞……"当时京剧舞台上有些别的演员是唱作"好似鱼儿把钩吞"的。周信芳与协助整理的同志一同研究，把"鳌鱼"与"鱼儿"这两个词作了认真的比较，大家认为宋士杰用鳌鱼来自比，口气比较大，符合他的性格、身份和当时的处境，故而仍旧取"鳌鱼"二字。在整理《描容上路》一剧时，周信芳参考地方戏的演出本，不仅把善良的老人张广才对贤德的少妇赵五娘的关怀和爱护更加人情化，而且吸收它们生动鲜活的语言，丰富自己的作品。原来张广才嘱咐赵五娘"但愿你早到京头"之类的语言比较贫乏苍白，现在改为："未曾天晚早投宿，起程必须等天明；涉水登山心要稳，行船过渡莫争行；沟渠之水不洁净，渴向人家求茶羹……"相比起来，更加生动贴切了。

通过这次整理，周信芳的一些常演剧目，主题得到了深化，人物性格更加典型，舞台表演更加规范、简洁、优美，整个剧目得到了升华，完成了优秀剧目向精品的一次飞跃。田汉先生"六十年来磨一剑，精光真使石金开"这两句诗句，用来概括这次整理剧目的精神与成果，是再恰当不过的了。1958年后，周信芳还整理了《鹿台恨》《生死板》《一捧雪》等剧目。

经过整理的剧目，先后于1955年2月出版了《周信芳演出剧本选

《生死板》，周信芳饰刘子忠

集》(上下册，艺术出版社出版)，1960年5月出版了《周信芳演出剧本新编》(中国戏剧出版社出版)。两书共收周信芳演出剧目十五出，成为京剧剧目宝库中灿烂明珠。

第三，系统地总结表演艺术经验。1956年周信芳出访苏联时，受到苏联艺术家的热情称赞，使他很有触动，他认为"我们必须加速继承和发扬戏曲艺术的渊博精深的优秀传统，我们必须以最大的热情和毅力对戏曲艺术进行系统的研究和整理，我们应该有中国戏曲艺术的'斯坦尼斯拉夫斯基体系'"。[①]他决心先从自己做起，把自己的表演艺术用文字记录下来。这项工作于1959年开始进行，由周信芳口述，卫明、吕仲两位同志记录，对《四进士》《清风亭》《乌龙院》《萧何月下追韩信》《徐策跑城》《打渔杀家》《义责王魁》等几个麒派代表作的表演艺术经验作了详尽周到的论述。1961年12月，由中国戏剧出版社以《周信芳舞台艺术》为书名出版。这部表演艺术著作与《周信芳演出剧本选集》《周信芳演出剧本新编》成为一个配套的系列。

周信芳对几个剧目的表演艺术经验的总结有几个特点：

一是首先阐明剧目的来源和变迁。比如《徐策跑城》，说明它是全本《薛刚反朝》中的一折，人物都是虚构的。这出戏本来是徽班戏，最初由王鸿寿移植过来，移植时有所创造，周信芳自己则在三麻子的基础上逐步加工丰富。这样，这个剧目的来龙去脉就一目了然了。

二是谈表演艺术时，结合作品的主题思想和人物性格加以论述，不仅具体地叙述怎样表演，而且阐明为什么要这样表演，使读者知其然，又知其所以然。如他谈到《四进士》时说："正因为剧中有了宋士杰这个人物，并且环绕着宋士杰展开了复杂的矛盾冲突，从而深刻地揭露了封建制度的本质，表现了人民的愿望和理想，使得《四进士》这出戏脱开了一般公案戏的窠臼，而具有了很高的思想性和艺术性。"他又说这出戏中有毛朋、杨春、宋士杰三个老生，但各自性格不同，因而有不同的表演方法。在论述《乌龙院》时，周信芳指出："这出戏在人物性格

[①] 周信芳：《十年来的舞台生活》，载《周信芳戏剧散论》，中国戏剧出版社1960年版，第30页。

的刻画上是很有特色的。它不放过人物的细微、复杂的心理活动和互相之间的性格冲突。而这冲突又是当时的阶级矛盾在宋江家庭关系上的反映。"如此提纲挈领，就抓住了剧目的本质特征。

周信芳在谈具体的表演处理时，也时刻紧紧扣住如何体现主题和人物性格的问题。谈到《萧何月下追韩信》中萧何追赶时，有十二句唱词，每句都有身段，他就具体论述了这一段歌舞如何表达萧何当时焦急的心情，又如何把行路的动作加以美化和舞蹈化。在谈《四进士》时着重指出如何通过尖锐曲折的斗争刻画宋士杰的性格，三次公堂不能"一道汤"，要演得有层次，有发展。

三是周信芳的艺术经验总结充满了辩证法和理论色彩。在《徐策跑城》这篇中非常具体地叙述了徐策跑城过程中的一个又一个身段，接着他指出："在表演时就一定要连贯，特别是在身段与身段之间，节与节之间，依然要有感情，有节奏，还要和音乐相结合，还要考虑到舞台画面，使之成为一个整体。"谈到《打渔杀家》中萧恩一再忍耐，上公堂反遭毒打，还要过江赔罪，忍耐到了尽头，才起了杀机。"照理，戏应该立刻向高潮发展，然而并不，反而向下落了一落，这就是萧恩和桂英离家上船的那一段。牵扯越是多，障碍越是多，萧恩决心也就越是坚定而不可动摇。这一段充满了悲剧性的戏，实际上更为高潮积蓄了力量，好比猛进之前的一个退步。正因为有这个退步，就能在前进时得到更大的冲力。这样，到了"杀家"的时候，就像火山爆发一样，一发而不可收拾了。"前者阐明了感情与身段的关系以及舞台整体美的问题；后者则深刻地论述了蓄势与高潮、进和退的辩证关系，十分精警透辟。

因此，《周信芳舞台艺术》不仅是青年演员学戏的生动具体的教材，同时又是一部具有中国民族特色的戏曲表演艺术的理论著作，具有很高的理论价值。

第四，拍摄电影。1956年2月，周信芳拍摄了戏曲艺术片《宋士杰》，导演是应云卫和刘琼。

《宋士杰》在拍摄电影前已经过整理成为精品。但周信芳仍然不满足，一方面对作品的某些情节继续锤炼，另一方面是进一步探索戏曲如何与电影和谐结合的问题。

戏中宋士杰告倒了三个高官大员，但自己却被判为充军，他感慨地对杨素贞、杨春道："我为你挨了四十板，我为你披枷戴锁边外去充军。可怜我年迈人离乡井，谁是我披麻戴孝人！"虽然杨素贞、杨春愿作披麻戴孝人，但使人总感到不是味儿。拍电影时再次作了修改，改为杨春、杨素贞不但主动提出愿作披麻戴孝人，而且挺身而出，愿代干父充军边关。这样就更真实地写出了干亲之间的亲密关系。

戏曲拍成电影，这里必须解决好戏曲表演与电影表现方面存在的矛盾。周信芳一方面十分尊重电影导演，他说，"舞台演出照舞台的样子做，拍电影就得按电影的样子做"，尽量使自己适应电影镜头；另一方面他也积极地让导演和拍摄人员能了解戏曲表演的特点，抓准表演中的精彩部分，运用电影的手法展现出京剧表演的风采和魅力。宋士杰在公堂上对顾读的大段辩词，周信芳说，这在表演上要求一气呵成，情绪逐渐高涨，如同奔流倾泻；而观众最注意的，则是宋士杰的脸部表情。于是，镜头作了相应处理，随着宋士杰的情绪逐渐高涨，镜头逐渐推近，这就充分发挥了电影的特长，使电影与戏曲得到了和谐的统一。

演员拍电影时，一般总喜欢替自己拍正面的镜头，要是拍个七分脸、八分

周信芳在摄影棚里

影片《下书·杀惜》剧照

脸，往往不大高兴，至于拍背影，那意见更大了。可是周信芳却不然。有一次导演按照分镜头剧本，打算给周信芳拍个正面的镜头，周信芳不同意，他说："从戏来看，这里主要的戏不在我身上，我应该拍个背影比较合适。"可见他一心考虑的是如何刻画好人物，如何体现好剧情。

在拍摄过程中，周信芳虽已年逾花甲，但拍戏依然严肃认真，一丝不苟，该翻滚则翻滚，该扑跌则扑跌，丝毫不马虎含糊。他不但自己深入角色，还带动别的演员入戏。宋士杰与万氏救下杨素贞后，有一段宋士杰询问杨素贞姓名、籍贯的戏，当中由万氏传话，弄得不好，容易呆板。可是由于周信芳演得真实、诚挚，以至过去很少演这类角色的童芷苓，自然而然地被带进戏中，也演得真实自然了。

1961年下半年，文化部和全国文联又决定为周信芳拍摄一部彩色影片《周信芳的舞台艺术》，包括《坐楼杀惜》和《徐策跑城》两出戏，导演是应云卫和杨小仲。

导演对周信芳非常尊重，戏如何处理，镜头如何拍，总是先征求他的意见，某些问题拿不准，就一起商量。《坐楼杀惜》中有两处宋江上楼的戏，一处是酒楼，一处是乌龙院。舞台演出时上楼下楼都用虚拟动作，拍电影怎么办？如果也像舞台上那么演，会显得虚假；如果上真楼梯，身段就难以表演了。周信芳认为，戏曲不同于话剧，布景、道具不能太实，因此倾向不用真楼梯。可是应云卫从电影角度提出，要是没有楼梯，画面不好看，人物上下楼时只能拍上半身。后来周信芳想了一个折衷的办法：斜搁一块坡度不大的木板，外侧安上楼梯的扶手，得到了应云卫的赞同。这样，画面上既有了楼梯，同时又不妨碍演员上楼时表演身段。"酒楼"一场，宋江与刘唐一起上楼时，刘唐甩动大带，宋江则用扇子挡住刘唐的脸，两人的身段很好看。

阎惜姣要到公堂告发，逼得宋江反击，他用力抓住她的胸襟。这一节过去在舞台上表演时，总觉得赵晓岚的反应不够强烈，拍电影时这个缺点就更加暴露了。周信芳反复思考，想出了改进的方法，他提出当宋江抓住阎惜姣时，阎要来一个全身震动。这样一改，果然劲头出来了。周信芳深有感触地说："通过拍电影，使我的表演有了提高。"

在拍《徐策跑城》时，周信芳尽量适应电影的要求，从不死守着舞台上的表演不放。比如徐策踢袍，周信芳历来是用右脚踢的，可是他对导演说："假如电影需要，我用左脚踢也可以。"舞台上，徐策是跑圆场的，拍电影时，导演起初也想照舞台的样子拍跑圆场。可是周信芳认为这样不太合适，舞台上由于限制在一个框框里，人物明明要往前走，但碰到侧幕了，只好回过头来走圆场。电影要求真实，而且布景比舞台开阔得多，摄影机又可以跟着人物拍，因此徐策的跑应该一直往前走。如果再跑圆场，就会使人感到跑着跑着怎么又往回退了？于是他和导演一起商量，设计了皇城、城门、金銮殿等场景，让徐策直往前跑，更加逼真了。

在拍摄影片的过程中，还套拍了《周信芳艺术生活》的短片，其中有他家庭生活的画面，以及《文天祥》《投军别窑》的片断。

周信芳拍摄这两部电影的过程也是对艺术精益求精的过程，他成功地探索了戏曲与电影结合的课题，同时也为我们留下了十分珍贵的形象资料。

周信芳就是这样永不满足，永不停歇，执着地追求艺术，不断地琢磨艺术，使之臻于完美，成功地将艺术推向了峰巅！

第六章 《海瑞上疏》与动乱岁月

周信芳一生演过约六百个剧目,其中《徐策跑城》《萧何月下追韩信》《宋士杰》《乌龙院》等都是他的名作。他晚年的代表作要算是《海瑞上疏》了。这出戏周信芳集编、导、演于一身,呕心沥血进行了精心的艺术创作,无论剧本内涵还是艺术表现都达到了一个新的水平,是麒派艺术的一次升华。是这出戏把周信芳推上了艺术的巅峰。然而,"文化大革命"开始后,"四人帮"一伙抓住这出戏为口实,把周信芳推入了政治的深渊,使他惨遭灭顶之灾。

第一节 《海瑞上疏》创演缘起

1959年初,中央及地方一些报刊根据毛主席一贯提倡的敢于坚持真理、敢于说话的民主风气,发表了不少颂扬海瑞、魏征等历史人物的文章,有人称之为"海

周信芳(左一)与陶雄、许思言讨论《海瑞上疏》剧本　《海瑞上疏》,周信芳饰海瑞,金素雯饰海夫人

瑞精神"。1959年3月上旬，中共中央宣传部副部长周扬同志来上海，下榻于锦江饭店。他通过上海市文化局副局长李太成同志约见了上海京剧院院长周信芳和文化局戏剧处处长刘厚生。他建议周信芳编演一本以海瑞为主角的京剧。他说，写海瑞戏，要鼓励大家敢于说真话。他还送给周信芳《海刚峰奇案》《丘海二公合集》两本书，供他编戏时参考。一则海瑞是历史上有名的刚正不阿的人物，他敢讲真话，冒死直谏的行为是很感人的；再则，周信芳演海瑞这样的角色十分"对工"，故而周信芳欣然接受了周扬同志的建议。

周信芳把这一创作任务带回来，立即得到文化局与京剧院的支持。京剧院党组织和院务会经过认真研究，决定全力以赴把这出戏作为重点剧目搞好，向国庆十周年献礼。同时决定由周院长和陶雄副院长负责，立即成立创作组，剧本采取集体讨论的方法，由编剧许思言执笔。

上海市文化局李太成副局长、刘厚生同志都亲自过问，参加讨论，研究明史的蒋星煜同志也为他们提供了不少有关海瑞的资料。

4月，创作组开始工作，他们认真阅读、研究了《海刚峰奇案》《治安疏》《丘海二公合集》和其他有关海瑞的史料以及传统戏曲中的海瑞戏。经过讨论研究，决定主要以历史素材为依据，兼采传说和戏曲传统剧目中现成的形象，来丰富这一历史人物的精神面貌。4月到5月，创作组编写了剧本提纲。

就在同年4月间，中共八届七中全会在上海举行。毛主席在会上针对"反右"以后不少人不敢讲真话的情况，提倡要有反潮流的勇气，要有不怕撤职、不怕开除党籍、不怕离婚、不怕坐牢、不怕杀头的"五不怕"精神，要有解放思想、坚持真理、敢想敢说的风格。他强调指出，实行正确的工作方法的根本保证就是敢于坚持真理，而真理又往往"是在少数人那里，因此为坚持真理就必须有反潮流的精神"。5月，毛主席又作了关于工作方法六十条的讲话，再一次提出"要有反潮流的勇气，要提倡敢想敢说的共产主义风格"，"要有王熙凤舍得一身剐，敢把皇帝拉下马"的精神，号召"干部要有敢于坚持真理的勇气，不要连封建时代的人物都不如"。毛主席看了湖南花鼓戏《生死牌》以后，又讲了称赞海瑞刚正不阿、直言敢谏的话。

4月至5月，创作组先后搞了三道提纲。第一个提纲较多在传统海瑞戏的基础上加工，受的局限较大，未能成立。第二个提纲写海瑞受恩于徐阶，但对徐之子的不法行为绳之以法，写大公无私主题，大家也不很满意。5月中旬，许多领导同志和专业艺术人员再次讨论，决定改以海瑞上本"直言天下第一事"为中心事件，描写海瑞冒死直言诤谏，突出他的"五不怕"精神，这就是第三个提纲。

7月间，许思言根据第三个提纲写出了初稿。

周信芳不仅是这出戏的导演和主演，而且自始至终参与了剧本的创作活动。他埋头书斋，翻阅研读大量史籍，并综合大家的意见、点子，酝酿完整的方案。剧本既然以海瑞上本作为中心事件描写，以此表现海瑞的不畏权势、不顾安危、敢于为民请命讲真话的崇高精神，那么就必须写好海瑞为什么要上疏，海瑞是如何上疏的，海瑞上疏引出了怎样的后果，这三个重要环节。周信芳认为必须充分揭示当时的时代背景，戏要从海瑞离开兴国县调任京师写起。先写海瑞沿途目击老百姓遭受外患兵祸的荼毒，流离失所、四处逃亡的悲惨情景；接着再写大臣们面对内灾外侮纷纷议论而束手无策。这样就为海瑞进京后的为民请命，埋下了伏线，提供了充分的依据。

还有一个比较棘手的问题。按照当时的真实情况，海瑞只是一个小小的六品户部主事，根本见不到皇帝的面。海瑞的疏本送上之后，嘉靖皇帝是在后宫阅览的，除内廷太监、宫女外，只有首辅徐阶一人在场。如果这样写，戏剧冲突尖锐不起来，戏的高潮也推不上去。几经研讨，想不出好点子来。后来在一位领导同志的启发下，大家豁然开朗，史实上记载虽然海瑞确不在场，但是作为一出历史剧，可以予以适当的艺术集中，何尝不可以让海瑞到金殿上去与嘉靖皇帝面对面地展开合法斗争呢？

然而在具体的艺术处理上，剧作者又极其审慎而巧妙。作者写明了嘉靖破例传见身为六品主事海瑞的理由：嘉靖已多年没有上朝理事，这天为庆贺修道成功，忽然设朝要群臣献呈青词贺表。海瑞假装进贺表将疏本递上。嘉靖曾经闻说海瑞孤傲不群，今日他也进起贺表来了，定有神灵感应，"它这里面，必有文章，孤倒要看看"。他叫徐阶念给他听，徐阶不敢念，嘉靖接过"御目亲览"，才知不是贺表，而是一道疏本，上面列举了嘉靖种种罪状。皇帝恼羞成怒，他先是怕海瑞逃走，继而又怀疑有同谋党羽，当他听到海瑞带了棺材上疏，准备一死以谢天下时，不禁大为惊奇："一个小小的户部主事，竟敢辱骂九五之尊，实在令人难以置信哪！孤倒要看看，他的项上长着几个人头！——来，带领锦衣卫，将海瑞抓来见孤。"这样，海瑞上金殿面见皇帝，与皇帝直接冲突，就显得顺理成章，合情合理，真实可信了。

初稿完成，得到了领导和京剧院的肯定。市委宣传部部长石西民、《文汇报》负责人陈虞孙和李太成、刘厚生等同志都认为基础较好，给予肯定。同时也提了一些修改意见，要求把海瑞的形象塑造得更突出一些，海瑞的忠心与皇帝的昏庸可表现得更尖锐一些，并希望能考虑更多地发挥周信芳的演技，如上殿奏本时不必乘轿，可让其夫人紧迫其后，这样不仅有戏，而且可以发挥类似《徐策跑城》中的身段演技。

为了集中精力搞好剧本，趁京剧院二团去青岛演出的机会，周信芳与许思言带了初稿去青岛修改加工。周信芳与许思言逐场逐段、逐字逐句详细讨论，推敲修改。不少地方周信芳还亲自动笔。如"金殿"一场中的一段对话就是周信芳亲笔改写的：

嘉　靖　你敢奏本，你有几个头？

海　瑞　臣有一个头，但这一个头说有头，也可说无有头；有头，万民之主是有头，修道二十二年不临朝事，这个头早就没有了。

嘉　靖　孤有六部九卿……何必孤亲自理事？

海　瑞　他们作青词，有其君，有其臣也，也难怪他们……

群　臣　二十年有道明君。

海　瑞　最最暴的君。

8月，《海瑞上疏》剧本二稿在青岛完成。定稿后，他们立即赶回上海，投入排演。

为了确保这一重点剧目排演成功，京剧院调集了强大的演出阵容。周信芳扮演主角海瑞，金素雯饰演海夫人，李桐森饰演嘉靖皇帝，纪玉良、童祥苓等著名演员担任其他角色。周信芳还担任导演，配备马科为助理导演。周信芳亲自操持排演场，指导整出戏的排演工作。

　　市里也很重视这一剧目，市文化局与市委宣传部石西民部长研究安排国庆十周年演出重点剧目和参加国庆游行彩车时，都将《海瑞上疏》列入其中。这一打算也得到了当时的上海市委第一书记柯庆施的同意。

　　经过全体演职员的紧张工作和通力协作，只花了短短一个月左右的时间，《海瑞上疏》就排演就绪了。彩排时，邀请了吴泽、张家驹等著名历史学家前来观看。学者们认为，这出戏是成功的，舞台上的海瑞基本上符合历史真实。戏曲界、评论界也给予了肯定。

第二节　一出好戏

　　1959年国庆前夕，上海市庆祝建国十周年展览演出拉开了帷幕。9月30日，上海京剧院的大型新编历史剧《海瑞上疏》隆重首演于天蟾舞台。这次献礼演出有十六个剧种、一百多个剧目参加，《海瑞上疏》独树一帜。周信芳虽然年逾花甲，但老当益壮。他再次以其独特的麒派风采和麒艺魅力倾倒了观众，引起轰动。

　　《海瑞上疏》是一出好戏。剧本写户部主事海瑞眼看嘉靖皇帝妄求长生，宠信方士，朝政腐败，民不聊生，心中十分忧愤。一日又目击方士、官差为建玉芝坛强拆民房，驱赶百姓。海瑞进谒首辅徐阶，指望他谏君匡过，可是徐阶明哲保身，不敢出首。海瑞无奈，决定自己上疏，冒死奏谏。海夫人因劝阻不听，深夜将疏本焚毁，海瑞乃投好友何以尚家重修奏疏。次日嘉靖举行庆典，海瑞命人抬了棺方，入朝亲见。嘉靖阅疏大怒，将海瑞下狱，并欲处以极刑。何以尚保奏，也遭刑杖。后嘉靖暴死，新帝接位，经徐阶斡旋，海瑞获赦。出狱时，百姓夹道欢呼。剧本围绕海瑞冒死上书一事，戏剧冲突十分尖锐，剧情发展跌宕起伏，人物感情波澜翻滚，具有扣人心弦的艺术魅力。

中国长期的封建社会是一种极端独裁的专制统治格局。皇帝一言九鼎，他的决策关系到黎民百姓的生死安危。历代皇帝有的本身昏庸无道，有的被奸佞蒙蔽，因此谏君成为一种很重要的政治行为。历代有不少忠臣贤相，他们为国家、为人民的利益不惜牺牲自己的生命，犯颜直谏，为民请命。如商朝的比干、战国的屈原、唐朝的魏征等。这种敢于讲真话，不顾个人安危为民请命的精神正是我国传统的高尚道德精神的体现。这种精神在任何时代都是可贵的。社会主义社会与封建社会有着本质的区别。然而在社会主义建设时期，如何发扬民主，广开言路，集思广益，推进建设，也是十分重要的，因此还是要提倡敢于讲真话、敢于反潮流的精神。再说，共产党一贯主张实事求是，说真话，办实事，为坚持真理而献身，这也应该是共产党人的本色。1957年反右扩大化，1958年"大跃进"，在全国范围内轰起了一股浮夸风，在政治生活中也出现了一种很不正常的空气，在有些人当中形成了只讲大话、空话、假话，上谄下骄的很坏的作风。在这样的情况下，写这样一出海瑞戏，歌颂海瑞的坚持真理、敢作敢为的精神，可以古为今用，很有现实意义。因此《海瑞上疏》的主题是积极的。

这出戏对主人公海瑞形象的塑造是很成功的。戏中海瑞刚正不阿、敢作敢为的性格十分生动突出，同时又刻画得有血有肉。有几点比较突出：

一是比较深刻地揭示出海瑞冒死上疏的动机。海瑞为什么要上疏？剧作从客观情势及海瑞主观性格、感情两个方面提供了充分的依据。海瑞在驿站看到边关告急，百姓颠沛流离，而方士为了给皇帝送草药竟夺下传送紧急军情的马匹；到了京城，海瑞又看到方士奉命拆民房造祭台。海瑞去见徐阶，徐阶又不肯出面谏君。这样，海瑞只能自己上本了。剧本发表和出版时改成：第一场求仙荒政，正面描写嘉靖皇帝为求长生，迷恋妖术；第二场一言获罪，写朝臣梁材只骂了一句"妖道"，便被廷杖发配；第三场耳闻目睹，海瑞才上场，见到方士差官拆房驱民，梁材披枷发配。这与原本的写法异曲同工。当然，海瑞也曾想过：他的谏奏，嘉靖未必肯听；他的上疏可能招来杀身之祸。然而"我海瑞若不挺身而出，哪一个又敢出头！"他只能作出这样的选择了。

二是剧作生动地展现了海瑞在上疏过程中的内心活动。海瑞决定上疏,并作了最坏的准备,他把仅剩的二十两银子买来一口棺方,准备抬至午朝门作收尸之用。海夫人先以"邦无道则隐"相劝,海瑞不听,继而以焚本阻拦海瑞上本,海瑞仍不变初衷。接着,海夫人以"五千里外家有八旬老母",指责海瑞身负不孝大罪。这时海瑞动了感情,五内俱焚:"想老娘遥望着琼州珠泪双垂。"剧本细致地刻画了海瑞丰富的感情活动。然而他想到嘉靖帝残害百姓的种种暴行,忠孝不能两全,而宁为玉碎不为瓦全本是老母的谆谆教诲,故而仍决意冒死进谏。剧作通过海夫人、何以尚的反复劝阻,以及海瑞本身的心理活动,或侧面烘托,或正面刻画,都鲜明地突出了海瑞的大无畏精神。

三是通过与嘉靖皇帝的正面冲突,使海瑞刚正不阿的性格得到了升华。海瑞被传上金殿,见嘉靖身穿道袍,便屹立不跪,说:"我海刚峰一跪天地,二跪君王,三跪父母,却从来不跪方士老道!"使嘉靖哑口无言,只得悻悻然更换龙服。海瑞先是列举嘉靖种种过错,说明嘉靖"分明是个寡恩薄义的暴君"。当嘉靖追问"此疏何人主使"时,海瑞振振有词地回答:"此疏主使之人,就是海内受苦受难的百姓。"最后海瑞又着重揭露嘉靖信奉方士道术的荒唐,指出嘉靖的师父秉一真人陶仲文尚且短命而死,"徒弟焉能长生不老?"这场斗争虽以海瑞被下狱而告终,但真正的胜利者却是海瑞,因为真理在海瑞这一边!

《海瑞上疏》的剧本不仅结构严谨,情节跌宕,唱词也写得感情激荡,文采飞扬。比如海瑞在修本时的一段唱词:

  海刚峰犯天威直言谏奏,并非是血气刚逆水行舟。
  都只为大明朝日渐腐朽,一道本振聋醒聩棒喝当头。
  且施展霹雳手风急雨骤,嘉靖爷、坐龙楼、数十秋、倒行逆施田赋征徭万民愁。
  官贪吏横似猛兽,听信妖言妄想长生苦追求,他将那君臣父子礼义丢、我一事不漏、一句不留。
  挥羊毫似有神疾飞劲走。(白)我言犹未尽,再往下写!呕心沥血为黎民分忧!

这段唱词中破格地用了两句长句，强化了感情与气势，生动地显现出海瑞忧心如焚、慷慨激越的心情，同时也表现了海瑞挥毫修本时那种奋笔疾书、一气呵成的神态。

海瑞进谒徐阶，求他面君直谏，徐阶反说他过于偏激，海瑞用语讥刺，这里徐阶有四句唱词，语言十分洗练精当：

> 他竟敢发狂言当面讥笑，不由人芒刺背脸上发烧。
> 我本当将海瑞严词训教——
> （白）也罢！宰相腹能撑船容忍为高。

周信芳作为这出戏的导演和主演，无论在导演艺术和表演艺术方面都有许多新的创造，取得了令人瞩目的新成就。

在表演方面，周信芳围绕塑造海瑞的鲜明形象，充分发挥了麒派艺术的长处与特色。周信芳以其特有的幽默乐观的精神气质和饱满的感情，富于生活气息的语言和细节，以及节奏强烈的表演动作和唱腔、念白，使海瑞的舞台形象显得活灵活现。

"踯躅街头"虽是一场幕外戏，然而却是一节极富麒派做工特色的"独角戏"。海瑞离开徐阶府第徘徊街头，胸中思潮起伏。眼看所谓"一代名相"亦不肯仗义执言，"如今看来，只有我这六品的官儿修本一道"。这里周信芳用一个强劲的转身踢袍的动作，表示此时内心的激动。接着一个停顿，"哎呀且住！"回过身来，想到自己人微言轻，谏奏未必有用，弹纱帽，想如此朝廷，不如弃官而走，隐居山林，于是轻轻转身欲下。接着又折回，"海瑞，差了！"语调翻高，自责枉读诗书，知难而退，想到嘉靖求仙迷梦，千万苍生倒悬之苦，重下决心，"纵然将我金殿杖刑，边外充军，西市斩首，我也是死而无怨。"周信芳把这几句念得字字铿锵，斩钉截铁，紧接着几句干念及【快板】后，复用一个强劲的转身踢袍动作，表现其坚定和豪迈。周信芳运用语气与眼神、台步的变换，把人物的心理变化过程表现得极其生动，特别是几个转身的动作，有对比，有递进，真是满台是戏，满台生辉。

"金殿"一场充分发挥了麒派念白与做工的特色。周信芳所演的海瑞,面对暴君慷慨陈词,唇枪舌剑,神态自若,语带讥讽,有时针锋相对,嘉靖说:"你莫非吃了熊心豹胆?"海瑞答曰:"不,为臣乃是忠心赤胆!"有时则先顺其势而后反击。嘉靖问他有无主使之人,海瑞说:"有,有,有!此疏主使之人,就是海内受苦受难的百姓!"真是嬉笑怒骂,皆成文章。嘉靖恼羞成怒,要手下将海瑞"绑午门剁成肉酱"。海瑞不待锦衣卫动手,脱袍,抛乌纱,耍水发,"凤点头",洒头。周信芳一系列强烈奔放的表演动作,表现了"斩不断海刚峰激烈肝肠!"。另外,前文提到海瑞在修本时的一段唱以及其他场合的一些唱段,周信芳以其特有的麒派唱腔与嗓音,唱得苍劲有力,感情饱满,具有浓烈的艺术感染力。

周信芳在这出戏的导演方面也有许多新的创造。在总体构思方面,一是想方设法突出海瑞的精神,二是追求戏的完整性。周信芳在戏中设计了两件极富寓意的道具:一是棺材,借以表现海瑞破釜沉舟,将生死置之度外的大无畏精神。具体制作时,他要求一口白皮的薄棺,以显现海瑞的两袖清风。二是伞。戏的第三场,风雪中海瑞与何以尚目睹道士、差官驱逼百姓的情景,他把自己的雨伞送给百姓施任氏老妈妈遮雨。最后一场,海瑞获释出狱,众百姓前来庆贺,施任氏把那把伞还给海瑞。此时天变,下雨,海瑞撑伞,为众百姓遮雨,海瑞说:"可惜我这把伞太小了!"一个百姓说:"有这样一把,就难得了哇!"俄顷,舞台上霞光万道,出现了一把巨大的雨伞,海瑞擎住,众百姓围绕海瑞,幕徐徐落下。这把伞起了贯串情节、前后呼应与点醒题旨的作用。

《海瑞上疏》也有一些不足之处。剧本虽对海瑞上本的必要性作了比较充分的交代,但对上本的实际效果却写得不够。如果海瑞明知这次上本不会产生什么效果,而只能招致杀身之祸,那么执意上疏,其无谓牺牲的成分就重了一点。"金殿"一场,海瑞面对嘉靖,应该先是陈述下情,劝其改弦易辙,但剧中处理成一见面就骂,这恐怕有失策略。戏的结尾写嘉靖暴卒,新主登基,海瑞不仅获释而且官升一级,这样客观上就给人以这样的感觉,似乎人民与封建统治者的矛盾成了人民与嘉靖个人的矛盾,嘉靖一死,问题都解决了,无形中削弱了戏的思想意义。还有徐阶这个人物，前后性格不太统一，前面写他明哲保身，圆滑机巧，后面却写他冒着风险在金殿设法使海瑞免于一死，新主登基后又从中斡旋，使海瑞获释加官。此外，戏中写海瑞两次修本，在形式上显得有些雷同。

《海瑞上疏》正式公演后，立即引起了广大观众的强烈反响和评论界的普遍关注。上海与北京的报刊纷纷发表评论，分析了《海瑞上疏》思想与艺术方面的成就，称赞该剧的创作演出获得了成功。

《戏剧报》发表何慢同志关于上海举行建国十周年献礼演出的综述文章《春申江畔百花开》。文中指出："田汉同志的成功新作话剧《关汉卿》，著名表演艺术家周信芳同志的新作《海瑞上疏》，优美的舞剧《小刀会》，都力图根据历史唯物主义观点，对历史人物作了评价，描写了历史上先进人物与人民之间的联系，人民的愿望和斗争行为给他们的强烈影响，真实地表现了他们的民主主义的精神，使这些历史上的先进人物栩栩如生地再现在舞台上。"①

徐以礼在《评周信芳的〈海瑞上疏〉》一文中说："剧本是根据海瑞上疏'直言天下第一事'这一史实，集中地着笔于海瑞的为民请命，冒死向暴君作坚决的斗争。戏的主题具有积极意义，尤其是海瑞敢作敢为的风格更具有现实教育作用。"②

卫明在《文汇报》发表文章《试评周信芳的新作〈海瑞上疏〉》，指出："《海瑞上疏》是一出好戏，是戏曲界的一个新的收获，是老艺术家辛勤劳动的艺术结晶。"

健夫在《周信芳初演京剧〈海瑞上疏〉》一文中说："《海瑞上疏》采取了京剧传统的表现方法，朴素、明朗，场子扣得紧，曲牌与打击乐运用得妥帖，气氛烘托渲染得好。周信芳准确地掌握了人物性格的特点，通过他的熟练的演技，在舞台上塑造了一个比较成功的'南包公'的艺术形象。"③

《海瑞上疏》在创作、演出过程中，先后召开了十余次座谈会，不仅有院内同志参加，而且还邀请院外的有关专家参加，对学术问题、艺术问题进行了广泛

---

① 何慢：《春申江畔百花开》，《戏剧报》1959年第19期。
② 徐以礼：《评周信芳的〈海瑞上疏〉》，《上海戏剧》1959年11月。
③ 健夫：《周信芳初演京剧〈海瑞上疏〉》，《戏剧报》1959年第19期。

而深入的探讨。公演后还多方面征求意见，认真进行修改。

《海瑞上疏》公演不久，剧本即发表于《上海戏剧》1959年11月号。1960年4月上海文艺出版社又出版了单行本。

1960年，广州、温州等地京剧团曾排演《海瑞上疏》，其他地方剧种也有移植搬演。

1961年12月和1962年1月，《海瑞上疏》又先后在北京、上海参加周信芳演剧生活六十年纪念演出，再次受到好评。在北京怀仁堂演出时，陈毅同志观看了演出，并到后台亲切接见了周信芳和其他同志。周扬同志也观看了演出，认为这出戏写得好，演得好，同时提出了两点建设性的意见。一是海瑞在狱中听到嘉靖驾崩的消息，要有悲伤哀哭的描写，表现他的忠心；二是第十场百姓跪香请命有点现代化，应改成更接近古代生活一点。历史学家吴晗也来看了戏，他写的京剧《海瑞罢官》已于1961年2月由北京京剧团搬上舞台。他看了《海瑞上疏》，大加赞赏，连称"好戏！好戏！"，他说："《海瑞上疏》比我那个《海瑞罢官》好！"剧院回上海后即作了修改，1962年就按照修改本上演。在北京演出期间，田汉同志曾赋诗志贺，诗中写道：

乾坤依旧争邪正，珍重先生起怒雷。

第三节　亘古奇冤

政治斗争风云变幻。20世纪60年代初期到中期，毛泽东同志对阶级斗争形势作了错误的估量，康生、江青等又接过口号加以利用，于是一场大规模的政治风暴正在孕育之中，大有黑云压城城欲摧之势。1965年11月10日姚文元的《评新编历史剧〈海瑞罢官〉》在上海《文汇报》发表，首先发难。文章无限上纲，把《海瑞罢官》断成是一株反党反社会主义的毒草。剧中写的"退田"，就是要人民公社向地主退田，就是搞复辟，刮单干风；剧中写了"平冤狱"，就是要为地主、资产阶级翻案;剧中歌颂了海瑞的刚直不阿,就是反对党的领导和无产阶级专政。文章不仅对吴晗同志的《海瑞罢官》猛烈批判,大加杀伐,而且点了一批评论文章的名,妄图一网打尽。令人注目的是,在文中还加了这么一句:"也有人专门编演过新的历史剧《海瑞上疏》。"显然,一场政治灾祸马上就要波及和降临到《海瑞上疏》与周信芳的头上了!

姚文元的文章抛出不久,张春桥就跑到上海京剧院,借讨论《智取威虎山》为名,当众抛出周信芳,说《海瑞上疏》中的雨伞是为民请命的"万民伞"。

《智取威虎山》,纪玉良(左)饰少剑波,李仲林饰杨子荣

在姚文元的文章抛出后仅三个月,张春桥又指使"四人帮"在上海分管文教的那个余党抛出署名丁学雷的文章《〈海瑞上疏〉为谁效劳?》,刊于1966年2月12日的《解放日报》上。这篇文章的立论、语气、架势、腔调与姚文一般模样,如同一胎所生。在报纸的编者按中首先指出:"《海瑞上疏》同《海瑞罢官》是一根藤上结的两个瓜。"这篇文章提出了几个"论点":一是《海瑞上疏》"尽量在骂字上做文章,因此在吴晗同志称之为'全国一盘棋'的资产阶级向无产阶级的大进攻中,起了先锋'卒子'的作用"。二是海瑞骂皇帝,就是剥削阶级的代表人物右倾机会主义分子,即修正主义者站在向无产阶级进攻的前头,疯狂地咒骂和攻击总路线、"大跃进"和人民公社,疯狂地咒骂中国共产党。三是《海瑞上疏》的出现不是偶然现象,它反映了一种社会思潮,反映了资产阶级的情绪和愿望。四是《海瑞上疏》和《海瑞罢官》《谢瑶环》《李慧娘》等一起,联成一股反社会主义的文艺逆流。

又隔了三个月，张春桥等犹嫌丁学雷的文章火力不足，又以方泽生为笔名抛出了《〈海瑞上疏〉必须继续批判》，刊于《解放日报》1966年5月26日。这篇文章的特点有二：首先，"批判"的调子定得更高，说什么"《海瑞上疏》是一棵不折不扣的反党反社会主义的大毒草"，"你们居心险恶，坚定不移地站在右倾机会主义即修正主义的立场上，利用《海瑞上疏》这样的武器，向党发起恶毒的进攻。你们在右倾机会主义分子掀起的一场反党反社会主义的大合唱中，扮演了重要的角色"。其次，文章中公开点了周扬、周信芳的名："这个戏就是在上海京剧院院长周信芳和副院长陶雄等人的精心计划之下编导出来的……除了在上海有一小撮人替他们撑腰、鼓气、壮胆以外，他们还有一个'靠山'，是中央宣传部的一位副部长，他不但为《海瑞上疏》出点子，送资料，而且在看了这个戏的演出以后，亲口赞之曰'好戏'，为它作了肯定的结论。"

前后三篇文章，一桩冤案就此构成。

这是十十足足的政治陷害，也是一个触目惊心的文字狱。他们在一手制造这一文字狱时，使用了几种手法：一是混淆历史与艺术的界限。就像姚文元指责《海瑞罢官》塑造了一个假海瑞一样，丁学雷搬出了《治安疏》，说海瑞"他之所以要向皇帝上疏，目的是为了'正君道，明臣职，求万世治安'"，因此戏中写海瑞骂皇帝是为了拯救"海内受苦难的百姓"，就是假的了。文艺不是生活的照搬，历史剧也不是史实的简单翻版，文艺允许而且需要典型化，历史剧也允许而且需要在历史真实的基础上创造艺术真实。这是起码的文艺常识。海瑞作为一个历史人物，他的刚正不阿、关心民瘼、为民请命，有史可查；而明代嘉靖皇帝朱厚熜是一个一心想修道成仙的昏君，也有历史记载。海瑞上《治安疏》指责嘉靖政治上的过错，触怒嘉靖，几乎被处死，也有史实依据。当然海瑞并不是农民起义的领袖，也不是20世纪的共产党人。他只是封建时代的一个忠臣、清官，他希望朝廷安定、国家昌盛、百姓安居乐业，只能通过直言谏君、改良政治的途径。剧本为了突出他的刚正不阿、敢作敢为，强调他的关心民瘼、为民请命，完全是文艺典型化的题中应有之义，有什么可以指责的呢？姚文元、丁学雷都是搞文艺理论出身的，他们并不是不懂得这一些，他们只是为了他们的政治需要而信口雌黄而已。

第六章 《海瑞上疏》与动乱岁月

二是古今类比，对号入座。历史剧的人物，他们的言论、行动都是在剧本所写的那个特定的历史氛围中进行的。剧本反映的是明代嘉靖年间的社会矛盾和社会风貌，海瑞上本的对象是嘉靖皇帝，这都有明确的历史规定性。可是丁学雷、方泽生却笔锋轻轻一转，就把发生在16世纪中叶的事情，搬到了20世纪50年代的政治舞台，把现实中的什么阶级斗争背景硬塞进作品中去。说什么剧中写了"嘉靖嘉靖，家家干净"，就是攻击社会主义社会；而剧中写海瑞骂嘉靖皇帝是暴君，便是咒骂共产党和毛主席。方泽生的文章中还有几段"奇文"：

在剧本里，这个"英雄"对党和无产阶级专政破口大骂，什么"上梁不正下梁歪"，什么"纪纲败坏"，什么"一言获罪"，什么"人间无异地狱门"，什么"今日已到了天怒人怨的地步"，"人心越发不可收拾了！"……骂得这个样子，你们还不解恨，索性连"暴君"也骂出来了。

剧本唆使牛鬼蛇神和我们党作"合法斗争"远不止于一处。第八场"冒死上疏"是"合法斗争"，第十场"跪香请命"，也是"合法斗争"，那些"百姓"们抗议"公道倒颠"，上街游行为"耿耿海青天"请命，这不是在无产阶级专政的国家里搞反革命的示威请愿，进行颠覆活动么！

请看，方泽生把古今混淆到怎样的地步，海瑞居然会对共产党破口大骂，明朝的百姓居然会在无产阶级专政的国家里搞什么颠覆活动，真是千古奇文！

他们还硬把《海瑞上疏》的写作与庐山会议联系在一起，说什么《海瑞上疏》配合了右倾机会主义分子向党向社会主义的猖狂进攻。

批判《海瑞上疏》文章书影

他们抓住这出戏是向国庆十周年的献礼剧目,说戏中海瑞那段台词"想今晚有多少大臣,正在那里,撰写青词贺表,歌功颂德,以博君王的欢心,哪里晓得我海瑞,却在这里狠狠地写着这一道不中听的疏本",就是骂共产党的,而戏中海瑞抬着棺材上台,更是对无产阶级专政的诅咒和示威!

真是欲加之罪,何患无辞!

他们混淆历史真实与艺术真实也好,古今类比,搞影射史学也好,目的是为了罗织罪名,无限上纲,进行横暴而残酷的政治迫害。笔者在"创演缘起"一节里,已经交代清楚,《海瑞上疏》可说是奉命创作,那是因为毛泽东同志提倡讲真话、反潮流的精神,周扬同志建议写海瑞的戏,歌颂刚正不阿、敢作敢为的精神。写作意图十分明确,哪里会冒出什么"骂共产党骂毛主席"的创作动机来呢?这是其一。

其二,这出戏的创作始于1959年4月,而庐山会议的召开却在同年8月,从时间上看,《海瑞上疏》的创作比庐山会议早了五个月;写海瑞上本、敢于直言的剧稿决定于庐山会议的三个月前,成稿于庐山会议近一个月前。请问它与所谓右倾机会主义猖狂进攻有什么相干?难道剧作者有未卜先知的本领,能预测几个月后的事情。再说,连毛主席也说过:"1959年第一次庐山会议,本来是谈工作的,纠正实际工作中'左'的倾向,后来出了彭德怀,就变为反对右倾机会主义了。"剧作者又怎能预料呢?另外,剧本写作地点在上海和青岛,而庐山会议则远在江西,而且是严加保密的党内高层会议,周信芳既不是中央委员,又没有参加会议,对会议内容一无所知,又怎么可能在戏中配合右倾机会主义分子向党进攻呢?因此,"四人帮"一伙硬把《海瑞上疏》与庐山会议联系在一起,岂非天方夜谭吗!

还有一点,《海瑞上疏》早在1959年就上演,1961年和1962年又再度演出,为什么在那个时候,张春桥、姚文元、丁学雷谁也没有站出来说过一个"不"字,但却在时隔七年之后,又抡起棍子大打出手起来了呢?

丁学雷、方泽生的文章抛出后,随着"文化大革命"风暴骤起,对《海瑞上疏》的批斗更是逐步加温,不断升级。周信芳被当作"反共老手"挨批挨斗,继之被打倒。他被押上高架轨线修理车,胸前挂着牌子游街示众,甚至被当作反革命投入监狱,直至被折磨逼死。而凡是与《海瑞上疏》有些干系的人,包括剧本执笔者、评论文章作者、历史资料提供者,也一概受到株连,无一幸免。陶雄、许思言、蒋星煜等都一再被点名、批斗,受尽诬陷与迫害,有的家属也受株连含冤而死。不仅如此,甚至连仅与海瑞沾到一点边的,如《三女抢板》的导演就因为排过一出海瑞断案戏,《兴唐鉴》的作者因为写了类似海瑞的魏徵而横遭迫害,有的甚至含恨而死。《海瑞上疏》株连了那么多无辜者,沉冤又长达十二年,真是戏曲史上一件罕见的亘古奇冤!

第四节 在动乱的岁月里

周信芳编演《海瑞上疏》而遭厄运,可以说是因戏获罪,然而《海瑞上疏》只是"四人帮"一伙借以打倒周信芳的一个口实。即使没有这出《海瑞上疏》,他们妄图打倒周信芳,还是确定无疑的。首先江青、张春桥想借"文化大革命",打倒一大批革命干部和革命知识分子,周信芳属于这个范围之内;其次,周信芳在新中国成立前就与周总理有过交往,周信芳与田汉又是莫逆之交,凭这些关系,江、张之类也难以容得;再则,江青急于想登上"京剧革命旗手"的宝座,在上海京剧院耗费巨资,旷日持久地排演《智取威虎山》和《海港》,周信芳曾严正指出这是劳民伤财,耽误演员青春,江青当然怀恨在心,在她眼中周信芳是一块绊脚石。

早在1964年,周信芳热情地排演现代戏《杨立贝》,就遭江青、张春桥的扼杀。

1964年6月,全国京剧现代戏观摩演出大会在北京举行。经周总理提议,周信芳担任大会顾问,会演期间,周信芳写了一篇支持现代戏的文章,谈到自己早年搞过时装戏,也作过一些尝试。张春桥看了面孔一板,把文章往抽屉里一丢,阴阳怪气地说:"他也来抢头功!"另外,周信芳请何慢代笔在上海《支部生活》发表了一篇文章,张春桥发现了,又指责说:"把一个旧社会过来的京剧权威,莫名其妙地树成一个牌位,捧得高得可怕,还要让人去膜拜!"从这些言论看,他们已经吹起了打倒周信芳的前奏。

周信芳成为"文革"中受到扫荡的首当其冲的人物,那就毫不足怪了。

1966年6月中旬,报刊就开始公开点名批判周信芳,8月,红卫兵上街破"四旧",周信芳又首批被抄家。周信芳的书房、卧室都被乱翻乱砸,书籍散乱一地,不少被撕毁,平时收藏的瓷瓶、陶俑等文物古玩一概被砸碎。他演出《打渔杀家》后与周恩来总理的合影照片,他演出《海瑞上疏》后与陈毅副总理的合影照片,都被撕成了碎片。

1967年1月,周信芳被押上了高架轨线修理车,在全市通衢要道上"游街示众"。他胸前挂着一块白色大牌子,上面写着"反动权威周信芳"七个大字,他的鼻孔里、嘴角上都流着血,头发被紧紧揪住,脸上青一块紫一块的,然而他还是挺着腰板,高昂着头,眼睛里喷射出愤怒的光芒,嘴角上挂着轻蔑的冷笑,没有一丝恐惧与怯弱,这多么像舞台上的文天祥和海瑞啊!

从此以后,周信芳被关进了"牛棚",伴随着他的是开不完的批斗会,受不尽的凌辱与折磨。有一次批斗会,"造反派"责问周信芳:"你为什么反对毛主席?"周信芳不假思索地回答:"我从来没有反对毛主席!""造反派"高声吆喝道:"你编演《海瑞上疏》,还不是反对毛主席?"周信芳从容地说:"我从来没有想过嘉靖皇帝会是影射毛主席。"说到这里,他提高了嗓门:"你们自己硬要把嘉靖皇帝跟毛主席扯在一起,这是你们的反动,是你们对毛主席的大不敬!"话不多,句句掷地作金石之声。

1968年11月,周信芳被当作反革命投进了监狱。他被关在上海西郊的一所少年犯管教所里。在一道两丈来高的水泥围墙里面,有一排四幢三层的红砖建筑。"一月风暴"后,这里的少年犯被清理一空,有的移送提篮桥监狱,有的转到劳教农场劳动,还有不少被放掉。这里的地方腾出来关押数以百计的"专案审查对象",其中有原中共上海市委的常委、部长以及副市长、正副局长,高等院校党委书记、校长和一批文艺界的知名人士。周信芳就被监禁在这里。

周信芳虽然身陷囹圄,但他并没有失去一个共产党员的信念。他不止一次回忆起1946年第一次受到周恩来同志接见的情景，他进而想到："毛主席、周总理一定了解我的。现在张春桥等人这样整我，是背着周总理干的，周总理知道了，不会同意的！"在狱中，他经常受到审问。一次，一个专案人员碰了"麒老牌"的硬钉子，就拍桌拍凳，破口大骂，想给他一个下马威。周信芳不慌不忙，冷冷地问旁边的人："他们是共产党，还是国民党？共产党怎么会是这个样子啊！"

当时经常有人来找周信芳外调，周信芳虽然处于朝不保夕的恶劣环境之中，但仍然仗义执言，铁骨铮铮。有一次天津的专案人员来找周信芳，说要调查赵松樵的情况。周信芳提供的证词却只有一句："赵松樵那个人很好！"

周信芳就是这样坚持斗争着，因此"四人帮"一伙说他疯狂反扑，说他妄图翻案。张春桥曾说："如果周信芳不是反革命，那么我张春桥就是反革命了。像他这样的人，要我叫他同志，杀了我的头我也不干。"他又说："对周信芳，不枪毙就是宽大处理了。"

1974年，市专案组和京剧院专案组的人，向周信芳宣布处理决定：开除党籍，撤销党内外一切职务，戴上反革命分子帽子，交群众监督。周信芳听完处理决定，严正地说："我不接受你们刚才念的这个定案结论。你们那个市委根本没有权力开除我的党籍！"后来，"四人帮"控制的上海市委又将结论改成：敌我矛盾作人民内部矛盾处理。

在动乱的岁月里，人们并没有忘记周信芳。周信芳的儿媳好几次走在街上，有素不相识的人关切地向她询问："周信芳还活着吗？"当她儿媳回答"他活着"时，对方就欣慰地说："好，请他多保重，我是他的老观众。"当儿媳把这些情况告诉周信芳时，他非常激动："观众是了解我的，我也是了解他们的。"各地的一些老干部也时刻关心着周信芳，在他们自己处境稍有好转的时候，就辗转托人打听周信芳的情况，暗中传言安慰和鼓励周信芳。

还有一件轶事。周信芳被关押期间，有一天，有人来找周信芳外调。那外调人员开始询问在汉口唱戏的一位演员的情况，等看管周信芳的专案人员走开后，那外调人员突然变得和颜悦色了。他神秘地压低了嗓门，用非常平和的语调问道:"要是我问你其他事情,你肯回答吗?"周信芳对此感到有些迷惘,就说:"你想问什么呢?""你唱戏时的艺名,不是叫麒麟童吗,这艺名是怎么来的,你能给我讲一讲吗?"周信芳看对方态度诚恳,就把自己原来叫七龄童,由于写海报的老先生误听为麒麟童,后来又如何将错就错的事讲了一遍。

那位外调人员等周信芳讲完后,又轻声问:"那么,你还能记得那位老先生的姓名吗?""我只知道他姓王,至于名字,由于师父当时未告诉我,所以一直不知道。"周信芳似乎略带歉意地说。"不错,他正是姓王。"外调人员有点兴奋地说:"他就是我的爷爷。"

接着,那位外调人员告诉周信芳,他爷爷是在"七七事变"之前去世的。那时爷爷已经八十多岁,双目失明,但还一直在听周信芳的唱片《清风亭》《乌龙院》《萧何月下追韩信》等。他一边听,一边把周信芳改艺名那件事讲给别人听。老人临终前,还曾对小辈说:"我自己已经看不到周信芳了,以后你们当中谁能见到他,一定对他说,他没有辜负这个艺名,他确实是唱戏人里头的一只麒麟。他这个艺名传遍了大江南北,连我这个给他起名的人也沾了光……"

外调人员又说:"最近打听到你被关在这里,我才设法找了个借口,赶到这里来看你……"说到这里,外调人员顿住了,伸过手来紧紧地压在老人的手背上。一股暖流传到了周信芳的心坎上。

1975年3月初,周信芳已心力交瘁,健康状况急剧恶化了。不久,他因冠心病、消化道出血和肺炎,由他儿媳等送进了华山医院。当时,有一位陈医生担任医院行政总值班。他儿媳对这位医生说:"同志,我是周信芳的儿媳……"她的语气有点拘束。她说:"他是现行反革命,我是负责监督他的。他现在病得很厉害,因为不想到挂钩的公费劳保医院去,所以送到你们华山医院急诊室来。"陈医生并没有被"现行反革命"几个字吓倒。因为他心里明白,周信芳绝不会是什么反革命。他说:"我们是医院,先不要管他是什么人,还是先到急诊室去看看他到底病得怎么样了!"

陈医生到急诊室一看,只见躺在诊察床上的老人面色苍白,形体消瘦,大口大口地喘着气。当年在舞台上神采飞扬的麒麟童,竟被折磨成这副样子。陈医生心头好似压上了一块铅。在急诊内科当班的,是一位很有临床经验的老医师,他已经对周信芳的病情作了诊断,病历也写完了。陈医生走过去,在他耳边轻声问道:"这位老人病得很厉害,看需不需要住院治疗?"老医生也低声答道:"从病情严重程度看,应入院治疗,只是……""其他先不管,你就按病情处理,让他入院治疗。"陈医生略为沉思了一下,又说:"如有人查问,就让他找今晚的行政总值班好了,我负责。"

老医生听了这些话,欣然点头同意,立即设法联系病房。不巧,当夜内科几个病室都没有空床。直到第二天上午,周信芳才被收进七病室。这病室的前半间是心血管疾病病房,后半间是消化系统疾病病房。这对周信芳的治病是有利的。当同病房的病员知道他就是周信芳时,都为他受的冤屈公开表示不平。不久,主管医师在医嘱上书写了"病危"两字。主管医师和上级医师对周信芳的病很重视,一些该采取的措施全都用上了,还输了几次血。

3月7日夜晚,值班医师发现周信芳神志恍惚,呼吸急促,口唇干裂,而且消化道出血不止。医生怀疑是胃癌所致,但因病人年老,又处于病危状态,不宜对胃肠作深入检查,只好采取保护性措施。

3月8日上午七点一刻,周信芳的心脏停止了跳动,一代艺术大师含冤逝世,终年八十岁。

当儿子周少麟与儿媳等送周信芳的遗体出病房时,凡是能起床的病员都起身跟在后面相送。

在"文化大革命"中,不仅周信芳本人被迫害致死,他的亲属也受到株连,他的夫人裘丽琳女士也受迫害致死,他的一个孙女因受惊吓成精神分裂症而自杀身亡,他的儿子周少麟先生两次被捕入狱,一家人弄得家破人亡。正如周巍峙同志所说:"周信芳同志及其亲属所受的摧残,在知名的戏剧艺术家当中是最为惨重的。"

《海瑞上疏》是一桩罕见的冤案,而对周信芳来说,又是一场悲剧。周信芳是一位艺术家,同时又是一位积极以戏剧为人生服务的艺术家。新中国成立以后党提出文艺为政治服务的方针,周信芳是接受的。他配合反右,编演过《义责王魁》,而《海瑞上疏》更是"遵命文学",题材是领导给的,为的是配合宣扬毛主席提倡的讲真话、反潮流的精神。在某种程度上说,《海瑞上疏》是文艺为政治服务的产物。

然而周信芳毕竟是一位艺术大师,他并不满足于用标语口号简单地配合政治。他所编演的《海瑞上疏》是一件艺术品,具有丰满感人的艺术形象和深刻的内涵,远远超越了配合政治的狭隘框架,成为优秀的艺术典型。

周信芳是一位关心政治的艺术家,但他毕竟不是政治家,他对政治斗争的风云变幻难以预料,对政治斗争的尖锐复杂也缺乏认识。1959年4月份,毛主席在八届七中全会上提倡讲真话,反潮流,可是仅仅隔了短短四个月的时间,周信芳根据这个精神编写的剧本刚刚完稿,8月中旬庐山会议上,敢于讲真话的彭德怀同志却被打成了右倾机会主义分子。这种急剧的变化岂是周信芳他们所能预料的!周信芳编演《海瑞上疏》的原意是为政治服务,结果却撞到了政治斗争的枪口上。"四人帮"将《海瑞上疏》当作实现其政治阴谋的一个活靶子,一个突破口。一代杰出的艺术大师竟成了一场政治斗争的牺牲品。这不是一场悲剧吗?在这场悲剧中,周信芳以身殉戏的动人行为却为戏剧史增添了一段可歌可泣的篇章。

第五节　大地春回

春雷一声震大地,1976年10月党中央一举粉碎了"四人帮"。接着,党的十一届三中全会后,拨乱反正,对历史上的冤假错案逐一平反,周信芳得到平反昭雪,《海瑞上疏》也终于得以重见天日。

1977年下半年,中共中央宣传部部长张平化同志召开上海文艺界人士座谈会,袁雪芬发言说:"现在要做的第一件事就是平反周信芳院长的大冤案。"袁

第六章 《海瑞上疏》与动乱岁月

雪芬的发言才结束，杜宣、赵丹等立即跑过去与袁雪芬紧紧握手，表示支持。不久，中共上海市委坚决推倒了"四人帮"强加于周信芳身上的一切诬陷不实之词，为周信芳的名誉和生平贡献重新作了结论。1978年8月16日，上海市各界人士七百余人在上海龙华殡仪馆举行周信芳同志平反昭雪大会，并举行了骨灰安放仪式。邓小平等中央领导同志送了花圈。巴金致悼词。许多人都由各地搭机赶来。周信芳同志的骨灰安葬于上海革命烈士公墓。1995年1月，周信芳的骨灰移入上海名人公墓。

1979年2月，夏征农同志在《上海戏剧》上发表《〈海瑞上疏〉应重新上演》的文章，明确指出《海瑞上疏》是我们社会主义文艺园地的一朵鲜花"，它的遭批判，完全是江青、张春桥、姚文元这伙人民死敌一手策划的"大冤案"。他在文章中呼吁："《海瑞上疏》也就应该恢复名誉，重新上演。"

1979年3月，上海文艺出版社重新出版了《海瑞上疏》剧本。重版本还刊登了刘厚生的重版序以及陶雄、许思言、蒋星煜关于《海瑞上疏》沉冤的文章。

1979年10月10日，上海市文化局、中国戏剧家协会上海分会在劳动剧场（原天蟾舞台）举行大会，为京剧《海瑞上疏》平反，恢复名誉，并重新上演。

上海市文化局副局长言行在会上代表文化局宣布：京剧《海瑞上疏》是一出优秀的历史剧，为以身殉戏的杰出表演艺术大师周信芳平反昭雪，恢复名誉。并向一切因海瑞戏而受株连的人和事，公开平反，恢复名誉。

剧协上海分会也为《海瑞上疏》的平反举行座谈会，会上许多人热泪盈眶，缅怀为这出戏献身的著名表演艺术家周信芳以及被株连的其他同志。剧协上海分会副主席姚时晓说："十年前曾在这里召开过六次会，批判《海瑞上疏》。周信芳同志每次都到会。他静静地听取别人的发言。六次会上他都没有讲过一句违心的话，没有对《海瑞上疏》进行过一次诽谤。周信芳不愧为海瑞的扮演者，刚正不阿的有骨气的艺术家。许多同志说，今天，历史终于作出公正的裁判，周信芳是对的，《海瑞上疏》是一出很好的新编历史剧，是一出古为今用的好戏。"

二十年以后在同一剧场重新上演《海瑞上疏》意味深长。这次演出由周信芳之子周少麟主演海瑞，其他角色也俱是新人，张达发扮演徐阶，朱文虎扮演嘉靖，陈朝红扮演海夫人。演员演得很有激情，观众反响也很强烈。每当演到刚正不阿的海瑞不畏权势，不怕打成牛鬼蛇神，不怕丢官削职，敢于斗争，坚持说真话时，观众席里十分活跃，深为那种为国家、为人民，敢于冒死进谏的民族精神所感动。

《海瑞上疏》得到平反并复演，由周少麟主演

10月12日晚，上海市党政领导同志彭冲、严佑民、王一平、韩哲一、陈沂、陈锦华等观看了演出，演出结束后又上台慰问。彭冲同志称赞演出很成功，他希望把流派的传统继承下来，并发扬光大，把戏演得更好。

为庆贺《海瑞上疏》平反，上海的报刊纷纷发表文章。陈沂同志在《祝贺〈海瑞上疏〉公演》一文中指出《海瑞上疏》是"一出好戏，不论在政治上、艺术上都称得起的好戏……它所表现的精神，为人民、为国家敢于抬棺直言，也就是我们民族的精神，用这精神去鞭策那些妨碍四化、阻碍四化的人，这精神还是需要的。所以《海瑞上疏》重演，有它的时代意义。"[①]他还称赞周少麟等同志演得

---

① 陈沂：《祝贺〈海瑞上疏〉公演》，《文汇报》1979年10月10日。

努力,演得好,为京剧艺术后继有人而高兴。《上海戏剧》1979年第5期发表本刊评论员文章《忠言逆耳利于行——祝〈海瑞上疏〉重新上演》,再次强调了敢于坚持真理、敢于说真话的民主精神,也就是海瑞精神。"这种精神在我们建设社会主义现代化强国的新长征途中,犹如阳光、空气、水,是不可或缺的。"文章批判了"四人帮"诬陷《海瑞上疏》的罪行和炮制阴谋文艺的伎俩。《解放日报》也发表了唐真的《可贵的海瑞精神》、许寅的《周信芳——海瑞精神的身体力行者》等文章。

亘古奇冤获得平反,《海瑞上疏》重放光华,这是大家都感到扬眉吐气的事情。当然,在扬眉吐气之余,它又留给了我们极为深长的思索。

第七章　周信芳的戏剧观

一个戏剧家，他的舞台艺术实践与他的戏剧观有着密切的关系。戏剧观的形成，有其理论来源与实践来源，同时戏剧观又是主观与客观的统一。周信芳的戏剧观在20世纪20年代末已经初步形成，以后逐步发展、完善。其理论来源：一是中国古典戏曲理论与传统戏曲观念的潜移默化地传承与影响，如高台教化、劝善惩恶的功利主义思想，装龙像龙、装虎像虎的基本表演观点等。二是辛亥革命、五四运动以来，新文艺观点、新文艺思想的熏陶。三是新中国成立后接受马克思主义的文艺观与毛泽东《在延安文艺座谈会上的讲话》等文艺思想。周信芳又经历了长期的舞台艺术实践，对此有精辟的总结和丰厚的积累。所有这一切，使周信芳逐渐形成了系统的戏剧观。戏剧观反过来又指导着艺术家整个艺术活动的取向与格调，并且对其他艺术家也有着一定的理论指导意义。周信芳作为一代艺术大师，他的戏剧观相当鲜明，相当丰富，相当系统，相当完整。

第一节　戏剧与人生

如何看待戏剧与人生的关系，如何看待戏剧与时代的关系，这是戏剧观中一个根本性的重要问题。

我国古典传统戏曲，包括京剧在内，基本上是封建时代的产物。其中虽然不乏民主性的精华，然而也包含着忠孝节义等封建伦理道德的内容。

龚和德先生在《试论海派京剧》一文中曾指出："在北京形成的京剧虽从时间上说，应按照社会分期，放到近代戏曲史中加以叙述，但从文化性质来看，它还是古代的。"① 我很同意这个看法。这不仅在内容方面如此，在戏剧观上也如此。由于清王朝统治者的垂青与把持，京剧成为封建统治者高台教化的工具和王公大臣消遣的玩物。随着反封建的现代革命浪潮，辛亥革命前后，一批知识分子开始用现代眼光审视传统戏曲，陈独秀、柳亚子等革命知识分子既批判了旧戏中宣扬封建伦理的毒素，同时也看到戏曲的群众性与社会功能，进而提出了改良戏曲的口号。柳亚子在《二十世纪大舞台》发刊词中指出戏曲革命的目标是"建独立之阁，撞自由之钟"，并呼吁作家编写推翻清王朝的"壮剧""快剧"。差不多与此同时，一些进步艺人已经开始了改良戏曲的实践活动。如汪笑侬编演了《党人碑》《受禅台》《哭祖庙》《瓜种兰因》等。潘月樵、夏月润、夏月珊等在上海创办"新舞台"，编演了《潘烈士投海》《黑籍冤魂》《新茶花》等，这些戏或抨击封建统治，或鼓吹革命。潘月樵等还在辛亥革命中毅然拿起武器，参加了攻打江南制造局的战役。戏曲改良运动主张戏曲成为反映人民心声、争取民主自由的武器，这是一场重要的变革。

五四运动也是一场新文化运动，虽然刮起过一阵民族虚无主义和全盘西化的思潮，然而它宣扬的民主、科学的精神，以及介绍西方批判现实主义的文学，这一些对京剧的变革与发展还是具有积极作用的。"五四"以后，我国文坛有一批新文学社团蜂起。1921年郑振铎、沈雁冰等人发起的文学研究会，提倡新文学，反对封建文学，提倡为"人生而艺术"，反对"将文艺当作高兴时的游戏或失意时的消遣"。沈雁冰、欧阳予倩创立民众戏剧社，也主张戏剧要"推动社会前进"，"搜寻社会病根"。

在京剧改良运动中，青年的周信芳是一名积极的、忠实的追随者，他立志"要通过高台教化，凭自己的身手口舌，来达到移风易俗的目的"。1912年、

---

① 龚和德：《试论海派京剧》，《艺术百家》1989年第1期。

1913年周信芳就演出了同情民族民主革命政治倾向的时装戏《民国花》《宋教仁》，接着演出了讽刺窃国大盗袁世凯的《王莽篡位》。五四运动前后，周信芳又演出了《学拳打金刚》等鼓吹革命的新戏。他接受了五四新文化运动民主、科学精神的影响，西方批判现实主义对社会现实揭露与批判的精神的影响，以及进步文艺团体为人生而艺术的主张的影响。

"演戏是为什么的？"这是戏剧的宗旨，对这样一个根本问题，周信芳早在1928年就作出了明确的回答。他说："汪笑侬的《党人碑》《博浪锥》《献地图》《受禅台》和《马前泼水》《琵琶泪》，哪一出不含蓄深意。潘月樵的《明末遗恨》及'新舞台'的《新茶花》，对于宣传革命，都有很大的功绩。所以无论古典、浪漫和写实的戏，都是人间意志的争斗，如能够把剧中的意志来鼓动观客，那才是戏的真价值。"由此，他提出戏剧要注重"宣传人生的苦闷和不平"。他还批评了把演戏当成投机事业的金钱主义倾向。这就鲜明地体现了"戏剧为人生"的艺术观。它包括三个要点：首先，戏剧要反映人民的心声及他们的生活和斗争；其次，戏剧不是仅为赚钱吃饭的投机事业；最后，戏剧要以人生的真义来鼓动观众。这就突破了戏曲是载道、卫道所谓劝善惩恶的封建实用主义的束缚，摒弃了那种把京剧视为有闲阶级玩物的腐朽思想。这正是当时革命民主主义思想在艺术方面的体现。

20世纪30年代，周信芳受到党领导的左翼戏剧家联盟的影响以及新剧运动的熏陶。抗战爆发后，他在上海参加了地下党领导的戏剧界救亡协会，并主持京剧部的工作，还亲自冒着炮火到前沿阵地为抗日将士作慰问演出。上海成为"孤岛"后，他留在上海，坚持抗日救亡运动，"运用传统戏曲这个武器来作战"。他在"卡尔登"编演了历史剧《明末遗恨》与《徽钦二帝》，这两出戏以深沉的感情抒写了亡国之痛，有力地抨击了妥协苟安、投降卖国的汉奸，激励和鼓舞了人们的抗日救国热情。当时演出时，反响极其强烈。有人把它们称之为投向敌人的两颗"艺术炸弹"。为了激励观众的民族气节，他还编写了《文天祥》《史可法》两个剧本，虽遭禁演，但作为新戏广告像对联一样一直挂到抗战胜利。

周信芳除了编演一些内容切近近代社会矛盾,具有一定时代精神的剧目以外,在演出传统剧目时,则注重挖掘人民性,体现一种平民意识。特别引人注目的是,他注意塑造下层人物和劳动人民的形象,如萧恩、宋士杰、张元秀、张大公等,通过对他们正直、善良、刚毅性格的刻画及备受迫害的生活遭际的描绘,倾吐了"人生的苦闷和不平"。因此,周信芳演的戏特别能引起广大市民及劳动阶层观众的喜爱和共鸣。这在京剧演员中也是无与伦比的。

与为什么演戏相联系的,周信芳还有几个重要观点。一是认为戏剧是艺术的宣传品。他说:"戏剧虽是'小道',恐怕也有许多变化;特别因为它是现时代的宣传利器,岂可以轻视,要是拿它当山歌般胡乱唱唱不彻底去研究,那观众就得不着艺术享受,不但不足称为是艺术的宣传品,更难怪人家讥评这种戏曲毫无价值哩!"① 这里强调了戏剧是宣传利器,但必须给观众以艺术享受,这样才能真正发挥宣传品的作用。

二是艺人的社会地位问题。周信芳认为演戏是高尚的职业,艺人亦应该有自由平等的社会地位。1929年周信芳在《梨园公报》上公开喊出"最苦是中国伶人"的不平之声,对藐视伶人、欺负伶人的恶势力及庸俗之辈,进行针锋相对的斗争。他还著文指责某巨公强迫余叔岩为军需筹款演出,剥夺艺人自由的行径。新中国成立前夕,周信芳带头参加了反对"艺员登记"的斗争。他一方面主张为争取艺人的社会地位而进行不懈的斗争,另一方面主张艺人本身要自尊、自重、自爱。

三是演戏如何为着观众的问题。戏演出来是要观众接受的,戏的成功与失败,观众是最有权威的评判者。他总结谭鑫培的经验,很重要的一条是"能够知道世事潮流,合乎观众的心理"。20世纪20年代至40年代,上海的京剧观众已经不是闭着眼睛听唱的老戏迷,而是来自四海五方的各种层次的观众,其中大多数属于市民阶层。面对新的观众,周信芳努力使京剧更加平民化,更加通俗化,

---

① 周信芳:《怎样理解和学习谭派》,载《周信芳文集》,中国戏剧出版社1982年版,第283页。

以便使更多的市民观众易于理解和接受。如他在演《乌龙院》时，宋江回乌龙院找招文袋之际，有一段重复的表演极其通俗易懂，而且能引发观众与剧中人物一起思索。

新中国成立以后，周信芳的演剧思想有了新的飞跃。他认识到演员是"人类灵魂的工程师"，他提出"今天我们推陈出新，是要使戏曲适应人民的需要，以更好地为社会主义服务"。① 他又明确提出戏剧的时代精神问题，认为艺术要紧跟时代的脉搏："一个真正的艺术家，一个真正具有群众基础的艺术流派，必须和时代的脉搏相一致，必须在他的创作活动中反映出时代精神，不管这种反映是直接的，还是间接的，是鲜明的，还是曲折的，只有这样，艺术才能具有生命力，永远保持青春。"②

他运用历史唯物主义的观点来整理旧有历史剧目。《乌龙院》原来是一出妒杀、情杀的戏，周信芳作了认真整理，把宋江与阎惜姣之间的这场斗争处理为善与恶、正义与邪恶、革命与反革命的斗争；对《打渔杀家》，他用阶级观点加以分析，突出其"官逼民反"的主题；他还编演了《闯王进京》《秦香莲》《义责王魁》《澶渊之盟》《海瑞上疏》等新戏。他进一步把戏剧的社会功能与审美功能结合起来理解，他在《悼念梅兰芳同志》一文中说："他的讲究美，是为了使观众在美的享受中，不知不觉地受到教育与鼓舞，从而起到潜移默化的作用。"③ 晚年，他又深感京剧与时代、与人民群众的距离，主张京剧要改革，尝试表现现代生活，他不顾六十八岁的高龄亲自排演现代戏《杨立贝》。"四人帮"颠倒黑白地把周信芳打成反对现代戏的罪魁祸首，实际上他正是京剧演现代戏的积极倡导者。无怪，澳大利亚著名戏剧家柯林·麦卡拉斯教授称赞"周信芳不但是伟大的艺术家，也是一个不怕走在时代前面的人"。

从戏剧为人生到戏剧为社会主义，这就是周信芳演剧生涯的基本轨迹，也是

---

① 周信芳：《必须坚持推陈出新》，载《周信芳文集》，中国戏剧出版社1982年出版，第44页。
② 周信芳：《悼念梅兰芳同志》，载《周信芳文集》，中国戏剧出版社1982年出版，第400页。
③ 同上。

周信芳戏剧观的核心所在。

周信芳不仅坚持戏剧为人生，而且使戏剧与人生在他自己身上融为一体。戏剧就是他的人生，他因戏成名，演戏入迷，后来因戏获罪，最后以身殉戏，戏剧就是他人生的全部含义。吴性栽曾这样评论：周信芳"是整个沉浸在戏里面的，戏成为他的本能动作，我甚至相信他在瘩寐之中也忘不了戏的，所以他个人几乎没有私生活……他是天生就属于戏剧的，五十多年来，他不能离开舞台独立生活，失败和成功，都使他和舞台结合得更紧更密"。①

第二节　戏剧与生活

任何艺术都是对生活（历史生活或现实生活或想象中的生活）的观照，因此真实性是艺术的生命线，只有真实的作品，才有艺术的力量。周信芳在早年看一盏灯（张云青）把有孕在身的双阳公主胎气震动、疼痛难言刻画得淋漓尽致，十分赞赏其表演的真实感人。他曾说："从我早年起，在表演上我总是力求真实，无论唱、做、念、打，我总力求情绪饱满，力求体现角色的性格和当时当地的思想感情。"②

京剧开始时所以能战胜昆曲，主要就是因为它新鲜而有生气，生活气息浓，适应了当时观众的审美需求。可是后来京剧也逐渐远离生活，脱离了广大的观众群。如何解决好艺术与生活的关系，成为京剧近代化的一介重要课题。

周信芳继承了我国戏曲艺术现实主义的传统，又接受了西方传入的现实主义关于典型化与细节真实的理论，借鉴了话剧、电影等新文艺的表现手法，形成自己以京剧反映生活真实的观念。他说："我当时唯一的要求就是：非但要合情合理，而且人物要生动真实，使观众受到深刻的感染；直到今天我才理解，这些要

---

① 槛外人：《京剧见闻录》，宝文堂书局版，第83页。
② 周信芳：《十年来的舞台生活》，载《周信芳文集》，中国戏剧出版社1982年版，第23页。

求就是演剧艺术上现实主义精神的起码条件。"①

周信芳的基本主张：

一是主张舞台上塑造的人物形象，必须具有真实性与典型性。他说："不能忘记我们的任务是，在舞台上创造出鲜明的性格、典型的人物形象……如果连导演分析一下人物都认为是多余的话，那怎么谈得上塑造典型人物呢？"②因此他要求演员能熟悉生活，准确把握和表现人物的性格和感情，"演员如果不熟悉人物的生活，不理解人物的感情，不懂得人物表达思想感情的方式方法，就一定演不像，观众面前也通不过"。

二是主张京剧增强写实力量和生活气息。他强调从生活中汲取营养，使舞台上的表演更加切近生活。他把黄浦江上渔民撒网的动作融入《打渔杀家》中萧恩的表演，这就是典型的一例。周信芳表演的大多为古代人民生活，他一方面注意从历史典籍、古代艺术中研究古人的生活状况，使表演真实可信；另一方面也注意对现实生活的观察体验，来加强京剧表演的生活气息，以引起现代观众的共鸣。

注重做工与念白。京剧中的唱做念打都是传达剧情、刻画人物的重要艺术手段。京剧一度只重唱，而对做工、念白有所偏废，"闭着眼睛听戏"成为习惯。其实，相比起来，做工与念白表现生活更有具象性，也更直接便捷地诉诸观众的视觉与听觉。注重做工与念白，对增强京剧的写实力量是十分有利的。周信芳多次强调"七分话白三分唱"，认为"以念白为主，先使观众明了剧情"。他强调做工的重要。他看谭鑫培演的《斩马谡》与普通的演法不同，就是用动作描写心理，把"没有词句的地方和心里要说的话，喜怒的神情生动地有层次地表演出来"，周称之为"绝妙的处理"。周自己在做工、念白方面花的功夫很深。人们称他为"做工老生""动作的大师"。例如《乌龙院》中的脸部表情，《萧何月下追韩

---

① 周信芳：《衷心感谢党和毛主席的培养和领导》，载《周信芳文集》，中国戏剧出版社1982年版，第9页。

② 周信芳：《萧何月下追韩信》，载《周信芳舞台艺术》，中国戏剧出版社1961年版，第144页。

信》里用背肩的颤动刻画萧何的内心活动，人们称誉他"骨节眼里都灌满了戏"。他的念白语言通俗，咬字清晰有力，语调抑扬顿挫，富有节奏感与音乐性，具有特殊的艺术力量。当然他也并不轻视唱与舞，麒派的唱腔质直、苍劲、豪爽、悲凉，独具一格。他的舞蹈脍炙人口，如《徐策跑城》中的舞蹈豪放壮美，感染力强。

注意细节的真实。他认为京剧舞台上的表演虽然以虚拟、写意为其特色，然而它必须具有生活真实的内涵，才能真实可信。特别是细节很重要，细节的虚假往往导致整个舞台形象的失真。如《宋士杰》中有几个细节，一是宋士杰读杨素贞的状子，周信芳说："状子是一张白纸，读的时候，要当它是写满了字的真状来读。读到哪里移行，平时要琢磨好，把它大致固定下来。这是为了避免拿了状子上下乱看，既不合理，又不美观。"二是宋士杰偷偷地把那封行贿信抄写在袍襟上，他说："虽然写字是虚拟的动作，并非真实，却要当真来做，才有真实感。"写完了，走到台中把衣襟迎风晾一晾。粘好信封后，在烛火上烘一烘，怕留下烟火痕迹，要侧着烘。

三是正确处理写实与写意的关系。以虚拟动作突破时间、空间的限制，诗意般地反映生活，这种写意的表现手法是中国戏曲表演体系的重要特征，斯坦尼斯拉夫斯基曾精辟地指出："中国戏剧的表演，是一种有规则的自由行动。"

周信芳主张加强写实力量，并非改变京剧写意的艺术特征。周信芳汲取生活素材，加强做工、念白，注重细节真实，这些都融会贯通于京剧的写意手法之中，或者可以说，他在整个写意的框架中强化了写实的力量。如宋士杰读状，状子是张白纸，这是写意的，可是哪里移行，哪里停顿，这是写实，二者达到了虚实结合。《打渔杀家》中萧恩去官衙想抢一个原告，桂英在家等候，桂英在场上唱一句，场面上加一锣，表示萧恩在堂上挨板子，这些都是写意的手法。

在处理写实与写意关系的时候，势必要涉及程式与生活的关系。周信芳认为："程式是生活的概括、集中、规范化，而一旦成为程式，它必然又会反过来限制反映生活的能力，又必然突破它，发展它，进行新的创造。"他说："我对以京剧为代表的'大戏'和民间性很重的剧种的表演方法问题,有了更进一步的体会。前者,在表演方法上已经凝固起来,成为程式化了;后者在表演方法上比较灵活自由。程式化的表演固然是经过长期的加工、提炼的结果,但它的缺点却是仅能做到唱腔上的圆润、服装上的华丽、身段上的优美,而不能像一般地方戏那样自由地表现丰富的思想感情。因此,程式化了的剧种,如何突破程式,使之能更好地表现生活和更生动地表现人物的思想感情,应该是今后值得研究的问题。这一问题应得到很好的解决。"[1] 因此,他进而强调:"要借鉴古人的创作方法,对现实生活的素材加以提炼,创造新程式。"

以上这些论述,包含几层意思。第一,程式是对生活的一种舞台规范,是我国戏曲的特殊表现手段,京剧不能没有程式。第二,程式来源于生活,不能凝固,要不断以生活的素材来充实更新。第三,周信芳注重程式表现生活内容的确切性与具象性。第四,京剧不能简单地照搬生活中的动作,要加以提炼,使之成为新的程式。比如《打渔杀家》中的撒网,现实生活中的动作到了舞台上已化成了京剧的身段舞蹈,并楔入了京剧的锣鼓节奏之中。因此周信芳要求演员:"有合乎需要的程式就用,没有合乎需要的程式就创造,至于可以用而不完全恰切的程式就加以改造。"[2] 创造和改造,都以生活为出发点,都是为了使程式不致于限制反映生活。姜椿芳同志曾经说过:"中国戏曲史上存在着一个突破形式主义束缚而与现实生活相结合的'周信芳阶段'。"这是颇有道理的。

四是正确处理真与美的关系。京剧是一种观赏性、技艺性极强的艺术,它的真是要通过美来体现的。周信芳称赞梅兰芳先生"在舞台上时刻考虑到美,处处讲究美,他所塑造的中国古代妇女的典型形象,也可以说就是美的化身"。周信芳认为京剧的表演既要注意生活的真实,又要讲究美。他在谈服装问题时,说以

---

[1] 周信芳:《我的喜悦和感受》,载《周信芳文集》,中国戏剧出版社1982年版,第6页。
[2] 周信芳:《为社会主义建设服务,京剧当仁不让》,载《周信芳文集》,中国戏剧出版社1982年版,第373页。

前京剧界有句行话叫"宁穿破，不穿错"，就是要求真实。但他又加以补充说，"可以既不穿错，又不穿破"，因为舞台上需要美。不穿错是为了真，不穿破是为了美，辩证地说明了真与美的关系。

第三节　演员与角色

真人扮演角色这是戏剧与其他各种门类艺术的最大区别。在舞台上戏剧演员以自己的全部身体作为创造工具，创造者与创造工具是统一的；表现的对象与表现的工具也是统一的。这就不可避免地引出了演员与角色的关系问题。由于对这种关系的不同理解和不同处理，从而分出了众多不同的表演体系和表演流派。

关于角色与演员的关系，我国古典曲论中早就论及这个问题。清代李渔曾指出："言者，心之声也，欲代此一人立言，先宜代此一人立心。若非梦往神游，何谓设身处地？无论立心端正者，我当设身处地，代生端正之想；即遇立心邪僻者，我亦当舍经从权，暂为邪僻之思。务使心曲隐微，随口唾出，说一人，肖一人，勿使雷同，弗使浮泛。"[①] 李渔明确要求演员设身处地，代角色所想，代角色立言。戏曲史上还记载过这样的故事：明代南京有一个名叫马锦的伶人，为了在《鸣凤记》中演好权奸严嵩这一角色，他专诚到京师大官僚顾秉谦府邸充当了三年仆役，每日察看顾的举止、言谈，细加揣摩。后来扮演严嵩，毕肖传神，一举成功。这里讲的都是演员的角色体验。

周信芳是比较注重角色体验的，他主张体验与表现的结合。旧京剧有着片面强调观赏作用，而忽视感染作用的倾向。周信芳认为，演戏非但要合情合理，而且人物要生动真实，使观众受到深刻的感染。艺术总是以情动人的，要感染观众，演员对角色要有感情的体验。这主要表现在三个方面：

一是行当与角色的关系。行当是京剧对不同角色类型化的规范，如生、旦、

---

① 李渔：《李笠翁曲话》，湖南人民出版社1980年版，第85页。

净、丑,但周信芳认为不能用行当代替角色,同一行当要体现出不同人物的不同性格。他很注重把角色放在特定的时代背景、生活环境中,并联系角色对生活的态度,对他的性格进行具体的分析。早在1930年周信芳就写过一篇《论张飞》的文章。他详细探讨了张飞的性格,反驳某些人关于"《黄鹤楼》里张飞鲁莽,鲁肃无谋"的说法。他通过《长坂坡》中张飞用疑兵之计,《过巴州》中又设计擒获严颜并劝其归降等,说明张飞并不鲁莽,而是有勇、有胆、有智,他认为张飞性格的核心是刚强。

《四进士》中的宋士杰,周认为他是个善良而富有正义感的老人,同时又是刀笔吏出身,把他的性格概括为"老辣"二字。从年龄来看,宋士杰是戴白髯的衰派老生,然而不能用衰派老生的行当简单地套用,"把他演得过于衰老,是不对的;一味潇洒,也不尽合理"。他又说:"要演好这个角色,还必须掌握分寸,因为幽默和庸俗,洒脱与油滑,往往只一步之差。"

对一些同一行当的角色,必须分析其性格之不同,并加以体现。比如萧何与徐策,不仅行当相同,而且身份都是宰相,但他们的年龄、性格、处境都有差异,故而他们的出场、举止动作都应有所区别。就是同一个人,其性格在不同场合也会有不同的表现。在《论张飞》中,周信芳谈到张飞在《截江夺斗》中,他对嫂嫂的态度就是有刚有柔的。

基于精当的性格分析,他刻画的人物性格入木三分。他所塑造的人物,同是老生,宋士杰、张广才、张元秀各具个性,萧何、徐策、乔玄性格迥异,他真是一个十足的性格演员。

二是演员与角色的关系。周信芳的原则是演"戏"不演"人",意思是演员要演剧中的角色,而不要去模仿某个演员或表现自我。为此他强调对角色的情感体验。他认为"不晓得古今世情,没有感觉着人生苦乐的人,不能算是个唱戏的"。比如演宋士杰,如果演员对封建时代的人情世故没有体验,演出就不会有生气。周信芳还主张演员表演时要进入角色,在《〈清风亭〉的表演艺术》一文中谈到自己演到"赶子""望儿"那些场子时全神贯注,往往真的泪流胸襟,"离开演员的我,而进入了角色的我的真实境地……演员自己也区别不开究竟是生活在'第一自我',还是生活在'第二自我'中"。与此相联系的,他主张演员的形体动作必须有内心感情的支撑。比如电影《宋士杰》中"头公堂",宋士杰报门而进,从门外走进大堂,一路上演员的脑子里不应该是空白的,而是在考虑自己应该如何对付堂上的顾读,这样,形体动作与内心活动便得到了统一。

老舍先生曾经称赞周信芳"总是由后台把戏带出来,总是由心灵深处把字吐出来"。正因为这样,周信芳演戏特别感人,连戏剧圈子里的人看周信芳的戏也常常被感动得热泪盈眶。有诗为证:"不知何物阻咽喉,痛甚应无泪可流!我本心肠如木石,逢场每作女儿柔。"①

三是技艺与感情的关系。周信芳认为京剧是技术性特别强的一种艺术,必须重视技术的掌握与运用,否则就会降低艺术的表现力与艺术魅力。然而他又指出:"运用技术主要是为了加深人物的刻画和剧情的渲染……技艺,只有在它确切地表达了人物的思想感情的时候,才能在观众的感情上起作用。人物的思想感情是根本,技艺是手段"②。周信芳认为京剧表演可以合理的夸张,具体的是"语言表达感情,动作帮助语言"。但是,他反对脱离剧情的卖弄技巧,同样,他要求唱腔要以表现人物的感情为其目标,为了准确地表达感情,甚至可以字正而腔不圆。他赞赏谭鑫培的唱腔能表达各种不同的感情,《战太平》【倒板】嘎调,有壮气;《骂曹》的"杀人刀"有狂傲气;《连营寨》的"蔡阳首级枭"是悲恨;《寄子》中"老朽无力"是凄惨,都达到了声情并茂。

传统京剧艺术也主张演员心中要有戏,然而周信芳如此明确提倡对角色的感情体验,显然是借鉴、吸收了斯坦尼体系中的部分理论以及话剧、电影表演艺术的某些长处,但它却丰富了京剧的表演艺术和表演理论。然而周信芳的表演理论

---

① 高唐:《麒派杂咏》,《新民晚报》1961年12月24日。
② 周信芳:《继承和发展流派我见》,载《周信芳文集》,中国戏剧出版社1982年版,第340页。

与斯坦尼斯拉夫斯基的观点是有所不同的。斯氏是体验、体现一元论者，强调演员与角色的绝对融合，要求艺术创造幻境。然而中国的京剧与西洋话剧有着不同的艺术品性，话剧偏重于"再现"，而京剧偏重于"表现"，但又是"再现"中的"表现"。周信芳强调了体验与再现的成分，然而并不丢弃京剧"表现"的特质。周并不主张京剧要制造一个斯坦尼式的幻境，他只是让观众进入局部的幻觉。他强调演员体验角色，然而为的是更确切地表现角色，也不像斯氏要求的那样让演员与角色完全融为一体。再说在京剧舞台上角色的感情表露必须诉诸京剧特定的表现手法——写意的、有程式的表演，包括唱、做、念、打，这种表演是夸张的，带有装饰美、形式美的性质。比如"刘唐下书"，他调动了自己掩护田汉的生活体验，但并不照搬生活，而是诉诸京剧特有的表现形式：刘唐想要报名，宋江赶忙用手示意"禁声"，撒开扇子把刘唐一挡，向两面看看有没有人，然后用撒开的扇子挡住刘唐，与他一起走上酒楼。这里体验与表现得到了统一。

第四节　继承传统与革新创造

周信芳既是一位京剧传统艺术的忠实继承者，又是一位大胆勇猛的京剧改革创造家。

周信芳尊重传统，他曾说过："戏曲有一套传统的舞蹈和表演程式，这是每一个戏曲演员都必须学习的基本功夫。关键在于如何运用，但也只有学会了，才能谈得到运用，因此我主张多学点戏，多演点戏。"[①] 这就是说对传统的技艺、程式、剧目首先要认认真真地学下来。1908年，他在已经成名的情况下，毅然负笈北上，进了当时的京剧最高学府喜连成科班学艺，后来谭鑫培莅沪演出时，他又每天雇了马车把老谭接到家里来教戏，向老谭学习了《御碑亭》《打棍出箱》等名作。

然而，他认为学习传统是为了创新。他在一篇文章中曾谈到他年轻的时候，

---

①　周信芳：《萧何月下追韩信》，载《周信芳舞台艺术》，中国戏剧出版社1961年版，第156页。

"观摩过两三位成名的老前辈的演技之后,发现他们在表演同一个剧目时,各有各的表演风格,而且各有特长,才理解到在表演艺术上是允许结合个人条件和特长进行创造的。这样就开始建立起我自己创造新的艺术形象的信心和决心"①。他认为,"不能推翻京剧传统的表现形式而另起炉灶,又不能原封不动地套用旧形式,必须在传统表演方法的基础上,加以必要的改变和创造,以适应内容的需要"②。他特别推崇谭鑫培、汪笑侬、梅兰芳等艺术大师的创造革新精神。后来通过舞台实践逐步了解京剧艺术的发展历史,他又长期活动在四海通商、五方杂处、中西文化碰撞交流的大都会上海,不仅扩大了艺术视野,而且处于激烈的艺术竞争的氛围之中,形成了十分鲜明的改革观念和创造意识。他认为,京剧"最初是吸取了徽剧、汉剧、昆曲、梆子以及其他民间戏曲的长处而加以融合、创造,逐渐形成起来的……从京剧发展的历史来看,它从来就是在不断的革新中发展起来的"③。就剧目来说,今天的老戏在当年是新戏,老戏改成新戏,新戏又变成了老戏,不断地淘汰、保留、创作,这就是发展的规律。在他看来,京剧不是一个凝固的、封闭的系统,而是一个开放的、发展的系统。他把戏曲界那句"一招鲜,吃遍天"的行话,赋予新的解释。他说,"所谓'一招鲜',按我的体会,无非就是创造革新的意思"。也就是说只有创造,才能使艺术不断获得生命力。

他在《谈谭剧》《怎样理解和学习谭派》《继承和发展戏曲流派我见》等文章中系统地论述了关于流派的继承与革新问题。他的观点是:

一是发展的观点。他说:"首先要在思想上确立这样一种观念,就是继承的目的是为着发展,不是为继承而继承。继承的结果,不但要求把这个流派的艺术学下来,而且要在这个基础上产生新风格,新流派。……这个具体的发展的观念,我认为才是继承流派的正确的道路和方法。"

二是学流派要学其精髓与真谛。他说:"要唱好戏,非得勤学勤看不可,要想学

---

① 周信芳:《衷心感谢党和毛主席的培养和领导》,载《周信芳文集》,中国戏剧出版社1982年版,第9页。

② 周信芳:《更好地继承,更多地创造》,载《周信芳文集》,中国戏剧出版社1982年版,第331—332页。

③ 周信芳:《必须坚持推陈出新》,载《周信芳文集》,中国戏剧出版社1982年版,第42页。

别人家的好处,必须仔细研究、揣摩,好的极力学习,不好的情愿割爱,免得闹出东施效颦、画虎类犬的笑话来。"20世纪20年代末,他就批评某些人以讹传讹地教授谭派的现象。他直言告诫道:"快快不要乱学,因为老谭实在是不容易学的。我这些话并不骂学谭的人,也不是阻止学生不要学谭,乃是恐怕没有学着老谭的妙处,尽在形式上用功夫,倒反添了许多毛病,盲从着往歧路上去,可不是很危险吗?"

三是"学习流派不能死学,不要做人家的奴隶,要活学,要根据自己的基础和条件学"。

四是学了流派的东西以后,要"化",根据自己的条件"化",根据特定的剧情、人物"化"。这个"化",就是创造,演员要找到自己的东西以及能够发挥自己特长的契机。他说:"善于学,善于化,学的是人家的东西,学人家东西的是我,人与我,统一在表演艺术的中间,浑然一体,这就是最好的继承,也是理想的发展。"他分析谭鑫培流派的形成过程,指出谭"取人家的长处,补自己的短处。再用一番功夫,研究一种人家没有过的,和人不好演的艺术,明明学别人,偏叫人家看不出我是学谁,这就是老谭的本领"。老谭的本领也就是创造的本领,因此他赞扬谭鑫培"是个敢于破坏老戏成规的'罪人',也是个创造新戏革命的先进"。这些观点也贯串于周信芳自己的艺术实践之中。他学过谭,但并不死学,而是博采谭鑫培、孙菊仙、汪桂芬诸家之长,并借鉴花脸、花旦的唱腔、表演,以及其他姐妹艺术之长,熔冶一炉,融会贯通,创造了独树一帜的麒派艺术。对待传统京剧的遗产,他主张"有用的东西拿过来,没有用的加以扬弃,不够用的加以创造,这也是推陈出新"。

关于流派,周信芳还主张多样化,各擅其长,百花齐放。他在1935年就这样评论京派与海派:"京朝派和海派,可以说是瑕瑜互见,京朝派有保守性,可是顽固不化,往往因为重师承而致错讹丛生;海派有创造性,但没有保守的能力,致流入取巧应付一途。"① 这里所说的"保守",并非保守主义之意,乃是指能保持传统的东西。周信芳反对对流派问题持宗派主义的态度,他说:"宗派不

---

① 周信芳:《麒麟童之京派与派派谈》,《周信芳特刊》1935年4月。

破，流派不兴，要兴得茂盛，必须破得彻底。"①

除了纵向继承以外，周信芳还主张横向借鉴，广采博纳，使京剧艺术不断创新。他曾说过这样一句话："只有一股水，不能成为大海。"有人讽刺高庆奎是"高杂拌儿"，周信芳公开支持高庆奎，并说自己也是"杂拌儿"。他的广采博纳不局限于京剧的范围以内，而是扩大到其他艺术领域。他在《谈谈连台本戏》一文中称赞连台本戏吸取新剧的表演方法及现代化的舞台技术，强调了横向吸收取得的效果。周信芳自己经常注意吸收姐妹艺术的营养，化为自己表演艺术的血肉。他演《坐楼杀惜》中最后刺杀阎惜姣的那些身段和内心表现是从美国电影演员考尔门那里学来的。《萧何月下追韩信》中萧何看韩信题诗时，背肩颤动的表演是借鉴了美国电影明星约翰·巴里摩亚的演技。他甚至把交谊舞的舞步融进《徐策跑城》的舞蹈。他还参加过话剧《雷雨》的演出。这些都为他提供了丰富的养料，因此他演的戏能够时有创造，常演常新。

革新创造离不开扎实的基本功和丰富的文化修养，周信芳认为这是演员进行创造的基础。他早在20世纪20年代就主张："学戏先要打好根基。"一个徒弟先要学会三十多出戏，才算毕业。演员没有基本功，根本就谈不上"创造"二字。他经常告诫青年演员要多练、多学、多看、多演。他还主张演员要广泛涉猎，掌握丰富的文化知识。他赞扬王鸿寿肚子宽，唐三千、宋八百随意能演，称之为伶界饱学之士。要掌握丰富的文化知识，就要多读书。他说："要知道戏曲的价值和其中的真义，非得读书不可……"读书一是了解历史及人物，因为京剧较多的戏演绎的是历史题材；二是扩大见闻，增加阅历；三是提高自己的文学水平和文学修养，这些都是关系到艺术创造成败的重要问题。周信芳特别喜欢买书、读书，是众所周知的。1943年，梅花馆主在《我对于麒麟童的认识》一文中曾说："信芳对于文学，亦有深湛的修养，一部二十四史，是他日常亲近的恩物，所以何朝何代，认识得非常清晰，忠奸贤不肖，又辨别得非常透彻，有此一番苦功，演起戏来，自然胸有成竹，别有天地……"②

---

① 周信芳：《继承和发展流派我见》，载《周信芳文集》，中国戏剧出版社1982年版，第341页。
② 梅花馆主：《我对于麒麟童的认识》，《麒麟童特刊》，上海吉祥出版社1943年版。

周信芳在读书

周信芳在谈诸子百家时这样说:"学术有了根底,思想新颖,一变化当然成了一种学派。"学术如此,艺术创造亦然。其中有三个要素:首先,根底要深厚,指传统与基本功的根底,文化与艺术的素养;其次,思想要新颖,也就是要有改革观念、创造意识;最后,要去变化,去实践。这样才能在艺术上创造出新的东西来。周信芳言简意赅地揭示了继承与创造的真谛。

第五节　唱做念打与舞台整体美

中国戏曲是高度综合性的艺术,正如我国近代著名学者王国维所说:"必合言语、动作、歌唱,以演一故事,而后戏剧之意义始全。"[③] 周信芳认为京剧"集中地体现了我国传统戏曲歌、舞、剧合一的特点"。它是唱、做、念、打的综合,同时又

---

③　王国维:《宋元戏曲考》,载《王国维戏曲论文集》,中国戏剧出版社1984年版,第29页。

是众多演员共同创造的艺术品,因此其综合效应与整体美体现得如何,往往是决定成败的关键。周信芳经过长期的舞台实践,又借鉴吸收了话剧、电影的某些艺术创作规程与艺术管理方法,强调京剧舞台艺术的整体效应,力求达到整体的美感。

首先,他主张"一台无二戏"。欣赏京剧往往有看角儿的习惯,一台戏总有一二个主角挑大梁。然而,一是主角的表演也得服从整个剧情和剧中人物的特定命运和性格,与其他人物的特定关系;二是主角还需其他演员配合,才能演成一台好戏。周信芳分析《萧何月下追韩信》,"主角是萧何,韩信则是事件的核心……萧何固然是主,但也不能单演一个人。最难演的还是主中宾——刘邦,如果他的语气、层次、段落衬托得不好,戏的效果就不会好,这就要打破对于主角和配角的成见。配角也很重要。配角衬托得不好,主角也就不突出"。[1] 他认为配角要配合主角的表演,主角与配角要有交流。京剧中的家院不大受人重视,可是周信芳却认为:"家院也很重要,不能像过去的所谓'职业院子',敷衍塞责。院子要有戏,也要配合主角的表演。徐策唱时,院子就控马,备马,徐策唱到'叫家院带过了爷的马能行',他正好把马备好了,牵过来。两人一对眼色,家院一看徐策,表示马已备好了,徐策一看家院,表示知道了。两人用眼睛在说话。这也是'一台无二戏',要有交流。"[2] 他还认为主角也并不是在戏中从头至尾都是为主的,有时主角要为配角配戏,比如《乌龙院》中宋江是主角,但"刘唐下书",刘唐与宋江见面,此时观众要看刘唐的戏,因此要让观众看清刘唐的脸,而宋江则背对观众,但他心里有事,背上要有戏。有时主角还要给配角引戏,曾与周信芳同台演出的金素雯、赵晓岚都谈到与周配戏时,经常受到周先生感情充沛的表演的感染,从而引发出感人的戏剧语言与动作。

其次,周信芳认为唱、做、念、打是京剧表达剧情、塑造人物的主要艺术手段,不可偏废,应力求唱、做、念、打各自发挥作用,并互相配合,和谐统一,浑成一体。他说:"演戏的'演'字,是包罗一切的,要知道这'演'字,是指戏的全部,不是专指'唱'。"他认为"唱主要代表叙事或助兴的……'念白'表明剧情,'做工'辅助不足,利用锣鼓的声音来表现剧情的紧缓,振作观众的精神,

---

[1] 周信芳:《萧何月下追韩信》,载《周信芳舞台艺术》,中国戏剧出版社1961年版,第147页。
[2] 同上书,第169页。

使台下不知道台上是真、是戏，喜、乐、悲、哀都要使看客同情，那才叫戏剧呢！"因此他指出："现在的皮黄戏，在四面楚歌的时候，要想打开一条路，非得从全貌着手计划不可。"① 他反对旧京剧重唱工轻做念的倾向，他说："程（长庚）、孙（菊仙）、谭（鑫培）、汪（桂芬）他们都是天赋的歌喉，可是他们都注重做工与念白，要是只管耍几个新腔，不研究做工和念白，人家不会去听留声机器吗？"② 他自己努力加强做工与念白，然而并不轻视唱与武打。他虽然嗓音失润，但根据自己的条件独创麒派唱腔，在观众中享有盛誉。在谈《澶渊之盟》创作时，他分析寇准的唱腔，认为写出了人物的内心活动与思想感情，肯定了唱在京剧中的重要作用。京剧中固然有以做工为主或唱工为主的戏，然而总体上讲都要求唱、做、念、打浑成一体。周信芳演的《徐策跑城》是做工戏，然而跑城的舞蹈始终与【高拨子】的唱相伴随，形成载歌载舞的舞台形象。《宋士杰》中念白很重，然而那段"公堂之上上了刑，好似鳌鱼把钩吞"的【西皮散板】也极脍炙人口。

《澶渊之盟》，周信芳（右二）饰寇准，赵晓岚（左一）饰萧太后

---

① 周信芳：《唱腔在戏曲中的地位》，载《周信芳文集》，中国戏剧出版社1982年版，第313页。
② 周信芳：《新腔与老调》，载《周信芳戏剧散论》，中国戏剧出版社1960年版，第66页。

第七章　周信芳的戏剧观

周信芳认为一切艺术手段都是为了创造一个完整的舞台形象。比如锣鼓："锣鼓是伴奏，要起伴奏的作用，要衬托、帮助表演。"在《萧何月下追韩信》中萧何与韩信两人并肩下场，锣鼓要配合他们的动作自慢而紧，而不能突然强烈起来，那样就会打乱戏的节奏，破坏了情绪与气氛。而《打渔杀家》中父女摇船回去，就不能用急促的【大撒锣】锣鼓点送下，而要用【阴回头】加上水声，渲染夕阳西下一叶扁舟的意境及父女俩各怀心事的情态。哪怕是音响效果的安排，也要与剧情相契合。《打渔杀家》中萧恩有一段唱："清晨起，开柴扉，乌鸦叫过。"用唢呐吹的乌鸦叫的效果要放在"开柴扉"后的一个小过门里，而且要抢在前面一点，好留一点时间让萧恩稍稍转转念头，然后接唱"乌鸦叫过"。只有如此精心设计，才能严丝密缝。

最后，主张编、导、演、音、舞美的高层次综合。这种综合更带有整体性的创作指导思想的性质。中国戏曲发展到京剧，原先那种以名作家名作品为中心的格局逐渐演变为以名演员的表演为中心的格局。这对强化戏剧的舞台性是有利的，然而也产生了失衡与弊病，轻视戏曲文学，突出个别名角等现象损害了京剧艺术整体美的实现。这个问题引起了近代进步演剧家的注意，无论汪笑侬、欧阳予倩都很重视京剧剧本的编撰及高层次的综合。周信芳也是一位身体力行的艺术家。

早在20世纪三四十年代，周信芳就提出："最要紧的是使平剧是'完整的戏'，今日以前的平剧以伶为本，'看个人不看戏'。今日后的平剧要以戏为本，'看戏不看人'，打破角儿制度，注重好的剧本。"他主张"今后的平剧应该为剧本找演员，不应该单为

《临江驿》，周信芳饰张天觉

演员找剧本"。①

　　周信芳一向重视编剧与导演的作用。他自己就不仅是一位表演艺术家，而且是一位编剧家和导演家。他创作或参与创作过许多新的历史剧，如《文天祥》《徽钦二帝》《澶渊之盟》《海瑞上疏》等，改编过许多古典戏曲名著，如《赵五娘》《萧何月下追韩信》《临江驿》等，整理过许多京剧传统剧目，如《四进士》《清风亭》《徐策跑城》等。他很早就倡导建立编导制。1925年，在丹桂第一台编演连台本戏《汉刘邦统一灭秦楚》时，就率先在报纸上登出"周君信芳主编导演"的字样。周信芳排戏往往先发给演员单片，然后将其召集在一起讲戏的总纲，再一场一场连唱词，带锣鼓点子详细说明，特别注重舞台地位及表情动作，以及人与景、道具的关系，并力求使每个演员都有表演的机会。这些在京剧界都是开风气之先的。他演出的不少连台本戏和本戏都是实行编导制的。在京剧界建立导演制度方面，周信芳作过不可磨灭的贡献。新中国成立后，他更重视编导制，请作家编写或整理剧本，请导演排戏。20世纪50年代初他培养青年演员马科当导演，亲手扶着他"上马"。有一次在武汉演出《澶渊之盟》，演出结束谢幕时，他到处找编剧陈西汀一起上台谢幕。

　　剧本是一剧之本，是艺术创作的依据与载体。而导演是进行二度创作的总设计师和指挥员，因此他认为"由于导演制度的建立，也就做到了舞台演出的整体性"。他也重视舞台美术、音乐等各种艺术手段。当然更重要的是要求在一个总的创作构思指导下，编、导、演、音、舞美各个部门充分发挥各自的艺术功能，又巧妙地相互配合，以构筑一个完整的艺术机体。周信芳排演《明末遗恨》"杀宫"一场时，要求锣鼓打阴锣，演员的念白也要用低调门，以求整个舞台气氛的统一。周信芳排演《义责王魁》也是成功的实践。他自己任导演，并兼饰主角王中，一开始，他就参与剧本的讨论、修改，根据剧本制订出总的艺术构思，接着与演员、音乐、舞美方面的同志讨论艺术构思，统一看法，然后设计唱腔、舞蹈、身段、布景、服装等。戏的最后王中与王魁决裂时，王中在"这奴才的衣服脱下"

---

① 田汉：《周信芳先生与平剧改革运动》，《文萃》1946年10月。

的唱词中，在打击乐的配合下，解带、卸帽、脱衣，把脱下的黑沉沉的外衣掷于王魁面前，而显出里面穿的色彩明丽的服装，与唱词中的"苍劲翠柏"、"傲骨"交相辉映。由于编、导、演、音、舞美各部门思想统一，通力协作，这出戏的综合效应十分强烈，体现了京剧舞台的整体美。

周信芳强调艺术的整体美，其核心是：调动京剧的各种艺术手段，塑造具有典型意义的人物形象，体现一定的思想内涵；强调在舞台上呈现一种符合京剧艺术特征的完整的艺术美；给予观众以视觉、听觉等方面全方位的审美感受。

综观上述五节内容，周信芳的戏剧观是一个完整的体系，并且充满了辩证的观点和发展的观点。

周信芳所赴的时代，政治上是个动荡变革的时代。在文化方面，一方面随着民主革命的高涨，革命文艺得到发展；另一方面西方文化不断传入，而京剧艺术又面临着从古典艺术向近代艺术发展的阶段。从地域上看，周信芳长期进行艺术活动的上海正是中西文化交会的窗口。这一切都成了周信芳戏剧观形成的客观条件，而周信芳的个人禀性、生活经历、思想修养、审美心理及其艺术实践是形成他的戏剧观的主观条件。

一般认为，在20世纪戏剧史上出现了三个戏剧体系，即斯坦尼斯拉夫斯基体系、布莱希特体系和以梅兰芳为代表的中国戏曲表演体系。通过以上简略的描述，可以看到，周信芳的戏剧观是相当丰富、相当完整的。特别是新中国成立以后，用辩证唯物主义武装了头脑，使其观点更得到完善与发展，更有条理性，因此可以说是自成系统的。当然，这个系统包容于上面所讲的第三个体系之中。我们说周信芳的戏剧观自成系统，是有理由的，因为它涉及诸如戏剧与社会、戏剧与生活、戏剧与观众、演员与角色、传统与创新、戏剧舞台与综合效应等戏剧观中的重大问题。他的戏剧观与舞台实践，使京剧带有鲜明的近代化的文化品性，他对京剧近代化作出了卓越的贡献。梅兰芳是中国戏曲表演体系的杰出代表，而周信芳的戏剧观和舞台艺术又以其独具的风采丰富了这个体系。如果我们能深入地对梅兰芳、周信芳以及其他艺术大师的戏剧观和表演艺术进行系统细致的研究，然后加以宏观上的鸟瞰，便可归纳总结出我们中国戏曲的表演体系来。

第八章　麒派的剧目

剧目是戏剧家审美创造的对象，它是戏剧家舒展表演技艺，进行艺术改革的载体，他的戏剧观、他的演剧思想、他的表演风格都往往要附丽于特定的剧目，因此剧目是区分不同艺术家艺术风貌的标志之一。梅兰芳的梅派艺术离不开《贵妃醉酒》《霸王别姬》《洛神》《宇宙锋》《穆桂英挂帅》等一系列剧目，程砚秋的程派艺术则离不开《荒山泪》《锁麟囊》《六月雪》《青霜剑》《文姬归汉》等剧目；同样，周信芳的麒派艺术也与《宋士杰》《乌龙院》《清风亭》《萧何月下追韩信》《文天祥》《海瑞上疏》等一系列别具风采的剧目水乳交融般地紧密关联着。周信芳历来重视剧目的创演，后来他更加明确地指出："一个剧种的发展，不但与人才有关，也和剧目有关"，"一出《十五贯》可以救活一个剧种，说明剧目问题何等重要"。

第一节　剧目的多样性与倾向性

周信芳一生演出的剧目共有六百五十七出之多，其中传统戏二百二十出，新戏四百三十六出，话剧一出。其数量之大，在京剧艺术家中堪称罕见。在这些演出剧目中呈现出一种极其多样化的态势。这种多样化反映在题材广泛，品种、样式繁多，显得丰富而又驳杂。从内容看，大量的是历史题材，有描写古代人民生活的；也有反映现实生活，描写现代人生活的时装戏、现代戏。除前面章节中较多提到的一些时装戏外，周信芳还演过《杨乃武》(1916)、《舞女复活》(1930)、《遗产恨》(1931)、《啼笑因缘》(1932) 等。就描写历史题材，反映古代人民生活的剧目来看，有根据古典名著改编的《赵五娘》《萧何月下追韩信》《乌龙院》等；有经过整理的传统剧目《四进士》《清风亭》《徐策跑城》等；有新创作的历史剧《文天祥》《徽钦二帝》《海瑞上疏》《澶渊之盟》等。从剧目风格看，有正剧，如《宋士杰》；有悲剧，如《清风亭》；有悲喜剧，如《乌龙院》；有讽刺喜剧，如《打严嵩》。从体裁样式看，有本戏、折子戏、叠头戏、连台本戏等多种形式。从行当看，有文戏、武戏，甚至反串老旦戏。从角色看，既有主角戏，又有配角戏，如1913年在新新舞台为冯子和配演的新戏，就有十八出之多，其中有《血泪碑》《侠女鉴》《宦海潮》等，周信芳有时还一赶二，一赶三。

周信芳演出的剧目数量大，内容、形式多样，这是有原因的。原因之一，周信芳久站上海舞台，当时每天晚上演出夜场，星期天还要加演日场。演出场次多，而且经常得调换戏目，故而需要相当数量的剧目，方能应付过来。另外，上海是个五方杂处的商业中心，观众流动性大，层次比较复杂，这就需要多种类型的剧目，以适应多层次观众的文化消费需要。

原因之二，周信芳处于一个京剧走向繁荣而又经历改革的历史阶段，当时舞台上新的样式、新的剧目层出不穷，这也为周信芳的剧目多样化提供了客观的条件。比如，连台本戏就是20世纪二三十年代在上海得到迅速发展的一种新兴京剧体裁样式。周信芳看到"连台本戏的剧情变化大，用的人要经常换，每本戏都有特定的主角，戏里用什么人就请什么人，人才流动，戏就好推广了……很多好戏是可以从连台本戏中保留下来的。连台本戏可以普及观众，可以增加收入，可以锻炼编导，可以让演员的才能得到最大发挥"[1]，所以就抓住这一广大观众喜闻乐见的艺术样式，在20世纪20年代末、30年代初大演而特演，在上海轰动一时。

---

[1] 涂沛：《七龄童——麒麟童——麒派》，载《周信芳与麒派艺术》，华东师范大学出版社1994年版，第136页。

原因之三，周信芳多才多艺，文武昆乱不挡，戏路宽、能戏多，又勤于编创，故而演出剧目极其丰富。衰派老生的文戏就不必谈了。武戏《大报仇》《八蜡庙》《剑峰山》《溪皇庄》《莲花湖》亦极受观众欢迎，他演的《走麦城》《单刀会》《过五关》《华容道》等红生戏更脍炙人口。他不仅擅演做工戏，唱工戏也很好，像《四郎探母》，唱得感情充沛，韵味醇厚，并且唱做并重，别具一格。周信芳甚至反串过《钓金龟》中的老旦。

周信芳剧目的多样化，一方面不可避免地带来一些驳杂的弊病；另外，他的多样化，在不同时期有一定的侧重，其间有一个变化的过程。我们粗略地分成三个时期：

早期：1901年至1926年。传统剧目居多，文戏、武戏各种行当剧目都有所涉猎，编演了较多的时装新戏，开始编演连台本戏。

中期：1927年至1949年。传统剧目中，较多地演出经过改编整理的、具有个人风格的剧目。新编剧目增多，演出红生戏、连台本戏增多，抗战时期则演出倾向性特别鲜明的救亡剧目。这一时期是周信芳演出最旺盛的时期。

晚期：1949年至1966年。主要演出代表剧目，并继续加工，精益求精。另有新编历史剧演出。

麒派剧目的多样性与鲜明的倾向性是统一在一起的。他主张戏剧要与时代的脉搏一起跳动，主张戏剧要与现实斗争息息相通。这种观点首先反映在他对剧目的选择、加工及处理上面。具体地说，就是体现在他编演的剧目的鲜明倾向性上面。这种鲜明的倾向性，在三种不同类型的剧目中有着不同形式的反映。

第一，编演反映现实斗争生活题材的时装新戏，直接表现艺术家的政治倾向。我们前面已经谈过周信芳从20世纪初开始就编演了《民国花》《宋教仁》《学拳打金刚》等时装戏，这些戏把现实生活中的矛盾斗争搬上京剧舞台，鲜明地表现作者、表演者的反帝反封建的政治观点和思想倾向，成为当时民主主义革命中一股舆论力量。

第二，编演一些历史剧与故事剧，通过剧中的情节与人物，借古喻今，针对现实生活中的某些现象,发挥文艺讽喻现实、针砭时弊的功能。比如,周信芳在抗战时期编演《明末遗恨》与《徽钦二帝》等剧目,以爱国主义精神和强烈的民族意识,极大地鼓动了民众的抗日救亡斗志。

第三,周信芳所编演的剧目中数量最多的一种是,这些剧目并不直接反映现实、干预时政,也不是借古喻今、影射现实的,而是指经过周信芳整理、加工的传统剧目,剔除了封建性的糟粕,民主性、人民性的精华得到发扬;还有一些周信芳编演的新的历史剧和故事剧。这些剧目以剧目本身内涵的阐发,表现出艺术家对真善美的赞颂,对假丑恶的鞭挞,从而体现出剧目鲜明的思想倾向性。

首先是忠奸斗争。《文天祥》《徐策跑城》《打严嵩》等剧目,通过对忠奸斗争的描绘,歌颂不同朝代的忠臣贤士的爱国精神、民族气节和高尚人格,鞭笞卖国求荣、鱼肉百姓、贪生怕死、祸国殃民的贪官奸佞。《文天祥》在南宋末年元兵进犯中原的历史背景下,塑造了一位正气凛然、忠君爱国的民族英雄的形象。剧中宋军与元军的斗争,以及宋朝廷内部忠奸之间的斗争,这两条矛盾线索是互相交织而错落展开的。文天祥处于腹背受敌的境地,他面对着两种敌人:元军与奸佞,他要进行两条战线的斗争。元军南侵之所以节节得手,与宋朝奸佞当权,昏庸腐败有密切关系。襄阳被困五年,奸相贾似道不仅不发一兵加以救援,而且压下战报,秘不禀告皇帝。文天祥在金殿揭露贾似道的罪行,但是结果反而被罢职。后来文天祥受命于危难之时,被派往敌营议和,文天祥不亢不卑,据理力争。可就在此时,一班宋朝奸佞却捧着降表、国玺前来称臣投降,这不仅使文天祥的外交活动受挫,而且文天祥即被元营拘押。后来,文天祥在百姓、义士的帮助之下,在京口逃脱羁绊去到真州,本想重整旗鼓,反击元军,可是扬州李制使却散布流言,诬说文天祥已归顺元营而前来说降,并派人前去刺杀文天祥,真州太守也拒不接纳他。文天祥只得南行,到达温州后与张士杰等会合,率军迭克数城,但终因寡不敌众而兵败被俘。文天祥最后是死在元军的屠刀之下的,但究其实质,一半是断送在宋朝的奸佞、昏官们的手里的。这出戏,特别是通过文天祥与贾似道面对面的斗争,在元营中文天祥与元丞相伯颜的尖锐交锋，以及最后面对元朝统治者的蜜语与屠刀，文天祥临危不惧，视死如归等场景的描写，使文天祥的崇高品格、爱国精神、民族气节，磅礴于天地。这出戏虽然在抗战时期被强令禁演，但是新中国成立后终于与观众见面。它所歌颂的民族气节和爱国精神，正是我们中华民族的传统美德，无论在什么时候，都是我们民族的宝贵财富，无论什么时候，都能给观众以深刻的教益。

忠奸斗争是我国漫长的封建时代，错综复杂社会矛盾中的一个重要的方面，因此也成为戏曲剧目经常反映的题材。在周信芳编演的传统剧目和历史剧中反映忠奸斗争的也很多，通过这类剧目，歌颂了忠臣的高尚品格，体现了人民的美好理想。

其二是善恶斗争。周信芳的演出剧目中表现善恶斗争题材的剧目也很多，著名的有《清风亭》《审头刺汤》《宋士杰》《义责王魁》等。人的品格、人的心地、人的行为，乃至一个政治集团、一种政治势力的政治目的和政治行为，大体上可以用善与恶来分野，当然，不同历史时期自有其不同的具体内容或是特定的阶级内容。但善与恶的斗争在生活中是普遍而大量存在的，包括善良与凶恶的斗争，正义与邪恶的斗争，因此也是文艺作品描写的重要题材。为什么小孩子看戏时总要询问和辨别舞台上谁是好人，谁是坏人，其实这正是天真地一语道破了戏剧的秘密。

周信芳的演出剧目，不仅反映善恶斗争题材的为数很多，而且其思想倾向极为鲜明。比如《清风亭》的主角是善良的老人张元秀，其对立面是忘恩负义的张继保。这出戏是一部悲剧。张元秀把襁褓之中的张继保捡回家来，含辛茹苦，视其为亲子悉心抚养，后来张继保却断然出走，做了官之后竟翻脸不认，活活将一对老人气死。这是善良老人张元秀的悲剧，然而同时它又是一个社会的悲剧。张继保的生母周桂英也是一个无辜的受害者，封建社会的妻妾制度，使周桂英备受大娘的欺凌，被迫抛撇亲生婴儿，自己也差点儿被害死，她也是一个悲剧性质的人物。她的认子也是值得同情的。剧中一方面是善良老人的悲惨结局，另一方面却是忘恩负义的张继保登堂入室，做官掌印，这是对那个恶人世界的生动写照。

至于张继保的忘恩负义，与封建社会功名势利的科举制度、社会形态也密切相关，可惜这一方面剧作没有加以生发，因此张继保的行为、思想性格方面的依据描写得还不足，显得有点漫画化。给人以深刻印象的还在于，周信芳是在一个浓重的悲剧氛围中展现这场善与恶的斗争，并且演得重墨浓彩，声泪俱下。他的同情完全在善良一边，而观众也得到了强烈的共鸣，使整个剧场里同情的波涛涌向倒在台上的张元秀老夫妻。这种同情善良的感情应该说是一种净化人的心灵的巨大力量。

《审头刺汤》《义责王魁》写的都是恩将仇报，也是善与恶的斗争的一种体现。

《宋士杰》写的是正义与邪恶的斗争。此剧原名《四进士》，因戏中有毛朋、田伦、顾读、刘题四个进士而得名。整个剧情是从兄弟争家产，因一只紫金镯而引发的命案所起，是出公案戏，故而又名《紫金镯》。最初是连台本戏，共有四本。主角是毛朋，宋士杰在第二本的末一场才开始出场。经过周信芳的改编整理和不断加工演出，逐步演变为以宋士杰为主角，重点写宋士杰的仗义执言、伸张正义与田伦、顾读的贪赃枉法、草菅人命之间的矛盾，这样就使剧情集中在正义与邪恶的斗争上，歌颂了宋士杰这个普通老百姓的凛然正气和侠骨义胆。

其三是正义与反动的斗争。《乌龙院》中宋江与阎惜姣的矛盾，本身也是一种善与恶的斗争。宋江在阎惜姣一家遭到极大不幸的时候，慷慨救援，这是一种善举。可是阎惜姣却忘恩负义，私通张文远，并发展到恩将仇报，这便是恶。这场斗争，本来也不过是家庭的恩怨善恶之争，然而由于它涉及当时极其敏感的政治问题，即对公开亮出反抗朝廷旗帜的梁山起义军的态度问题，于是升格为一场正义与反动的斗争。阎惜姣为了达到勾搭张文远的目的，欲以私通梁山、反对朝廷的罪名陷害宋江，这就超出了一般三角恋爱的范围，成为十足的政治陷害。宋江最后刺杀阎惜姣，也不是出于妒杀和情杀，而是为了保存自己，保住梁山的安全。这场政治斗争实质上是善与恶斗争的升华。通过这场斗争，周信芳歌颂了善对恶的宣战与胜利，也歌颂了梁山英雄及其正义行动。

总之，周信芳编演的剧目，倾向性是鲜明的。总的倾向是健康的、进步的、革命的。他有所为，也有所不为，早在新中国成立前，对某些反动、淫秽、凶杀的剧目就不屑为之，新中国成立以后更是以身作则，拒演坏戏。

新中国成立以后，周信芳在思想与理论方面均有所提高，其剧目编演有两点比较突出，一是加强了对劳动人民形象的塑造，他演出《闯王进京》表明他对农民起义领袖有了新的认识；他编演《义责王魁》，则是对《一捧雪》莫成替死的一种反拨，是对封建愚忠及奴隶哲学的否定。二是编演历史剧如《海瑞上疏》《澶渊之盟》，从比较浅层的影射讽喻，向吸取历史教训的深层掘进，历史真实与艺术真实得到了较好的结合。

第二节　剧目的改革创新与艺术个性

前面说过，剧目是艺术家进行艺术创造、艺术改革的载体，也是艺术家艺术个性的直接体现。周信芳对待剧目，决不满足于简单的搬演或演绎。早在1930年他就在文章中写道："有几位有经验的，对皮黄剧采取公允的批评，说旧剧有的地方描写不足，有的地方太不经济，所以很想使皮黄戏的不足得到充分的满足，烦琐的使它经济，能供现代的需要，使艺术革命化。"[①] 因此，凡一个剧目到了他的手里，他总要按照自己的理想，对它进行整理、修改、加工、创造。他对一些剧目的加工、创造，推陈出新，归纳起来，一种是对剧目的主题、人物作新的处理，使剧目的内涵更丰富深刻，人物形象更加鲜明突出；一种是对剧目作新的艺术处理，如唱做念打的重新设计与反复琢磨，舞台形式的改造与出新，服装的改进与美化。这种改革与创新当然是为了使剧目在内容与形式上都臻于完善，同时也是为了更好地发挥自己的技艺，展现自己的风格。比如他文武昆乱不挡，不仅演老生，而且兼演武生、红生、小生，但他的主攻方面是衰派老生，因

---

① 周信芳：《皮黄运动话"东方"》，载《周信芳文集》，中国戏剧出版社1982年出版，第315页。

而剧目的选择、加工都充分考虑了这一点。总之，周信芳对剧目的改革创新与努力塑造自己的艺术个性是始终紧密地联系在一起的。

周信芳在剧目改革及艺术个性塑造方面，特别注重了以下几个方面。

第一，对民间色彩浓厚的剧目给予特别的关注，并努力保持和发展其粗犷、淳朴的格调。戏曲本身就是一种来源于民间、扎根于民间、流传于民间的大众艺术，它具有浓烈的民间色彩，这是戏曲之所以为广大人民群众喜闻乐见的重要原因，这是戏曲的特色，也是它的优势。京剧渊源于地方戏曲徽剧、汉剧等，当然也来自民间。但是后来京剧一度进入宫廷，其民间色彩有所削弱。周信芳可能童年时受徽班出身的艺人王鸿寿熏陶较深，对具有民间色彩的徽剧等地方戏曲及其剧目特别钟爱。1930年他在《谈穷生戏》一文中曾说过："剧本来自民间，未经过士大夫的修饰，有它的朴实可爱之处。所以我说民间剧本最好，有那么股淳厚的味儿。秦腔里有很多便是民间剧本，可惜都被摒之于庙堂之外了……我认为如果利用民间的剧本，把它的不正确的观念纠正一下，这便是一个好剧本。"①

《斩经堂》，周信芳饰吴汉

在周信芳的演出剧目中，一些来自徽剧的剧目得到了很好的保留与加工，如

---

① 周信芳：《周信芳文集》，中国戏剧出版社1982年出版，第319页。

《四进士》《清风亭》《打严嵩》《斩经堂》《徐策跑城》《扫松下书》等，原来都是徽剧剧目，后来移植到了京剧中来。周信芳对这类剧目特别厚爱，其中不少经过加工琢磨，成为他的代表作。

对这些民间气息浓厚的剧目，周信芳一方面进行必要的去芜存菁及艺术加工，另一方面努力保持并发扬这些剧目粗犷的风格及淳厚的情趣。《打严嵩》写的是邹应龙与权奸严嵩的机智的斗争，它与写同一题材的文人剧作《鸣凤记》迥然而异。《鸣凤记》中邹应龙对严嵩的斗争主要采用参奏、弹劾的手段，最后依赖皇帝裁决，从而得以实现。《打严嵩》则不然，它描写邹应龙以其非凡的智慧，玩权奸于股掌之间。他装作愿做严嵩的心腹之人，为他出谋划策，取得严嵩的信任。随后，邹应龙把严嵩诱至开山王府，让常宝童把严嵩打了一顿。严嵩恼羞成怒，决意上殿参奏常宝童，为了当殿验伤，他再三恳求他的心腹人邹应龙为他在脸部做伤。于是邹应龙借题发挥，连打带骂，又将严嵩狠狠地痛殴一顿。剧情颇为奇特，富有浪漫主义色彩。在戏里抒发的是老百姓斗倒权奸的意愿和乐观谐趣的精神，采取的也是老百姓的斗争方式，具有强烈的民间色彩，观众看了无不大快人心。戏里的对白，宰相与御史说的差不多都是民间的大白话；唱词也写得十分通俗生动，邹应龙有一段著名的唱词：

忽听万岁传圣命，在午门来了我保国臣。那一日打从大街进，偶遇着小小顽童放悲声；我问那顽童啼哭因何故，他言说严嵩老贼杀他的举家一满门。劝顽童休流泪，你免悲声，邹老爷是你报仇人。站立在金阶用目来观定，上面坐的嘉靖有道君，那一旁坐的是老海瑞，他本是我朝中尽忠报国、架海金梁，擎天柱一根；那一旁坐的是严阁老，他本是我朝中上欺天子下压臣，谋朝篡位卖国的奸贼，名叫、严嵩。我本当上殿奏一本，怎奈我官卑职小怎能参大臣。

（白）罢，罢，罢，暂忍我的心头恨，品级台前臣见君。

这出戏在观众中很受欢迎，影响很大，故有"申江家家追韩信，沪上处处打严嵩"的说法。

《清风亭》原来也是徽剧剧目,经过周信芳的整理加工,民间文学的色彩仍得到了保留和发展。这虽是一出悲剧,但老百姓的幽默感还是随处可见,语言也极富乡土气息和生活情趣。在"别子"一场,周桂英问张元秀作何生意,张元秀是打草鞋的,却戏称是"马上弹琴";又问婆婆做何活计,其实是磨豆腐的,回答却是"推转乾坤"。后面当周桂英说到"哪有六十岁的妈妈养儿子的道理"时,张元秀说:"啊?……嗳!枯竹林中生嫩笋,老牛临危产麒麟,只要她养,慢说七十三岁,就是一百三十岁,她也会养啊!"这些语言都使人感到朴实可爱,确有一股清新淳厚的气息扑面而来。

《徐策跑城》原来也是徽班戏,唱的全是【高拨子】。周信芳保留了原来粗犷奔放的风格和【高拨子】的唱腔,并在舞蹈方面作了大幅度的丰富加工,使这个剧目成为一出载歌载舞的好戏。

蒋星煜先生在《麒派艺术的形成与影响》一文中说道:"人们囿于偏见,往往认为周信芳改革太多,认为周信芳太多的'海派'风格取代了纯粹的正宗的京剧,因此把海派中最富有时代精神的麒派视为异端。殊不知徽味浓郁的麒派艺术不仅不是京剧的异端,而且保存了京剧母体徽剧的古朴淳厚的特征,那些主张应该让京剧的原汁原汤保存下来的论客,他们哪里知道麒派艺术的许多精华实际上更接近于原汁原汤呢?"我以为,这段话是很有道理的。

第二,通过整理加工、改革创新,使每一个剧目都能发挥自己唱做念打,特别是做工与念白的特长,并且使每一个剧目都有自身的艺术特色。略举数例:

《萧何月下追韩信》唱做并重。萧何的两段唱腔【西皮流水】"好一个聪明的小韩信,他将古人打动我的心……"和【西皮慢流水】"我主爷起义在芒砀,拔剑斩蛇天下扬……"唱得情真意切,十分美妙。萧何向刘邦三荐韩信,那些手势、表情,生动干净,在治粟都尉官邸中观看韩信墙上留诗时,肩背颤动的做工以及追赶韩信时的趟马步法,最后滚鞍倒地的身段都做得精妙绝伦。

《四郎探母》则以唱为主,唱做并重。这出戏有繁重的唱工。周信芳不仅唱出自己的风格,而且唱与做紧密结合,唱到"泪汪汪哭出了雁门关"时,配以热泪盈眶的表情。四郎被擒，别人演时一般先将背上插的令箭、腰间挂的宝剑取下抛出，然后走吊毛，周信芳却是背插令箭，腰佩宝剑起吊毛。这样演，难度大，但不仅好看，而且更加符合生活逻辑。杨四郎突然被绊马索绊倒，事先根本未能预料，怎么可能先去褪下令箭、宝剑，然后再去跌倒呢？

《斩经堂》原来唱【高拨子】和【吹腔】，周信芳把见公主的那段唱腔改用【二黄】，加强了音乐形象，并更符合人物情绪。

《宋士杰》《清风亭》以做工、念白见长。《宋士杰》中宋士杰与顾读在公堂争辩，宋士杰出其不意地伸出三个手指，如同利剑，揭穿顾读受贿三百两的丑行，给人留下十分深刻的印象；《清风亭》中张元秀手持拐杖赶子、打子时的做工感人肺腑。两出戏的念白都可称脍炙人口，然而又有不同的表现，《宋士杰》里那段"小人宋士杰，在前任道台衙门当过一名刑房书吏……"的长篇念白，一泻千里，字字千钧，苍劲有力，主要突出其雄辩；《清风亭》中那段念白："好，我儿既然不愿回去，为父也不来勉强于你。此番跟随你母亲去见你那做官的父亲，把我二老一十三载养育之情对他言讲。儿啊，你必须好好读书，日后长大成人，若得一官半职，你回来的时节，来看看我二老。倘若我二老无福下世去了……"说得颤颤抖抖、断断续续、呜呜咽咽，主要渲染其凄婉，有一种催人泪下的力量。

《徐策跑城》则是载歌载舞，周信芳把此剧处理成一出歌舞剧，淋漓尽致地展现其舞蹈身段的美姿。

这些戏，每一个剧目都展现了麒派的艺术风貌，同时每个剧目都有自己的玩意儿：《徐策跑城》的"跑"，《乌龙院》的"杀"，《宋士杰》的"辩"，《萧何月下追韩信》的背上做戏，《清风亭》的拐杖技艺，《别窑》的飞旋转身亮相等等，无不令人拍案叫绝。

第三，突出剧目大众化的特色。京剧起源于民间，但在发展过程中，其走向有两个方面，一是引向雅；二是保持俗。周信芳确认京剧是通俗戏剧，是大众戏剧，确认麒派艺术的主要观众对象是广大的市民阶层，故而他走的是保持通俗、追求雅俗共赏这样一条路子。表现在剧目方面，就是大众化的特色。

第八章　麒派的剧目

周信芳的剧目在内容方面有不少是描写普通观众容易理解的凡人百姓的市井生活，如《清风亭》《宋士杰》《乌龙院》《打渔杀家》等。有些剧目即使反映的是宫廷、朝堂的生活，但也写得比较浅近，有的甚至将其适当地市井化了。总之，其剧目的内容并不艰深，而为一般观众所容易接受和理解。

在艺术处理方面，大众化的特色主要表现在几个方面：

一是剧情曲折而不复杂。戏剧的情节贵曲不贵直，如果剧情平淡无奇或平铺直叙，直统统的一览无余，这戏就不好看。因此剧情要曲折，但头绪不能太多，枝丫不能太复杂，否则观众就不容易搞清。周信芳的剧目注意剧情既曲折又不复杂。《宋士杰》的剧情是比较曲折的。姚庭梅被嫂子田氏用毒酒害死，庭梅之妻杨素贞又被田氏串通素贞的胞兄杨青卖给布贩杨春，情势非常危急。此时，遇到了私行察访的巡按毛朋，毛朋问清情由，愿意为其撰写字状，而杨春出于同情也与素贞义结兄妹。这样剧情出现了转折。杨素贞想去告状，但是一个女流之辈要到道台衙门告状，谈何容易，这时巧遇当过刑房书吏的宋士杰。如果宋士杰肯助一臂之力，告状便有了希望。然而宋士杰以前就是因为爱管闲事，办事傲上，被革了职，所以不肯多管闲事，这又增添了阻碍。后来杨素贞认了宋士杰为干父，宋士杰为之出力斡旋。谁知，田氏乃江西巡按田伦之姊，田伦说情，顾读受贿，因此三次公堂，一波三折。后来拦舆告状告到毛朋手里，才算审清问明，但是宋士杰以民告官已构成罪名，被判边外充军。这时杨素贞认出毛朋即是柳林写状之人，宋士杰抓住这一口实才得赦免。这出戏的剧情腾挪曲折，跌宕起伏，但戏路却又十分清晰晓畅，而且大多用明场演绎，观众易于理解。

二是舞台表演及语言都追求通俗易懂。周信芳在《〈探母新旧剧词商榷〉之商榷》一文中谈到杨四郎原来念的引子是："被困幽州，思老母，常挂心头。"这词既合人物心态，又通俗易懂，观众听了这个引子，便能明了全剧情节。可是后来有人却把引子改为"金井锁梧桐，长叹空随几阵风"。他认为新词较旧词是雅驯了一些，然而显得费解，没有老词来得明快。故而他演出《探母》时仍用老词。他深有感慨地说："平剧本是民众东西，因为被些无聊的人把通俗的东西改变成了古董，成为有钱阶级的玩物，反倒离开了民众。"① 再看我们上面引过的一些唱词、念白，也都十分浅显明白，观众一听就懂。

表演方面也力求明快易解。《乌龙院》中宋江失落了装有梁山书信的招文袋，焦急万分，回到乌龙院找寻，这里周信芳用了一段类似哑剧的表演，模拟刚才到衣架前取下招文袋，取信，放信，掂量招文袋，再把带子绕起来，然后往肋下一夹，先用一手拉门，拉不开，再用双手拉门……这才猛觉招文袋就在此时从肋下掉落。这种类似重复的表演手法，既描写出了宋江思索的过程，同时又以直观的形式诉诸观众，极其通俗易懂。

三是新颖活泼，富于趣味性和娱乐性。周信芳的剧目很注意舞台形式的新颖活泼。20世纪二三十年代，他编演的连台本戏，不仅剧情曲折生动，而且运用机关布景，神出鬼没，新奇巧妙，吸引了大量的观众。周信芳的剧目有较强的趣味性和娱乐性，即使是悲剧，其中也穿插某些喜剧因素，如《清风亭》中亦有某些插科打诨。"别子"一场，在清风亭，张元秀把当年拾子的情况告诉周桂英，周桂英发觉眼前的孩童就是自己的亲子："如此说来，他是我的儿子……喂呀！我的儿啊！"张元秀说："嗳！老汉与你说了几句话，我的儿子变成了你的儿子；我再与你说几句话，老汉也变成了你的汉子了。"最后一场，张元秀老夫妻得知张继保得中状元，回家祭祖要在清风亭歇马，准备前去相认，为了不给做官的儿子丢丑，二老还要演习演习如何做太老爷、太夫人。前面的插科打诨和这一场的喜剧插曲，不仅使戏增加了色彩，增添了情趣，而且更加深了悲剧气氛。

第三节 剧目的文学性与综合性

中国的戏曲文学经历了一个曲折的发展过程。中国的戏曲最初发轫于说唱、歌舞，表演是戏曲的中心。开始可能是没有剧本的，有的话，也是把表演记录下

---

① 周信芳:《周信芳文集》，中国戏剧出版被1982年版，第301页。

来的脚本。今存最早的剧本《张协状元》是南宋末或元初的南戏剧本,纵观全本,也是一个演出本。到了元、明、清,剧作家蜂起,戏曲文学得到了极大的发展,出现了关汉卿、马致远、王实甫、汤显祖、洪昇等一批大剧作家,到明清的昆曲,已演变为以剧作家为中心了。后来,花部兴起,京剧繁荣,又形成反拨,逐渐从以剧作家为中心嬗变成以演员为中心。其结果,一方面是京剧的唱做念打表演艺术得到了很大程度的发展,取得了辉煌的成就;另一方面也带来了忽视剧目文学性的弊病。不少京剧剧本场子琐碎,缺乏完整的文学结构,语言缺乏文学性,水词多,粗俗平庸甚至费解,如"马能行"之类的词频频出现于舞台。周信芳编演剧目时,自觉不自觉地注意了这个问题。他认为要使京剧是完整的戏,不能以伶为本,要打破角儿制度,注重好的剧本。他要求"平剧改革运动能引起更多的文艺家的注意,产生更多的剧本"。① 这些观点表明周信芳对剧本的重视和对剧目文学性的追求。

周信芳为了加强剧目的文学性,对以下几个方面给予了充分的关注。

一、完整的文学结构

一个剧目,它的结构、情节是否完整,是衡量其文学性高下的尺度之一。周信芳加工《清风亭》就是一个典型的例子。《清风亭》又名《天雷报》,故事源出于明传奇《合钗记》(秦鸣雷作),但人物姓名不同,结尾为周桂英全家团圆,并迎养抚育弃儿的老人。清乾隆年间,花部也有演出,但结尾改为"雷殛张继保"。到了周信芳学艺的那个年代,完整的剧本却已经难以见到了,通常只从张元秀夫妇在贫病交迫中"思子""望子"演起,到二老碰死在清风亭,雷殛张继保为止。十四五岁时周信芳向前辈艺人郝寿昌先生学了《天雷报》,也是不完整的。同行中有人说京剧里曾经有过全部《天雷报》的本子,特别是"赶子"一场格外动人。从"思子""望子"演起至雷殛张继保结束,在文学结构上是不完整的。俗话说:说书容易种根难,斩去了"拾子""养子"这些前因,后面的表演就不可能动人。何况"赶子"一场还有精彩的表演呢!大概出于这些原因,周信芳便苦苦搜

---

① 田汉:《周信芳先生与平剧改革运动》,《文萃》1946年10月。

求全本《清风亭》的本子。后来一个偶然的机会,他得到一本全本《清风亭》的剧本,说是全本,前面还有几场残缺不全,但总为剧情提供了一些线索。后来周信芳又看到夏月珊、赵文连先生合演"赶子"一折,又丰富了他的见闻。在这些基础上,周信芳"按照我自己的条件,需增者增,需减者减,可并者并,整理出一个比较完整的全部《清风亭》剧本,将它搬上了舞台"。全部《清风亭》,从薛荣赴京应试,周桂英生下继保写起,接着大娘严氏迫害周桂英,抛弃张继保,张元秀元宵看灯在灯市拾子,含辛茹苦抚养继保,后面再是"赶子""认子"等,这样,情节线索全了,来龙去脉清楚了,人物关系也理顺了,整出戏的文学结构趋于完整。

《乌龙院》原本只有"闹院""杀惜"两场,而没有"下书"。在昆剧《黄泥岗》中有"刘唐下书"的情节,但与《乌龙院》"下书"是两回事。《乌龙院》没有了"刘唐下书"的情节,后面"杀惜"矛盾的尖锐性以及宋江杀惜的必要性就难以表现出来。从《乌龙院》原词看,宋江一上来就唱"那一日闲游在大街上,偶遇好汉小刘唐",那么"刘唐下书"似乎在"闹院"之前。周信芳认为,如果"下书"在前,宋江收到梁山的信,随便往身上一塞,就到乌龙院走走,未免太麻痹了,也不像一个时刻关心着梁山的英雄。后来周信芳看到冯志奎、潘月樵两位老先生的演出,他们是带"下书"的,而且是放在"闹院"之后的。周信芳觉得这样安排比较合适,然而戏比较粗糙,水词较多。据此,周信芳进行了重点整理加工。主要是加了第一场"晁盖坐帐",补叙宋江解救梁山英雄及晁盖差遣刘唐下书的情节,这样就有头有尾了,宋江与梁山的关系也更明确了。"刘唐下书"的情节加在"闹院"之前,并且在唱、做、念方面都作了加工,搞成一出很有可看性的折子戏。宋江送走刘唐之后,庆幸没人发现,准备处理掉那封信。正在这时,碰上了阎婆,阎婆纠缠不休,硬要拉着宋江去乌龙院,宋江在推辞不掉的情况下被阎婆拉着扯着进了乌龙院,这样于剧情、于人物性格都合理了。经过周信芳整理加工,这个剧目的剧情更加顺畅,文学结构也很完整了。

二、贯串的戏剧冲突

戏剧冲突是戏剧文学的特征之一。西方戏剧理论家曾有"没有冲突就没有戏剧"的论断。对中国戏曲来说，这个论断大体上也是适用的。当然，对戏剧冲突的理解应该宽泛一些，它包括思想冲突、性格冲突、意志冲突、人与环境的冲突等。一个剧目的戏剧冲突安排、处理得好不好，也往往关系到其文学性的高下优劣。

周信芳编演的剧目很注意安排前后贯串、波澜起伏的戏剧冲突，避免了某些剧目矛盾平淡分散的弊病。

《四进士》中宋士杰与顾读三次在公堂冲突，前后贯串，渐次加剧，一浪接一浪，一浪高一浪。《乌龙院》的冲突更是集中强烈，贯串始终，高潮迭起。首先将整个剧情放置在梁山起义英雄与腐败残酷的官府之间的尖锐冲突这样一个大背景之下，人物之间又处处、时时充满矛盾。因为阎惜姣私通张文远，故而把宋江看作眼中之钉、肉中之刺，宋江与阎惜姣的矛盾为全剧的主要冲突。宋江与阎婆也有矛盾，因为阎婆是站在阎惜姣一边的，她把宋江拉到乌龙院，本意是想缓和宋江与阎惜姣的矛盾，但结果适得其反，加剧了两者的冲突。宋江与刘唐也有矛盾，宋江考虑到梁山及自身的安全，不希望刘唐出现，而刘唐却要报恩专程来下书送银；刘唐要求宋江即上梁山聚义，而宋江却意欲从长计议，因此见面后，一个欲言未尽，一个急促催行。阎婆与阎惜姣也有矛盾，阎婆虽然向着女儿，但为了生计，反对女儿与宋江闹翻……人物之间的错综复杂的矛盾，交织成整部戏剧情的尖锐冲突。宋江一出场就听到"前面走的张文远，后面跟的宋公明，师徒二人同走一条道路"之类的闲言碎语，一下子就把宋江推入了冲突的漩涡之中。他到乌龙院时，张文远正藏匿于阎惜姣的卧房之中，剧情极为紧张。虽然宋江与张文远没有直接照面，但宋江与阎惜姣的一番唇枪舌剑，火药味已经够浓的了。直到宋江点明阎惜姣与张文远的勾当，而阎惜姣非但没有退让，反而趁机撒泼，结果是宋江发誓再也不来乌龙院了。这是第一个回合的冲突。

接着，阎惜姣为了与张文远做长远夫妻，两人合谋探出宋江私通梁山的实情，欲将其害死，而宋江正好身怀刘唐送来的梁山书信。这样，冲突提升到政治斗争，并关系到人物的生死安危的重大问题，冲突一下子就激化和升级了。宋江

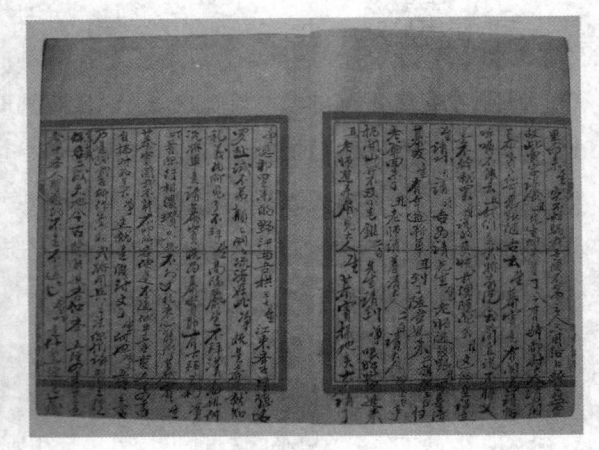

周信芳的戏目　　　　　　　　　周信芳的戏目

被阎婆硬拖软曳，进了乌龙院，第二个回合便开始了。在一室之中两人干坐，同室异梦，宋江与阎惜姣差不多同时起了杀心，想结果对方的性命，但又忍住了。等到宋江的招文袋落入阎惜姣之手，宋江再度回来找寻，冲突推向了白热化。阎惜姣仗着握有宋江的"罪证"，百般要挟，要宋江写休书，并打上手模脚印，宋江为了息事宁人，一一勉强应承，但阎惜姣还是要出首公堂。于是，冲突进入第三个回合——生死搏斗，最终宋江手刃了阎惜姣。

《清风亭》的戏剧冲突也是极其尖锐并贯串全剧的。先是周桂英与大娘严氏的冲突，其结果是张继保被丢弃。接着张元秀夫妇"拾子""养子"，张元秀夫妇与张继保的冲突逐步上升为主要的冲突。中间"赶子""别子"时，突然有周桂英介入，她的认子，使冲突转而展开于张元秀与周桂英之间，而张继保又成为张与周冲突走向的关键因素，张继保偏向于周桂英，造成张元秀失子的悲剧。最后冲突还是回到张元秀夫妇与张继保之间，并继续发展，渐趋激化，最终推向高潮。

周信芳剧目的尖锐戏剧冲突，还表现在艺术家对人物心理冲突的刻画。《乌龙院》中除了着力描写宋江与阎惜姣的冲突，同时又注重刻画人物的内心冲突。宋江见到刘唐既感到亲切，又急于让对方立即脱离险境；阎婆硬拉宋江去乌龙院，宋江内心不愿去，但又怕在路上拉拉扯扯难看，违心而行；对阎惜姣，宋江既是义愤填膺，同时又再三忍耐，以求息事宁人。可说是时时充满了冲突。

周信芳在另一出戏《斩经堂》中，把吴汉杀妻之前复杂尖锐的内心冲突揭示得淋漓尽致。吴汉奉了母命到经堂来杀妻，"前堂奉了母亲命，经堂要将你人头割。我本当杀了你，怎奈是我们恩爱夫妻难以下毒手；我本当不杀你，怎奈是我的老娘前堂等人头。这才是马到临崖难回头，船到江心难补漏……"他欲斩公主，又犹豫不忍下手，周信芳通过感人肺腑的唱腔和摆动剑穗、拔剑、入鞘等身段动作，生动细致地刻画了吴汉此时此刻复杂尖锐的内心冲突。

周信芳的剧目注意戏剧冲突的安排与处理，显得剧情紧张，扣人心弦，显现出较强的文学性。

三、鲜明的人物性格

关于周信芳注重人物性格的刻画，在其他章节里已有过评析，这里想从剧目的文学性的角度，简略地谈两点：一是注意提高人物形象的典型性；二是注意刻画人物性格的主要侧面。

《乌龙院》中的宋江，有人演出这个剧目时，把他弄成一个猥琐的嫖客，他的杀阎惜姣是一种因妒积仇的情杀，这样，人物的典型意义就较差。经过周信芳整理的《乌龙院》，把宋江与阎惜姣的冲突放在梁山英雄与官府对抗这样一个大的斗争背景下来描写。晁盖打劫生辰纲后，海捕公文行到郓城县，宋江得知后及时报信，使晁盖一行得以脱险。在日常生活中，宋江也是一位仗义疏财的义士。当阎惜姣一家陷于困顿时，他出钱解救阎家于水火之中，显现了"及时雨"的本色。剧目通过围绕梁山书信的一场搏斗，以及宋江从容忍到除奸的心理历程，刻画了宋江淳厚刚正的性格和这位农民起义领袖被"逼上梁山"的道路，具有深刻的典型意义。

《萧何月下追韩信》中萧何三次力荐韩信，后来韩信弃官而走，他又不顾劳累，飞马追赶，并以全家性命力保韩信，生动地刻画了萧何重视人才、求贤若渴的性格。萧何那种"兴汉灭楚，将帅为先""千军容易得，一将最难求""英雄何论出身低"等有关人才学的闪光思想，不仅在当时群雄纷争的乱世至关重要，就是在今天，也还很有启迪意义。

周信芳的剧目，还往往抓住人物性格中的主要侧面加以纵深的挖掘，使之鲜明、突现。比如宋士杰是刑房书吏出身，一方面豪爽仗义，幽默机智；另一方面也有油滑世故、尖酸刻薄的因素，概括起来就是老辣。整个剧目就抓住这一性格的主要侧面，加以精雕细镂。他读杨素贞的状子，一眼就看出哪句是由头，哪句是赖词，并一针见血地指出写状之人有八台之位。他又机智地从公差处偷抄了田伦的行贿信件，作为证据。在公堂上，更是振振有词，滴水不漏，一个"受贿不多，三百两"，把顾读斗得哑口无言。最后他被判发配边关，但当他发现毛朋正是柳林写状之人，于是紧紧抓住这一点："你在那柳林写状，犯法你是头一名"，逼得毛朋只得对他从宽发落。剧中处处显现其熟谙官场、法律的职业特点和机警老辣的性格本色，给人留下了极其深刻的印象。

同一剧目中的杨青，则贪婪、狠毒，他不但昧着良心，以三十两银子的代价卖掉了自己的亲妹妹，姚家的驴子、鞍鞯都要卖钱，最后连在路旁折的柳条鞭子也想收钱，杨春恼火了："也要二两？"这时他才勉强改口说："我送给你吧！"就这么一些细节，便把这个人物的贪婪、卑鄙，刻画得入木三分了。

其他剧目也往往抓住人物的主要性格侧面，如萧何的求才若渴，文天祥的浩然正气，张元秀的善良淳朴，邹应龙的机智应变，海瑞的刚正不阿，使人物形象栩栩如生，光彩熠熠！

四、明快生动的语言

周信芳的剧目，首先重视戏剧语言的性格化。如《四进士》中宋士杰看到杨素贞是异乡人，想管他一管，但老伴不肯管，这里有一段对话：

  宋士杰 不管？

  万 氏 不管么，不管定了！

  宋士杰 不……管……（想）是啊，救人一命，少活十年。

  万 氏 你这老头子，越来越糊涂啦，谁不知道，救人一命，多活十年，你怎么说少活十年？

  宋士杰 呃！少活十年，少活十年。

  万 氏 多活十年，多活十年。多活得几十年！宋士杰 你晓得多活，

　　　　　为什么不去救她呀！
　　万　氏　哈哈，你这老头子，在这儿等着我哪！（笑）若是打出祸来？
　　宋士杰　有我担待。

另外还有一段：

　　宋士杰　（突然想起）哎呀！按院大人有告条在外，有人拦轿喊冤，四十大板。我实实挨不起了！（想起）有了，我看杨春这个娃娃，倒也精壮得很；我把四十板子，照顾了这个娃娃吧！
（杨春上）
　　杨　春　义父，鸣锣开道，乃是按院大人由此经过。
　　宋士杰　好！（取状）前去告状。
　　杨　春　告状啊！我去，拿过来。（拿状下）
　　宋士杰　哈哈！到底是年纪轻，一把手状子抢了就走。嘿嘿！此番拦轿喊冤，定然是四十大板，这就是认干父的见面礼哟。

这些语言，都是毕肖其人的"这一个"！周信芳剧目的语言还极富戏剧性，往往语带双关，蕴含着丰富的内在戏剧因素。《乌龙院》"闹院"一场，宋江与阎惜姣有一段对话：

　　宋　江　（不答，假装看鞋）好，这鞋儿果然做得好。
　　阎惜姣　（也用双关语还刺）呦！你还知道好歹吗？
　　宋　江　为人在世，哪有不知好歹的道理！
　　阎惜姣　你看它哪点好？
　　宋　江　花儿好，瓣儿好，样儿好，这叫作好，好，好！
　　阎惜姣　你说得这么好，难道没有一点儿褒贬吗？
　　宋　江　唔，有点褒贬。

>　阎惜姣　什么褒贬？
>　宋　江　颜色不对。
>　阎惜姣　哼！既知道颜色不对，你就不该来呀！

这段对话，话中有话，潜台词丰富，内在的戏剧冲突极其强烈。

《清风亭》第十五场，张元秀夫妇到清风亭望儿，有几句对白：

>　贺　氏　来在什么所在？
>　张元秀　又来到清风亭了。
>　贺　氏　哦，我的儿子就打此亭而去的吗？
>　张元秀　正是。
>　贺　氏　唉！这不叫清风亭。
>　张元秀　叫什么？
>　贺　氏　要叫它望儿亭。
>　张元秀　唉！不叫望儿亭。
>　贺　氏　叫什么？
>　张元秀　要叫它断肠亭。（叫头）张继保。
>　贺　氏　小娇儿。
>　张元秀　贺　氏（同哭）儿啊！

这里从"清风亭"到"望儿亭"再到"断肠亭"，写出了人物的特殊心情，戏剧性又强，有催人泪下的感染力量。

周信芳的剧目虽然力求通俗，但对语言的生动准确，给予充分的重视。《乌龙院》中原来有一段唱词是：

>　那一日闲游在大街上，偶遇好汉小刘唐。
>　他把那实言对我讲，请我到梁山去为王。

第八章　麒派的剧目

　　这富贵岂是人妄想，自有那天爷作主张。

这段文字比较粗糙，周信芳作了修改，修改后的唱词是这样的：

　　那晁盖打劫了生辰纲，海捕公文来到郓城县大堂。我也曾送信将他们来放，放他们到梁山把身藏。众好汉曾把那官兵抗，好教我时刻挂念在心肠。

比较起来，后者内容更丰富了，文词也生动准确多了。
《文天祥》中有不少唱词写得既有性格特点，又有文采。比如第二十四场，文天祥的一段唱：

　　我本是爱国家男儿血性，内忧外患倒叫我忧心如焚。实指望整朝纲奸佞斩尽，实指望领人马驱逐膻腥。

　　实指望学岳飞黄龙痛饮，实指望学勾践尝胆卧薪；实指望替国家把狼烟扫尽，实指望一统山河共庆升平。不料想吕文焕襄阳降顺；不料想贾似道溃败丧身；不料想勤王兵被阻难进；不料想为使臣被困元营。可叹我千方百计逃出险境，又谁知反道我助敌赚城。梦想着万众一心，御贼救国竟成泡影，因此上，趋高沙，过海陵，走如皋，奔通州，海行温州表一表忠心！那元兵搜索于我布下了密阵，最可笑我朝将吏听信谣言，画影图形要把我擒！白日里风吹日晒，雨雪侵凌忍饥藏隐，这才是步步荆棘，百死一生，受尽了万苦千辛！

《文天祥》中还有几段唱词写得很好。例如：

　　每日里看兵书夜深更尽，要学那古圣贤爱惜光阴。想起了朝中事怎能安枕,谯楼上交三更玉兔东升。流不尽兴亡恨滚滚长江,观罢了诸险要红日西降。

《别窑》中那一段:

从空降下无情剑,斩断夫妻两离分。王宝钏难舍薛平贵,薛平贵难割结发情。流泪眼观流泪眼,断肠人送断肠人。

这些唱词都是情文并茂的佳句。当然,周信芳的某些剧目中也还存在着场子琐碎,情节较为芜杂,水词较多的缺点,但由于周信芳注重了上述几个方面,应该说他的剧目在文学性方面达到了较高的水平。

麒派剧目的文学性又是与综合性紧密结合的。周信芳确认"中国戏曲是综合性、技术性特别强的一种戏剧艺术"。又认为"演戏的'演'是指戏的全部,而不是专指唱"。因此他着意通过唱做念打的综合表演来体现剧目的文学性,把剧本的人物性格刻画与舞台上的性格化表演融为一体,使剧本语言的文学性与充满激情的唱、念水乳交融。

总之,周信芳编演的剧目,无论其数量与质量,在京剧界均可推为翘楚,他不仅对京剧的剧目建设作出了卓越的贡献,而且对京剧戏曲文学的发展起着不可低估的推动作用。

第九章 麒派的审美品格

京剧有一百七十多年的历史，是发展得比较成熟的一种艺术，它拥有大量的优秀剧目，大批杰出的艺术家，同时拥有众多的艺术流派。这些不同的流派往往体现了不同的美学形态，研究京剧的美学形态应该是京剧美学的奠基性质的理论工作。

京剧老生行当是一个主要行当，涌现过不少杰出的艺术家，与周信芳同时代的"四大须生"各具特色，马连良潇洒华美，谭富英质朴清丽，杨宝森悲凉醇厚，奚啸伯严谨工整。周信芳却另辟蹊径，独标风范，创造了高扬阳刚之美的麒派艺术。

姚鼐在《复鲁絜非书》中曾指出："其得于阳与刚之美者，则其文如霆，如电，如长风出谷，如崇山峻崖，如决大川，如奔骐骥；其光也，如杲日，如火，如金镠铁；其于人也，如凭高视远，如君而朝万众，如鼓万勇士而战之。其得于阴与柔之美者，则其文如升初日，如清风，如云，如霞，如烟，如幽林曲涧，如沦，如漾，如珠玉之辉，如鸿鹄之鸣而入寥廓；其于人也，漻乎其如叹，邈乎其如有思，暖乎其如喜，愀乎其如悲。"[①] 显然周信芳的麒派属于姚鼐所说的阳刚之美。

第一节 崇高与悲剧的美感形态

在美学领域，崇高与优美是两种不同形态的美。西方美学家对崇高美有多种

---

① 郭绍虞主编：《中国历代文论选》（下册），上海古籍出版社1979年版，第204页。

周信芳（左一）与马连良（右一）合演《群英会》

说法。柏克将崇高与恐怖联系起来，认为人对对象（如黑暗、孤独、无限等）不能理解而感到畏惧，引起自卫要求而激起崇高感。康德认为崇高不在对象而在人类自身的精神，在于人心能抗拒外界威力所引起的先惧后喜的愉悦，它展示了理性的力量而过渡到伦理领域。黑格尔则认为崇高是观念与形式的矛盾，有限的感情形式容纳不住无限的理念内容，因而引起感性形象的变形和歪曲，显示了在有限形式中的理性的无限的力量，从而引起崇高感。英国的开瑞特则认为崇高与美具有共同的本质，崇高是美的最高阶段，崇高本身就是美。

　　西方美学所说的崇高包括巨大、可怕、粗犷等特点。中国美学概念中不大用崇高这个词，常用壮美来理解崇高，而剔除了恐惧的成分，把它看作与优美并列的一种美的形态。崇高的对象一般说是巨大的体积或雄伟的精神气魄，艺术作品中的崇高不可能完全再现自然界巨大的体积和现实的力量，它往往侧重于表现严重的社会冲突和高尚的道德品质。

　　麒派艺术的崇高美就是通过对尖锐社会冲突的展示和对人物高尚品质的刻画来体现的。周信芳塑造过像文天祥、海瑞这样伟大的人物；然而他更注意刻画艰难曲折的斗争，从而显示先进社会力量的巨大潜力与崇高精神，使作品具有一种豪放、壮阔的内在精神气质。

　　《打渔杀家》中的萧恩是个失意的英雄，梁山失败后，他隐居渔村，忍气吞声，苦心抚养女儿。然而他仍然躲不过封建统治者的罗网，渔霸逼税，教师爷寻隙，官府枉断，他忍无可忍，携桂英黑夜过江，杀了土豪丁燮一家。在尖锐冲突中重现了掩藏着的英雄本色，体现了一种豪迈刚强的崇高美。《乌龙院》中的宋江与阎惜姣的矛盾是善与恶的斗争，正义与邪恶的斗争。宋江为保守梁山秘密对阎惜姣一再忍让，可阎惜姣却步步进逼，舞台上邪恶之气甚嚣尘上，而正气却受到了沉重的压抑。最后宋江郁积于胸的愤怒如火山爆发，他一刀杀死了阎惜姣。宋江的凛然正气、慷慨义愤都具有崇高美的性质。《四进士》中的宋士杰是个小人物，一个被革了职的刑房书吏。周信芳着重揭示了这个人物身上的弱者之强。一是表现他的急公好义，不畏强暴，为了正义敢于与恶势力抗争。杨素贞的冤案本来与他无关，可是出于正义感，他却深深介入了案子，并不顾安危出首公堂。二是宋士杰阅历深厚，机智策略，以至能够以弱胜强。公堂上顾读反诬宋士杰受贿，宋士杰冷冷地说了句"受贿不多，三百两"，出其不意地伸出三个指头直指顾读。真是字字千钧，锐如利刃，观者无不感到痛快淋漓。萧恩的英雄本色也好，宋江的满腔义愤也好，宋士杰的弱者之强也好，周信芳通过对这些具有崇高特征的对象的刻画，显示出真与假、善与恶、美与丑相对抗、相斗争的深刻历程与生动情景，从而强烈地激发起人们的正义呼唤和伦理判断。

周信芳编演的剧目大多为正剧、悲剧，喜剧较少。悲剧与崇高是两个审美范畴，然而它们之间有相通的地方。西方美学奠基人亚里士多德曾对悲剧下过著名的定义："悲剧是对于一个严肃、完整、有一定长度的行动的摹仿；它的媒介是语言，具有各种悦耳之音，分别在剧的各部分使用；摹仿方式是借人物的动作来表达，而不是采用叙述法；借引起怜悯与恐惧来使这种感情得到净化。"① 悲剧一般认为是美好的东西受到摧残，甚至遭到毁灭，从而引起观众的恐惧和悲悯，并从积极方面给人以"净化作用"。作为美学对象的悲剧，必须是能使人奋发兴起，提高精神境界，产生审美愉悦的。

悲剧可以演得悲凄、悲凉，但周信芳演的悲剧更多地趋向于悲愤、悲壮，这标志着他摆脱了感伤主义而走向现实主义。《清风亭》是一出悲剧，张元秀这个人物，有的演员突出他的哀怨绝望，表现他苦苦哀求干儿子张继保，磕头如捣

---

① 伍蠡甫主编：《西方文论选》（上卷），上海译文出版社1979年版，第57页。

蒜。周信芳演的《清风亭》悲剧气氛也很浓重。张元秀含辛茹苦将张继保抚养成人，但被其生母带走，老夫妻天天到清风亭望儿，何等悲伤。然而周信芳演来却悲中有愤。张继保中了状元，非但不认干爹妈，还要把他们赶走。当张元秀确认张继保忘恩负义时，便把他的二百钱愤怒地掷还。他哆嗦着用手指张继保，指死了的老伴，指自己，指天，指地，愤怒地控诉了这不公平的世道，最后以头触柱而死，演得十分悲愤，但观众得到的感受不是悲凄绝望，而是一种能激起仇恨与力量的悲剧美。

《文天祥》显得悲壮。艺术家着重从这位民族英雄的爱国主义行动中，显现其强烈的悲壮美。他身陷囹圄，但坚贞不屈，大义凛然。"就义"一场，文夫人探监，夫妻诀别，却并无悲悲切切的气氛；当文天祥得知陆秀夫负幼主投海、张士杰殉难的消息时，表现出无限的悲愤。之后，伯颜和元帝来监中，文天祥正襟危坐，面部安详，就像一尊雕像。他们还想劝降，文天祥轻蔑一笑："哼！……这些废话说他则甚！"最后二字斩钉截铁，眼中放出愤怒之光，使敌人狼狈退出。就义前又吟出了"人生自古谁无死，留取丹心照汗青"的壮丽诗句，然后昂首步向高台。这种磅礴天地的壮美气势，给人们以强烈的道德震撼。这样的悲剧在效果上并不是单纯的压抑的因素，而是有一种强烈的惊赞、振奋的因素。

麒派艺术的崇高美、悲剧美与善有着密切的关系。我国古典美学就极其崇尚美与善的一致。《论语·八佾》记载："子谓《韶》，'尽美矣，又尽善也。'"法国作家巴尔扎克也曾说过，他的《人间喜剧》里写了"比在实际世界中数目还众多的善良的人，有品德的人"。他说："教育他的时代，是每一个作家应该向自己提出的任务，否则他只是一个逗乐的人罢了。"在文坛及艺术舞台上确实不乏一些宣扬反动的、落后的、淫荡的、颓废的、没落的意识和情绪的作品。这样的作品只能诱导人走向邪恶。这种不道德的作品，没有善，也不可能给人以美感。

麒派艺术塑造了一批正直刚毅、大义凛然的舞台艺术形象，如宋教仁、文天祥、徐策、萧何、萧恩、邹应龙、宋士杰、海瑞等。在他们身上既体现了崇高、悲剧之美，又闪烁着中华民族优秀道德情操的熠熠光辉。鲁迅先生说过："我们从古以来，就有埋头苦干的人，有拼命硬干的人，有为民请命的人，有舍身求法的人……这就是中国的脊梁"①。周信芳所塑造的舞台艺术形象之中，就有不少堪称"中国的脊梁"的英雄。周信芳在塑造这些英雄时，又往往是通过真与假、善与恶、美与丑的尖锐对抗和激烈斗争，展现出美的必然胜利，同时也展现出善的必然胜利，从而激起人们对生活、对美、对善的热情追求。

第二节 真是麒派壮美品格的基础与内涵

周信芳的麒派艺术是一个现实主义的艺术流派。

现实主义的名称虽然是舶来品，然而现实主义文学在中国也古就有之。早在三千五百多年前，先秦时代我国第一部诗歌总集《诗经》，其中《国风》部分就有许多现实主义的诗篇。我国的戏曲，无论是戏曲文学或戏曲表演，也都有现实主义的传统。现实主义作为一种创作方法、文学思潮，它是与浪漫主义相对应的。现实主义提倡客观地观察现实生活，按照生活的本来样式精确地描写现实，真实地表现典型环境中的典型人物。浪漫主义则主要描写理想中的现实，也常采用瑰丽的想象和夸张的手法塑造形象。创作方法与具体的表现手法既有联系，又有区别。比如中国戏曲常用写意的手法，但采用写意手法的戏曲也可能是现实主义的。

周信芳不仅继承了中国戏曲现实主义的传统，同时对"五四"以来西方传入的现实主义也有许多吸纳与借鉴。主要表现在两个方面：一是接受19世纪欧洲批判现实主义的影响，注意在作品中加强对旧社会黑暗现实与罪恶现象的揭露与批判。如《宋教仁》《明末遗恨》《清风亭》等。二是接受西方现实主义的文学理论，注意加强写实力量，注意细节的真实和典型环境中的典型性格的刻画。总的

---

① 鲁迅：《中国人失掉自信力了吗》，载《鲁迅全集》第6卷，人民文学出版社1958年版，第92页。

说，就是注重人物形象和舞台表演的真实性。正如周信芳自己所说："从我早年起，在表演上我总是力求真实，无论唱、做、念、打，我总力求情绪饱满，力求体现角色的性格和当时当地的思想感情。"①

首先是性格的真实。京剧的角色是用行当来分类规范的，表演上又有不少程式，弄得不好很容易流于只见行当，不见人物的个性，只有程式，没有生活的确切具象。这种形式主义的倾向曾在某些演员身上出现过。麒派艺术注重通过对人物性格的准确把握与刻画，来体现壮美的审美品格。《徐策跑城》中的徐策，《四进士》中的宋士杰，《清风亭》中的张元秀，按照京剧行当来看，都可以归入衰派老生这一类型，然而周信芳没有用行当、程式简单地套用，而是具体地分析这些人物各自不同的性格，而这种性格的分析，又是紧紧联系人物所处的时代，具体的生活环境，以及他们对生活的态度。这样在舞台上塑造的人物就具有生活真实感的独特个性，徐策是徐策，宋士杰是宋士杰，张元秀是张元秀，都是栩栩如生的"这一个"。

萧何与徐策的身份都是宰相，但他们的年龄、性格、处境有一定的差异，萧何的年龄在壮年与老年之间，徐策则更老一些。两人都是正直贤达的忠臣，性格方面萧何显得执拗顽强，徐策比较温和。前者处于烽烟四起的乱世，后者处于相对太平的盛世。一个处境艰困，心旌纷乱；一个境遇顺遂，心情平和。这样，这两个身份、年龄相仿的人物就区分开来了。他们的出场、举止、动作都有所不同。萧何的"追"，心情焦急，追得精疲力竭；徐策的"跑"，情绪激昂，跑得眉飞色舞。两个人物，面目各具。

比如宋士杰，周信芳认为他是一个善良的、有正义感的人物，同时又是一名刀笔吏，曾在官场中生活过，他既有豪爽侠义的一面，又有世故狡狯的一面，周信芳把他的性格概括为"老辣"二字。他曾因办事傲上，被道台革退了刑房书吏之职，因此当他看到一班浮头浪子追赶杨素贞时，开始不想再管"闲事"。后来听到杨素贞高喊"异乡人好苦命"时才决定再打抱一次不平。这种思想活动过程

---

① 周信芳：《十年来的舞台生活》，载《周信芳文集》，中国戏剧出版社1982年版，第28页。

完全符合生活逻辑与性格逻辑。后面宋士杰对杨素贞状子的分析，偷偷把田伦的行贿信抄写在袍襟上以及公堂上的铮铮辩词，都是与这一人物的生活阅历、性格特征、思想感情紧密相关的。正是这位正直倔强的老人，才肯也才敢挺身而出抱打不平，也正是这位熟谙衙门经络的老公事，才有巧妙的策略使冤案得到平反。情节的壮举，人物形象的壮美都具有扎实的生活根据，因此这种壮美不是虚张声势，大而化之，而是真实可信，血肉丰满的。

其次是注意细节的真实描写。连台本戏《天雨花》中《左维明巧断无头案》一本，戏中有一段"对鞋"的细节，十分精彩。戏中陈继川的妻子荀含春与书吏毛成勾搭成奸，并杀死毛妻，将人头埋在树下，尸体换上荀含春的衣服，荀含春还把自己的一双新鞋给尸体穿上，穿了一只，不合适，另一只带回。尸体抛在河里，穿的那只鞋也掉在了岸上。毛成与荀含春到公堂诬陷陈继川杀妻。知县将陈屈打成招。不久，巡按左维明私访到此，毛成的妻子鬼魂托梦，左维明在树下挖出人头、血衣和刀，又得到了岸边的那只绣鞋。疑点集中到毛成与荀含春身上。左维明重新把毛成招进府内做书吏，荀含春也随之到府。左维明假意对荀表示好感，使水性杨花的荀含春上钩。他说，荀含春面貌酷似他死去的妻子。荀问他为什么不再娶妻？左说，妻子临死前给他一只绣鞋，言道日后此鞋成双，才能再娶，说着拿出了那只鞋。荀含春看后便说回去再做一只同样的鞋子。接下来就是一段"对鞋"的戏。周信芳饰演左维明，赵君玉饰演荀含春。两人对唱【四平调】，边歌边舞。左维明用扇子遮住绣鞋，不让荀看见。荀一个卧鱼，身体贴地，左便用扇子掮动她的裙角，使她露出脚，旋即迅速地用手中的鞋在她脚上一比，在她抬脚时，再用鞋一比，果然大小一样。这一细节，李紫贵先生在《周信芳三进丹桂第一台》文章中叙述过。"对鞋"的细节确实生动、典型，并富有生活的真实感。它推动了剧情的发展，并细致地刻画了两个人物的性格和心理。

京剧是歌、舞、戏的结合，它有很强的技艺性与观赏性，与话剧相比，话剧偏重于"再现"，而京剧偏重于"表现"。然而说是偏重于"表现"，并非单纯的"表现"，而是"再现"中的"表现"。如果没有"再现"的成分，就不成其为戏，但如果不是偏重于"表现",那么也就失去了京戏的特点,因而它要求的是"再现"与"表现"的和谐统一。麒派艺术壮美风格的形成与两者的结合是分不开的。它的特点是把强烈的生活气息注入京剧的表演程式,使优美的歌舞"表现"中蕴含丰富饱满的内在感情。

周信芳的表现手法比较写实,这种写实的力量,恰恰是旧京剧中比较缺乏的东西。周信芳一方面吸收话剧、电影等表现手法,另外注意京剧固有程式在表现具体内容时力求生活的确切性与具象性,往往在动作、身段、程式中注满了生活的勃勃生机,而不显得僵硬死板,从而达到了真与美的统一。《打渔杀家》中的撒网动作就有生活依据。有一次周信芳送客人到宁波,在黄浦江上看到渔夫撒网,网很大,撒出去散成一片,很美。他就把这些运用到《打渔杀家》中。道具的网虽然不大,然而通过动作渲染网大,萧恩撒网的时候,桂英从船舱钻到后梢把舵,萧恩拉不动,她再赶过来扶他;网撒下去之后,让它顺着水淌一会,待鱼上网,渐渐觉得网重起来了,有鱼,才去拉,拉网的时候,场面上打三锣,在锣鼓节奏中一把一把拉网。当网离开水面靠近船舷的时候,萧恩气力不济,拉不大动,人往前一冲,桂英赶忙过来在后面一扶,帮着拉几把。由于桂英也到船头上,船失去平衡,颠簸起来,演员合着【凤点头】的锣鼓节奏,用身段表现出小渔船随着波浪一起一伏的情景。京剧中本来就有撒网打鱼的程式,可是周信芳运用时,既注入了生活的内容,又密切结合人物的性格。萧恩不是一般的渔民,而是一位落魄的英雄,这样的表演就生动地显现了壮美与分寸,体现了"父女们打鱼在河下,家贫哪怕人笑咱。桂英儿掌稳舵父把网撒,怎奈我年迈苍苍气力不加"的唱词内容。

有一次,周信芳与女婿张中原在马路上看到一个乞丐,在寒风中紧缩成一团,不时在破棉袄上捉虱子。周信芳停住了脚步,凝视了好一会儿。张中原不解其意。周信芳对他说:"这是最真实的资料。"后来他与前辈名旦冯子和合作《鸿鸾禧》饰演莫稽,就用进了这段表演,极其真切感人。

周信芳经常以个人的生活体验来充实自己的表演。在《乌龙院》"下书"一场,他就调动了自己当年掩护革命者田汉逃避当局搜捕的实际生活体验,来表演宋江用扇子掩护刘唐上酒楼一节,具有浓烈的生活气息。他还说过:"宋士杰十分老于人情世故,要演好宋士杰,对于封建时代的人情世故也应该很熟悉,不然演出就不会有生气。我出生在清光绪年间,又先后在国民党反动派和敌伪统治下生活了几十年,也同那个社会的反动势力进行过斗争,亲身体会到在那黑暗的岁月中人民的苦难,这为我演好宋士杰提供了丰富的材料。"①

周信芳善于向生活汲取营养,又善于把生活中的素材提炼加工成具有美感形态的舞台表演,无论《打渔杀家》中的撒网,还是《刘唐下书》中的上楼,既有浓郁的生活气息,又是优美的京剧表演动作和舞蹈。正如冯其庸先生所说的:"我们不能从周信芳同志的表演中找到没有生活内容的'艺术美',同时我们也不可能从他的表演艺术中找到没有艺术美的自然状态的生活。"②

麒派艺术的真,还表现在周信芳对他所塑造的人物形象,倾注进真挚而浓烈的感情,这成为构成麒派壮美品格的重要精神内涵。一方面,周信芳重视对角色的感情体验,也就是深入角色。他往往人未出场,在后台就开始进入了角色。演《萧何月下追韩信》时,在后台随着锣鼓点子,左手端带,右手随和地摆动水袖,使自己松弛下来逐渐进入角色。演《徐策跑城》时,在幕侧候场时,相貌、髯口就开始颤动,蟒也开始摆动了。就是这样,周信芳在幕后已经跟着锣鼓点子,起了动作,当他走出侧幕显现在观众面前时,已经浑身是戏了。

另一方面,他又往往以自己饱满充沛的激情去拥抱人物,因此他演出时经常出现进入角色的"忘我"状态,使他的艺术具有一种特别能感染人的艺术魅力。周信芳曾说过:"不晓得古今世情,没有感觉着人生苦乐的人,他就不能算是个唱戏的。"在演《清风亭》时,周信芳对张元秀这个人物就作过深刻的体验。这是一个善良纯朴的老人,膝下无儿,将拾得的张继保抚养成人,直指望他将来改换门庭。当演到张继保的生母周桂英要把他领走,张元秀和张继保分别时,张元

---

① 周信芳:《周信芳舞台艺术》,中国戏剧出版社1961年版,第57页。
② 冯其庸:《麒派杰作〈乌龙院〉》,载中国戏剧出版社编辑部编:《周信芳艺术评论集》,中国戏剧出版社1982年版,第215页。

秀有一段念白："……儿啊！你必须好好读书，日后长大成人，若得一官半职，你回来的时节，来看看我二老。倘若我二老无福下世去了，你必须买几陌纸钱，在我二老坟前烧化烧化，叫我二老几声，拜我二老几拜，难道说我二老还受不起你这几拜！难道说我二老还要争儿这几拜！不是的，你这几拜不值紧要，叫那些无儿无女的人，也好抚养人家的儿子啊！"念这段念白的时候，周信芳真的泪流胸襟，用他自己的话说："离开了演员的我，而进入了角色的我的真实境地。"而观众看到此处，无不为之动容，乃至唏嘘、啜泣。后面张元秀与贺氏到清风亭望儿，一边喊一边走，演到这里，周信芳也往往进入角色，"演员自己也区别不开究竟是生活在'第一自我'，还是'第二自我'中"。金素雯在谈到与周信芳同台演出《文天祥》时，也说到周先生经常进入角色，文天祥义愤填膺，目光如炬，使与他配戏的人得到真实的感受。当文天祥听到国破家亡、幼主遗臣纷纷遇难时，周信芳热泪盈眶，感情激动。一般京剧演员也讲究"心里有戏"，但像周信芳那样重视内心体验，并把对角色的内心体验与对京剧程式熟练运用巧妙地统一在人物塑造之上，在京剧表演中实为罕见。正是这种巧妙结合构成了麒派艺术的巨大生命力。欧阳予倩先生曾经这样评价麒派艺术："信芳同志的艺术可以说是现实主义和程式化的最好结合，既有力地表现了现实，也丰富和提高了程式。从早年起，他在表演上力求真实，但也不忘把生活真实跟艺术真实的结合。"

第三节 力与阳刚、豪放的舞台美

艺术作品的独特的审美品格总是与它的外在表现手法相联系的，风格与方法是一个事物的两个侧面；通过方法创造风格，通过风格把握方法，风格与方法的统一是艺术和美的内在生命。麒派艺术的崇高、悲壮的审美风格所选择的艺术表现手法是质直、强烈、奔放。用绘画作比，它不是用纤细委婉的工笔，而是采用重彩浓墨的泼墨法。

秋文先生在《麒派表演的特殊风格》一文中曾指出:"麒派艺术由朴实的唱腔,沉着的咬字,稳健的动作,这三个特点组成了一种独特的豪放美的表演风格。"① 这是很概括的评论。

周信芳的嗓音曾因倒仓有点沙哑,然而他扬长避短,创造了质朴苍劲的独特流派唱腔。他的唱腔吸收了汪桂芬、孙菊仙、谭鑫培的精华,发展了汪、孙二派黄钟大吕的刚直激厉的风格,又吸收了谭鑫培悦耳动听、讲究韵味的长处。麒派唱腔咬字铿锵有力,行腔有棱有角,气势雄伟,讲究顿挫折笔,常运用孙派"笔断意不断"的手法,行腔中用胡琴垫音,腔不唱全,气势、感情却仍连贯。他不大使花腔,行腔方法"以字行腔",比较质直。《四进士》中宋士杰那段【西皮散板】:"公堂之上上了刑,好似鳌鱼把钩吞。"是在打赢了官司,却被判充军下堂后唱的,悲凉中充满了气愤。"我为你披枷戴锁边外去充军"一句中的"披枷戴锁",字字喷出,感情浓重,"谁是披麻戴孝人",在"麻"字上使一小转腔,在一停顿中传达出他对官府的强烈愤慨。整段唱神完气足,感情饱满,刚劲悲凉,体现了麒派唱腔的壮美特色。《义责王魁》中王中那段夹白的唱腔流畅明快,一泻千里,字字有力,就像一把锐利的匕首,剖示了王魁的卑劣灵魂。

在《萧何月下追韩信》中有一段"三生有幸"的著名【二黄】唱段:"……我萧何闻此言雷轰头顶,顾不得山又高,水又深,山高水深,路途遥远,忍饥挨饿,来寻将军……"这里用了重复的修辞格以及分小节的长句来加强语气,唱到"来寻将军"时,"将军"二字旋律翻高,"将"字上拖短腔,"军"字戛然煞住。整段唱旋律刚劲,声情并茂,揭示了萧何求贤荐才的坚强决心。

麒派的念白苍劲有力。周信芳的不少戏唱腔不多,相反以念白为主。《四进士》中宋士杰在顾读的公堂上有一段念白:"小人宋士杰,在前任道台衙门当过一名刑房书吏,只因我办事傲上,才将我的刑房革掉。在西门以外,开了一所小小店房,只是避闲而已。曾记得那年去往河南上蔡县办差,住在杨素贞她父的

---

① 秋文:《京剧流派欣赏》,上海文艺出版社1962年版,第122页。

家中,杨素贞那时间才长这么大,拜在我的名下,以为义女。数载以来,书不来,信不去,杨素贞她父已死。她长大成人,许配姚庭梅为妻,她的亲夫被人害死,来到信阳州,越衙告状。常言道,是亲者不能不顾,不是亲者不能相顾。她是我的干女儿,我是她的干父;干女儿不住在干父家中,难道说,叫她住在庵堂寺院!"这段念白,语音清脆,语调有徐有疾,滔滔不绝,但感情层次分明,越念越快,一气呵成,一泻千里,最后念到"庵堂"二字扬声拖长,"寺院"二字十分用力,戛然而止,力重千钧,把顾读驳得哑口无言。《清风亭》中张元秀与张继保分别时的一段念白感情饱满,声泪俱下。《海瑞上疏》"金殿"一场的念白风趣辛辣,表现了海瑞的正气凛然、勇敢机智。麒派的念白不仅咬字清晰,喷口有力,而且有节奏、有气韵,富有一种音乐美。

做工是麒派艺术的一大特色。他的表演,动作干脆有力,表情丰富强烈,舞蹈气势磅礴,因此人们一般称周先生为"做工老生",或称他为"动作的大师"。

《徐策跑城》是一出歌舞戏。徐策同情薛家,痛恨奸佞,当他听到薛家后代发兵报仇,悲喜交集,但听到薛家要造反,他又怕百姓生灵涂炭。后来薛刚听了他的教训,由他上朝奏本。徐策抚今忆昔,怀着无限感慨向宫中跑去。这出戏不着重交代情节,而是抓住主人公此时此地的心情,以歌舞形式加以放大、渲染,舞蹈动作丰富、洗练、豪放。抓袖,踢袍,抖袖,翻袖,弹须,颤手,倒步,蹬步,绕步,蹉步,时而一节拍跑两步,时而一节拍跑三步,两步三步加以交织,时而在前后左右斜步……这一节舞姿优美的舞蹈生动地表现了徐策欢乐激奋的心情及步态急促踉跄的神态。舞台上白须飘拂,水袖翻飞,袍襟腾舞,真像一笔气势磅礴的大草书。

周信芳注重表情动作的丰富、强烈。《乌龙院》中的宋江,丢失了招文袋,回乌龙院寻找,阎惜姣将袋丢在地上,他连忙捡起,一边解带子,一边说:"人言阎大姐待我宋江虚情假意,如今看来是真情真意,日后我要另眼看待,另眼看……"这时他发觉袋子很轻,说到"看"字,配上一锣,宋江的脸有点变色,他一边问阎惜姣,一边把手伸进袋里东抓一把,西抓一把,脸上越来越着急,后来索性用手把袋子揉起来,脸上肌肉颤抖起来,这一段脸部表情,强烈地表现了宋江的惊恐心理。

周信芳非常善于运用眼神。张之江先生曾谈到,周信芳在"追信"中,当韩信说到"那鼓瑟之人尚羞立于王侧,何况韩信"时,演萧何的周信芳眼里立刻浮起惊喜交集的光彩。而周与华慧麟合演《南天门》时,台上一生一旦,但从周的眼睛里,清楚地表明台上是一仆一主的关系。张还说:"他的用眼,十分考究,每每因不同环境,不同人物的不同心态而异,非常准确,非常传神。"有"晨眼""夜眼""傻眼""羞明眼"等区分。

周信芳不仅脸部有戏,而且背脊也能演戏。《萧何月下追韩信》中萧何听到韩信弃官而走的消息,慌忙赶到韩信寓所。当他看到韩信在墙上题的诗,大吃一惊。此时他背对着观众,用肩背由慢到紧的动作,揭示萧何感情的波动和内心慌张焦急的心情。观众虽然看不到人物脸部的表情,但通过肩背的动作,窥见了萧何的心理活动,把一个求贤若渴的宰相形象刻画得十分感人。周信芳的头颈、耳朵、嘴巴、指尖、足尖等也都会演戏。他耳朵会动,能用耳朵动控制髯口的松紧。还能用嘴巴管住髯口,用张嘴、咧嘴、撇嘴等来控制脸部的表情。他的戏剧动作与锣鼓音乐相配合,一举手,一投足,一抬头,一挑顶,无处不是戏,就是手中的道具,或刀枪,或马鞭,或扇子,或牙笏,都成了活的了。无怪人们称赞周信芳浑身是戏,全身无一处不充满了戏,每一个骨节眼里都灌满了戏!

麒派的唱念、表演,有一点非常突出,那就是强调力度。力度是麒派豪放、阳刚美的支撑。

刘琦先生在《麒派——力的艺术》一文中认为,"麒派表演艺术的总体审美特色是以力为美的……追求和使用一种在刚柔相济中以刚为主的艺术尺度,建立了一个相当完整的刚劲型生行表演体系"[①]。这里就讲了"力"的问题。

这里所谓的力,也就是无论唱、做、念、打都注意对力度的强调与渲染,使他的表演呈现出强烈、刚健、豪放的风格。

---

① 刘琦:《麒派——力的艺术》,载周信芳艺术研究会编:《周信芳艺术评论集续编》,中国戏剧出版社1994年版,第403、406页。

如《战宛城》中，周信芳饰演张绣，其表演力度就很强。"攻城"一场，典韦往下场门拔"倒脱靴"，张绣冲出来，典韦"搭马腿"磕出，周先生在这里先用一个"蹉步"亮在台口，然后紧跟一个"大劈叉"，完全用武路子表现人物在战争中的艰苦与顽强。张绣战败，乃降曹操，后见曹操无道，其婶失节，满腔愤懑，欲杀曹操。"挑帐"一场，张绣在【急急风】中上场，用枪挑帐，一看曹操不在，大失所望，这里用"倒蹉步"表现失望的心情，接着一拧枪，猛抖肩上的靠旗，最后从牙缝里迸出一个"追"字。通过这些极有力度的表演，揭示了张绣的一腔怒火与豪气。

《斩经堂》中，周信芳扮演吴汉。吴汉奉母之命欲杀公主，又不忍下手，他一边唱【高拨子散板】："从空降下无情剑，斩断夫妻两离分，含悲忍泪经堂进……"他双手掏双翎，在胸前急速转动，然后撩铠甲快步圆场，至台中，拾起宝剑，左手持鞘，右手绕剑穗，抽出半截剑锋，一停顿，再插剑归鞘。右手掏双翎，作一个箭步亮相，表示已下决心杀妻。接着将剑穗左右摆动三次，在圆场中接唱"到经堂去杀王兰英"。在母死妻亡之后，一股冲天怒气猛然而生，肩上四面靠旗大幅度地腾挪翻飞，呼啸生风。末场"马趟子"，吴汉上马，圆场，然后用交错的倒腿、踢腿，表现快马驰骋的景象。

还有《别窑》的末尾，王宝钏紧扯薛平贵的衣襟，薛平贵毅然拔剑割断衣襟，接着几个急速转身的强烈动作。无论《斩经堂》，还是《别窑》，都呈现出一种力的美。

周信芳为了强调和渲染力度，往往采用多种手法。《徐策跑城》是用舞蹈来强调力度的。《义责王魁》则用特技、绝活来加强力度。王中义责王魁负心，王魁反说敫桂英是青楼女子，消受不起状元夫人，并辱骂王中是奴才。王中怒不可遏。这里周信芳借鉴《剑峰山》《天霸拜山》中的技巧，边唱边解带、摘帽、脱衣，将奴才衣服掷于王魁面前，昂首走出大门。这解带、摘帽、脱衣的"一功范"的动作，干净利落，壮美有力。

《乌龙院》中巧用了【冷锤】（锣鼓）。宋江与阎惜姣闹翻出门后，有一大段独白："哈哈！这贱人作出如此事，我倒再三忍耐，她竟敢这般大胆……"在这段念白中，连续用二十三记【冷锤】来强化人物身段动作和心理节奏的力度。

《萧何月下追韩信》中又运用了表演中的间歇，就像音乐中的切分与休止来加强顿挫与力度。萧何听到家院报告韩信弃官而去，脸部显出惊讶的表情，一锣，亮相，这里没有台词，只用手指的抖动表现内心的吃惊与焦急，稍一间歇，再用急促的语气念"带路"。萧何来到韩信寓所，观看墙上韩信的题诗，感叹道："韩信去了！"这里又是一个间歇，接锣鼓点子，萧何用急促的语气念出"家院"，一记【冷锤】，这里的间歇，表示萧何已下决心急速去追赶韩信。几次间歇，渲染了表演的力度，把观众的情绪也激发起来了。

麒派艺术强调和渲染力度，然而又是注意分寸的。力度并不是过火，更不是洒狗血。过犹不及，力与火不能混为一谈。麒派艺术既强调了刚的一面，同时又注意刚柔相济，注意强与弱、紧与慢、动与静的辩证关系。《打渔杀家》中，萧恩对渔霸、官府、教师爷是刚的，但对女儿、朋友却有柔的一面。《徐策跑城》中，的确跑得激昂刚健，但跑着跑着，脚步踉跄，摔倒了。徐策自己也乐了，他带着笑，带着喘气："哦，呵呵呵！"慢慢地站起来，理髯，整衣——这时锣鼓也缓下来。这里就有刚与柔、张与弛、快与慢的对比。

有人曾经比较过周信芳与潘月樵的表演，吴性栽认为："潘及其后继者的表演，与周不同的主要点，正在做派的'过火'，我承认周演戏是夸张一点，但也是有适当限度的，对周演技夸张的最过火的批评，有八个字'咬牙切齿，横眉裂目'，其实这种批评并不允当，周也只在戏中角色需要'咬牙切齿'时才这样的。所以'过火'二字用于潘及其他后继者还恰当，用之于周并不公道。"①

李少春也曾说过，周信芳"在表演时不仅有劲，而且劲头使得不快不慢，不早不晚，正在应当使劲的节骨眼上"。

周信芳自己这样说："吸引观众不是光靠张牙舞爪，不是心里光想'你们都看我吧'，而是在感情里头作戏，处处不离开人物，通过人物来吸引观众。"②

---

① 槛外人：《京剧见闻录》，宝文堂书局，第90页。
② 李少春：《学习师门艺术，继承优秀传统》，载中国戏剧出版社编辑部编：《周信芳艺术评论集》，中国戏剧出版社1982年版，第461页。

可见，麒派的力度是根据表现剧情和塑造人物的需要，作适度的强化。

麒派艺术的壮美风格是一个总体。周信芳历来重视艺术的完整美。麒派的壮美正是编、导、演、音、舞美的统一，内容、形式、题材、表现手法、艺术技巧的统一。壮美的形象正是通过豪放强烈的艺术手段来表现的，两者是和谐统一的。在艺术手段中，唱腔、念白、做工、舞蹈又是相互交融的，麒派的舞台美是综合的、完整的艺术美。《徐策跑城》是载歌载舞的形式，豪放粗犷的舞蹈动作与【高拨子】的音乐唱腔浑成一体；萧何背脊的颤动又是合着锣鼓的节奏的，心理节奏与动作节奏互为表里。

麒派艺术是真、力、美的结合，又是真、善、美的统一。真是依据，善是倾向，美是体现。

第四节　麒派艺术对京剧艺术发展的作用

麒派艺术的壮美审美品格对京剧艺术的发展具有重要的意义。

京剧是历史比较长、发展得比较完整成熟的艺术，流派也极为丰富。从初创阶段看，无论程长庚、张二奎、汪桂芬都是比较粗犷、高亢、刚劲的，但是后来却向婉约方面发展，这与京剧进入宫廷以及京剧观众的审美情趣有关。至谭鑫培，唱腔与表演都有了很大的丰富，但其风格趋于华美婉柔。在谭之后的余叔岩、言菊朋，再后一点的马连良、谭富英、杨宝森、奚啸伯，虽然各有特色，但从总的格调上看，似乎并未超出老谭的范畴。因此豪放泼辣的麒派的崛起使京剧舞台耳目一新，它对京剧艺术发展的作用不可等闲视之。麒派继承吸收了前辈豪放派的因素，然而有所独创，而且形成了自己唱做念打一个完整的体系。麒派的豪放与程、张、汪相比，有继承又有发展，并非简单的重复蹈袭，而是一种螺旋形的上升，达到一个新的高度、新的境界。麒派不仅丰富了京剧老生艺术流派的色彩，而且在京剧舞台上重振了阳刚之气。麒派艺术作为中国戏曲艺术中的表演流派之一，对京剧乃至戏曲艺术的发展有着重要的意义。

麒派的壮美艺术拓展了京剧的题材，强化了京剧的社会功能。京剧确实是一种观赏性很强的艺术，审美功能是其重要的功能之一。周信芳根据时代的需要，确认戏剧的社会功能之重要，要用剧中的意志来鼓动观客，以体现出戏剧的真价值。他的壮美风格以及整理、改编、创作的剧目都是在这一演剧思想的指导下产生的。周信芳把戏剧的审美功能与社会功能结合起来，这对京剧艺术的健康发展起了积极的作用。

与此相联系的，从审美效应看，一般说观众在看京剧时，观赏的成分超过受感染的成分。麒派的壮美风格在审美效应上往往引起审美主体的强烈兴奋和壮美快感，带有惊喜性质，因此欣赏麒派艺术时，除了有观赏成分外，还有强烈的感染、激励、鼓动的一面。抗战期间，周信芳在"孤岛"上海演出《明末遗恨》，观众十分踊跃，剧中表现的亡国之痛深深感染观众，引起强烈共鸣，台上台下息息相通，起到了揭露投降卖国、鼓舞抗日斗志的作用，从而使麒派艺术发展了京剧艺术的审美效应。

京剧在很长一个时期内偏重于唱，有的地方甚至盛行闭着眼睛听唱。这样观众的审美感受偏重于听觉方面，其他方面的审美作用受到了压抑。其实唱做念打的综合运用是京剧艺术本身规律的趋向，同时也是观众审美感受发展的需要。周信芳在创造麒派艺术的实践过程中，把京剧的道白与做工大大向前推进了一步，使京剧的艺术手段更加丰富，综合性更有加强，观众的审美感受也从偏重于听觉感受发展到听觉、视觉全方位的审美感受。另外由于麒派着意刻画下层人物，艺术形式通俗易懂，因此吸引了一大批市民、贫民阶层的观众，使京剧的观众面有所扩展。

麒派的壮美风格不仅给京剧发展以积极的影响，而且影响波及其他艺术品种，像电影界、话剧界、评弹界私淑麒派的也大有人在，如赵丹、金山、顾宏伯等。麒派的审美品格还影响到后人的创作与表演，近年上海京剧院创作演出的新戏《曹操与杨修》，从中我们也可以看到麒派艺术的深刻影响。

第十章 麒派的流布、传承和影响

麒派是京剧丰富多彩的流派百花园中独具色香的一枝奇葩。作为老生行当，麒派与谭派、余派、马派、言派、杨派等等著名须生流派都有所不同，显示出自己所独有的风格特色。而麒派又是发源、生成、发展在南方的文化土壤中，它是海派的代表，又成为京朝派京剧的一种对应物和参照系，因此也就引人瞩目。在艺术界，正宗的东西，大路的东西，往往比较容易得到广泛的承认与接受，因而传播与影响的面都比较广大。然而个性越强，特点越鲜明的艺术，可能会经历坎坷与曲折，但一旦崛起，也同样能产生广泛而深远的影响。麒派就属于这一种。

第一节 麒派的流布

周信芳从十一岁（1906）初登上海舞台，一直到1975年终老于申江，在将近七十年的舞台生涯中，他的大部分时间是在上海度过的。麒派是在上海这一特殊的文化土壤中酿造出来的，麒派是上海的"土特产"。麒派固然是周信芳经过长期舞台实践，呕心沥血精心创造出来的，然而麒派又是根据上海广大观众的喜好、意向，不断接受来自上海观众方面反馈的信息，加以创造的。可以这样说，麒派是周信芳与上海观众共同创造的产物。既然这样，上海观众对麒派的情有独钟，就毫不奇怪了。

曾经在20世纪20年代末、30年代初周信芳在天蟾舞台编演连台本戏《封神

第十章　麒派的流布、传承和影响

榜》，以及抗战时期周信芳在卡尔登演出《明末遗恨》《徽钦二帝》时，那观众蜂拥，人满为患的盛况，以及上海的一大批麒迷联手组织起麒艺联欢社，张扬麒派艺术的史实，这些都已足见周信芳在上海广大观众心目中的地位及其受欢迎的程度。

还有几则报刊登载的材料。

《罗宾汉报》1929年6月11日刊登的《麒麟童逢人说麒麟》：

麒麟领带公司刘道芳君，慕麒麟童艺员之誉而喜其艺名之符公司名也，烦徐培根君转赠公司出品领带两条，请赐提倡。

后又亲访周，请至公司参观，立于公司商标绢扎大麒麟旁留影。即夕，周同侪辈小杨月楼、王芸芳、田桂芳等，竞赴公司选购。

《戏剧周报》一卷六期（1936年11月14日）刊登杨畔《闲话麒麟童》一文称：

"麒麟童"，我在孩提时代，就听熟了这个名字，"怎么姓麒麟的也有？"我时常这样怀疑，现在我是长大得成人了。麒麟童的声誉，也跟我的年龄一般，蒸蒸日上，由上海传播到全国了！

二哥是嗜麒最深的，他在一家呢绒字号学生意，经理管束很严，他还是每晚偷空溜出去看麒麟童的戏，弄得经理也莫奈他何。据他说：麒麟童的《临江驿》他看过七次，但还是没有看厌。可惜他嗜麒太过，每晚看戏深夜才回，清早又须早起作事，身子上已极羸弱，也是捏哑嗓子，大唱麒调，终于力竭声嘶，咳出血来！

大哥也是一个道地十足的麒迷。迷来虽不及二哥这样"空前绝后"，可是迷的程度，也在水平线以上。他对于麒艺有充分的见地，他说："麒麟童的一举手，一投足，都有来历，不是率尔操觚，《打严嵩》的撩袍端带，比清廷官吏还要率真。"只要你说了麒麟童半个歹字，他就鼓舌如簧，和你分辩。他曾因此和人闹成口角，后来还是他请那个人去看麒麟童的《全本三国

《琵琶记·扫松》,周信芳饰张广才,周五宝饰李旺

《投军别窑》,周信芳饰薛平贵

志》,那个人认为满意,"麒麟童确是不凡",他才面有得色。

三哥、四哥、五哥也是麒迷健将,三哥佩服麒麟童的眼神,又从麒麟童的水汪汪的眼睛里,可以看出所扮角色的身分,不必究其衣衫贵贱。他这样说。四哥喜欢听麒麟童的唱工,他和晓籁先生一样说法:"哑嗓自有哑味道。"五哥赞成麒麟童演戏很认真,肯卖力,不苟且,不偷懒,不像谭派须生,死样怪气,大烟没有抽足似的。

我也是麒麟童的忠实信徒,虽然我不是麒麟联欢社的社员,也不敢妄称麒迷,因为麒迷要有"深得麒艺三昧"的条件,现在,谈谈我对于麒麟童的闲话吧。

我还记得,髫龄时候,二哥陪母亲到上海游览,我也跟出来。那时候,麒麟童在丹桂第一台演唱,二哥陪我们看过好几次,一次是演《琵琶记》,麒麟童饰的张广才,他的老气横秋神情和刻画入微作派,已经深深的不可磨灭的印入我的脑海里,这是我对于麒麟童第一次认识,虽然,那时我还不解人事。

也许是麒麟童的艺术太动人了吧,我的憧憬里,时常浮起他的影子……民国十四年夏季,我又随着大哥到上海来了!麒麟童还是在丹桂第一台,嗓子似平比前更哑,《投军别窑》描摹儿女情深,真有传神阿堵之妙。"麒麟童还是一个年青的小伙子?!"我不懂《琵琶记》里的张广才,他是怎样一切的?那时配王宝钏的是王灵珠,一副寡妇面孔,一望而知,是善演悲剧的,和薛平贵相偎相依,不忍分别的表情,深刻到"入木三分"!……

类似这种有趣的文章是非常之多的,这两篇文章,第一篇中一位领带公司的经理,借助麒麟童的声誉,大作商品广告。不仅一个精明的生意人的形象跃然纸上,而且麒麟童在群众中声名之盛亦可见一斑。第二篇描绘了一家六个弟兄皆为麒迷的奇观,他们既是一般的观众,可是对麒派艺术又都有自己一定的见地,可谓知音。最有趣的是那位执笔作文的六弟杨畔,虽然对麒派也迷得可以,然而因为还没有达到"深得麒艺三昧"的条件,而谦逊得不敢妄称麒迷。一家人全是麒派的"发烧友",是够典型的,可见当时麒派艺术如何深入人心,如何广泛流行。

麒派艺术由于雅俗共赏,因而它所吸引的观众面比较广。知识分子、文化界人士喜欢看他的戏。20世纪30年代文化人潘汉年与社会科学家杨东莼教授都是麒迷,两人经常一起议论麒派,边唱边做,议论风生。《戏剧周报》一卷五期(1936年11月7日)载文称:"电影戏剧家应云卫,对麒艺素极折服,上星期曾偕赵丹、梅熹、唐巢父等大批艺人,赴黄金观剧,并趋赴后台晤麒,互道欢慕之忱。赵丹并约后会之期,俾互相讨论艺术,交换知识。"《戏剧周报》一卷二期(1936年10月17日)上听潮在《发挥周信芳的表演术》一文中也谈道:"在黄金座上①,可以时常遇到戏剧家唐槐秋。看了《明末遗恨》,应云卫淌下眼泪来,不是信芳的艺术复绝千古,谁能为艺术界中人所倾倒?"

周信芳的麒派艺术更为市民阶层的观众所欣赏。新中国成立以前,天蟾舞台三楼的座位经常是满座的,而周信芳的"好一个聪明的小韩信,他将古人打动我的心"、"三姐不必泪双流,丈夫言来听从头"等麒派唱腔,在上海街头巷尾广

---

① 黄金座上:指黄金大戏院。

为流传，可说家喻户晓，连黄包车夫也能哼上几句。著名演员王熙春在《周信芳先生与我》一文中回忆抗战初期在上海的一段往事。周先生演出《萧何月下追韩信》时，"当周先生唱到'好一个聪明的小韩信'时，台上台下都是萧何，周先生在台上唱，观众在台下也跟着哼起来了"。有一次她去叫黄包车，只见车夫自己坐在车上，闭着双目，在唱"听说去了四十遥……忽然间想起了我腹中饿了……"她禁不住赞叹"周先生受观众欢迎的程度和观众面之广"。20世纪初的北京曾有"满城争说叫天儿"的诗句，到三四十年代，在上海乃是"百口齐唱萧相国，万人争看薛将军"，真是"申城皆知麒麟童"啊！

周信芳是久站上海的角儿，在上海可说是无人不知，无人不晓。然而麒派的流布不仅仅限于上海，而且播及全国各地。

我们且看看周信芳和麒派艺术在我国几个最重要的京戏码头的传播情况。

新中国成立前，周信芳曾于1908年、1924年、1932年三次进京演出。最早的一次是1908年，他才十三岁，搭喜连成、得胜奎等科班演出，因其身段好看，脸上有戏，口齿清晰而深得北京观众的赞赏，"一时轰动北京城"。后面两次到北京，艺术逐渐成熟，剧目风格特色鲜明，更给北京观众留下了深刻的印象。富连成科班学生裘盛戎、袁世海等冒犯科规私自外出看麒剧，北京著名的里子老生张春彦说："把北京所有的名老生放在一只锅子里熬膏，也熬不出一个麒麟童来。"由此可见周信芳在北京内行人心目中的地位。

新中国成立后周信芳又多次赴京演出：

1949年，赴京出席全国第一次文代会，应邀演出《四进士》等戏。

1950年，出席全国戏曲工作会议，会议期间，与郝寿臣合演《四进士》和《打严嵩》。

1952年，赴京参加第一届全国戏曲观摩大会，演出《徐策跑城》。

1955年，在梅兰芳、周信芳舞台生活五十年纪念活动中，演出了《乌龙院》《文天祥》《二堂舍子》等戏。

1956年，在京参加调演，演出《打严嵩》；访苏演出前在京预演了《十五贯》等。

第十章 麒派的流布、传承和影响

1961年，在周信芳演剧生活六十年纪念活动中，演出了《乌龙院》《四进士》《义责王魁》《海瑞上疏》等戏。

周信芳作为海派的代表，不仅在京剧故乡北京的舞台上争有一席之地，而且得到了极其崇高的评价。

天津是北方主要的京剧码头。周信芳曾多次到天津演出：

1907年，首次到天津，与余叔岩同台。

1909年，搭京都双庆和班，在天津与金月梅、吕月樵等同台。

1917年，搭文明正一社戏班，在天津升平舞台演出，与余叔岩、陈德霖合演《四郎探母》，与陈德霖合演《战蒲关》，单独主演《定军山·阳平关》《铜网阵·冲霄楼》等。

1923年，周信芳再次到天津，参加碧云霞、时慧宝领衔的戏班，在新明戏院演出，自挂头牌，连演三场《临江驿》《红拂传》《地藏王》，一炮打响。又与天津著名武生李吉瑞、尚和玉、杨瑞亭合演《投军别窑》《打渔杀家》，以演技出色获观众赞叹。

1932至1933年，此时周信芳已自成一派，这次赴津演出，影响极大。在北洋戏院演出十个月，剧目将近百出，基本上所有麒派名剧都得到了展示。

1934年，又去天津北洋戏院演出，主要剧目是《封神榜》。

1937年，周信芳在天津中国戏院演出两个多月，剧目有《董小宛》《生死板》《鸿门宴》等。

汉口是中南重镇，又是京剧的重要码头。这是周信芳最早去的码头之一。1906年，十一岁的周信芳就随王鸿寿首次到江城演出。1935年周信芳第二次到武汉，当时梅兰芳、谭富英、马连良、林树森等名角接踵而至，新市场大舞台一时群英荟萃，好戏连台，在江城掀起了不小的热浪。

周信芳与汉口还有特殊的关系，他的两个弟子高百岁、陈鹤峰后来落户武汉，而且涌现出郭玉昆、杨菊苹、倪海天、董少英等一批继承麒派艺术的老生，20世纪50年代的武汉被称为麒派的"窝子"，是发展麒派艺术的一个基地。1950年中南京剧团在武汉成立，周信芳应邀担任中南京剧团总团团长，高百岁、陈鹤峰分别担任一团和二团团长。周信芳专程到武汉出席中南京剧团的建团大会，并参加了建团演出。周信芳演出了《萧何月下追韩信》《徐策跑城》《四进士》《坐楼杀惜》等代表作，历时半月，再次轰动了江城。半个月演出后的续场演出是师徒同台、师兄弟同台合作，真是麒派艺术的大会串。为了充实中南京剧团的力量，周信芳在演出结束后，还特地把他带来的鼓师张世恩、琴师姜鸿奎和演员赵晓岚等都留在武汉。1962年周信芳在武汉排演修改新戏《澶渊之盟》，并在汉口人民剧场首演此剧。

宁波是南方水路班子活动的京剧重镇，又是周信芳的故乡。我手头有一篇《麒麟童在宁波天然舞台》的文章，刊于1936年2月《京戏杂志》第三期。文章不长，不妨引述如下：

> 宁波这个码头，在"一·二八"的时候，林树森、景艳芳等在明光大戏院登过台。虽在打仗的年口，能够弗亏本，天天有八成叫座，是很不容易的事。以后虽然天然舞台、中山公园、天南大戏院几家仍继续开演平剧，因为市面太不景气，生涯反不及以前来得茂盛。上月间，天然舞台前台老板何芝根，听得麒派在上海很受人欢迎，宁波票界染麒派的也很多。何芝根自己也知道，麒麟童邀来，必定可以叫座，所以亲自到上海来邀聘麒麟童。麒也以为宁波这码头确可以去走一趟，乃允登台七天。第一天第二天登台，这种盛况即开宁地新纪录，七点钟已拉铁门①。到第三天，照宁波规矩，势必大减价一天，是给一般普通商界伙计观览的。价目由一元跌到七角。麒麟童弗晓得宁波规矩，一看见减价牌子，马上一把把何芝根拖住，很严厉的说道，你可晓得我麒麟童吗？为什么生意好好的，要减价。随便何芝根怎样解释，麒麟童终说不行，非得把面子争回来不可。我麒麟童保险，今夜必拉铁门，价目由一元涨到一元二角。何芝根没有办法，只得照麒麟童的办法做去。戏码是《投军别窑》《追韩信》，果然七点钟拉铁门。第二天还要小宝宝撒尿——连一连。这明显是麒派受人欢迎的魔力。麒麟童在宁波共演唱七天，售得国币一万元强。

---

① 拉铁门：指全部客满。

第十章　麒派的流布、传承和影响

　　以上只是麒派艺术在上海及北京、天津、汉口、宁波等几个京剧重镇流布的简要情况，就可以窥一斑而见全豹。当然麒派的流布范围决不仅仅局限于上述几个地方。通过周信芳率团巡回演出以及唱片、电影等传媒的传播，麒派艺术得以推向全国，"麒麟童"三个字，红遍了大江南北。

　　还有一件有趣的事值得一提。有一段时间，在中国的京剧剧坛上竟出现了三个麒麟童。另外两个是谁呢？一个是靠把老生王荣山，艺名亦为麒麟童。他年龄略大于周信芳，大约生于1890年。他幼年颇负佳誉。1914年在有北京"票房之冠"称号的春阳友会走票，与余叔岩同道。他给樊棣生的弟弟樊润田说戏，有时也登台演出。1917年至1918年间常在北京各剧场登台，拿手戏为《战太平》《下河东》等。20世纪30年代曾在北京的国剧传习所任教师。王荣山于1941年去世，终年才五十二岁。还有一个麒麟童，是位坤伶，也唱老生。她也常在上海和南方各地演出，而且有些演出剧目与周信芳略同，如《乌龙院》《打棍出箱》《翠屏山》等。有时周信芳与这位女老生同时在上海演出，报上登出广告，两个麒麟童，搞得观众扑朔迷离，泾渭难分。当时因为还没有盛行艺名专利法，故而也听之任之，一时剧坛出现了三个麒麟童。再后来京剧界及其他地方戏曲纷纷出现了马麟童、赵麟童、小麟童等。这"麒麟童现象"，足以说明周信芳与麒派艺术的流布之广和影响之大。

　　周信芳巡回演出的足迹所至之广在京剧界亦是罕见的。新中国成立前他的足迹已经远涉关外，甚至到了海参崴、双城子。新中国成立以后，两次大规模的巡回演出，演遍了中南、西南、西北、华北、东北等地，在全国各地都留下了周信芳的舞台艺术形象和麒派的声音。

　　另外，现代化的传媒也有力地扩大了麒派艺术的流布。周信芳先后拍摄了四部电影，其观众人数难以统计。唱片亦是极重要的传媒手段。早在1929年周信芳就在蓓开公司灌制了《路遥知马力》等唱片，其后灌制唱片数十张。据1936年11月出版的《戏剧周报》一卷六期称："麒之唱，以沙嗓关系，虽走调低，但韵味深长，闻者无不激赏。《追韩信》《跑城》等唱片，畅销十余万张，足为铁证。"1936年，周信芳还与金少山合作，灌制了《打严嵩》《华容道》的唱片，金少山为了这件事特地推迟了到济南的演出。金少山是有名的金嗓子，他都这样

223

看重周信芳，可见周的唱极有魅力。麒麟童以他略沙的嗓音，唱片竟发行十余万张，这堪称奇迹，其辐射力之强，覆盖面之广是十分可观的。

第二节　麒派的传承

周信芳早在1910年就收了第一个弟子程毓章，其时周信芳自己才十五岁。1916年周信芳又收了高百岁为弟子。此后，陆续拜在他门下的有陈鹤峰、王瀛洲、于宗瑛、杨宝童、王富英、王少楼、李如春等。1936年7月，著名戏剧评论家朱瘦竹在《南派做工老生的古今两宗匠》一文中，把周信芳列于"近十年来，南派做工老生的首座"。文章说："当代除掉北平，敢武断南北在四十岁以里的做工老生，没有一个不学他的。"新中国成立后收徒更多，沈金波、童祥苓、萧润增、霍鑫涛、逯兴才、李少春、李和曾、李师斌、张学海等均列于他的门墙，其子周少麟亦承继父业。此外师从周信芳的还有曹艺斌、明毓琨、徐鸿培、小麟童、王春柏、董春柏、陈浩昆、赵麟童、卞韵良等。他的弟子总数达三十余人之多，而私淑

周信芳与学生，后排左起明毓昆、李少春、高百岁、李和曾、徐敏初

第十章 麒派的流布、传承和影响

周信芳与学生，左起沈金波、萧润增、周信芳、霍鑫涛、童祥苓

麒派的更大有人在，因此周信芳可说是桃李满天下。

以前京剧界教戏，口耳相传，大多是一招一式、一字一句地教。周信芳教戏却首先给学生讲解剧情戏理和人物性格。有一次高百岁效学周信芳在《一捧雪》中连起莫成、陆炳、莫怀古三个角色。周信芳对他说："不要让观众一个晚上看高百岁三次出场，而是要让观众看这一出戏中高百岁扮演了三个完全不同的角色。"这个观点十分精辟。旦角演员胡芝风在中学时代曾经请周信芳先生给她排演《坐楼杀惜》。周信芳先问胡芝风："你自己感觉演得怎么样？"胡芝风说："阎惜姣这人真坏，我就是演得不够坏，不知怎样才能演好她？"周信芳说："对阎惜姣不要在化妆上丑化，也不要在表演上漫画化，以免失之浅、粗、俗……要从剖析阎惜姣这个人物内心活动入手，捕捉有准确表现力的细节，用动作、表情、眼神、语气等技巧来表现。演她的动作有时要求十分'脆'，有时又要求十分'粘'。恰当的表演能表现她既心狠手辣，又是风流女人的复杂内心世界。她内心阴暗，情绪多变，面部表情比一般花旦丰富，她的笑有僵笑、冷笑、假笑、媚笑、讥笑、狠笑，她的语气也十分复杂……要下苦功分析、研究，又要掌握相应的表现手段,才能塑造出一个可信的阎惜姣。不然就不能用'神'贯串在整个表演的技巧和形体动作中,成了个有形无神的人,观众是不会欢迎的。"这种教戏,不是机械的技术性的传授,而是一种高层次的艺术传承。

他的弟子们拜在麒派门下,当然都想学麒派艺术。对此周信芳的态度十分鲜明:一是不要妄自尊大,虚心地尊重其他流派;二是要求学生不要死学流派,应活学流派,并希望学生超过自己。李和曾原来拜高庆奎为师,后来正式投到周信芳门下。周信芳对他说:"高老庆人称'高杂拌儿',其实我也是"杂拌儿"。许多艺术流派不是凭空而来的。只有一股水,不能成为大海。当然要根据自己的条件加以融化和创造,才能独树一帜,超过前人。"

弟子们学他的麒派,周信芳总是说:"学习流派不能死学,要活学,要根据自己的基础和条件学。"他举了前辈京剧表演艺术家刘鸿声的例子,刘鸿声因为跛足,走起台步来一颠一颠的,我们学习刘鸿声,就不必学这一些。有一次上海戏曲学校介绍一个学生到周信芳家中登门求教,周信芳让他唱一段听听。听后,没说什么,就让他回去了。过了几天周信芳对戏校负责人说:"你让学生跟我学戏,我是欢迎的,可是为什么不挑选嗓音好的学生,偏挑一个坏嗓子的学生跟我学呢?你以为学麒派就不需要好嗓子吗?陈鹤峰、高百岁不都有一条好嗓子吗?"后来,戏校精心挑选了几个嗓子好的学生请他教戏,他非常高兴。著名演员沈金波拜周信芳为师后,有一次演出《徐策跑城》,他动作是按麒派路子的,可是唱没有按周信芳的唱,而是按照林树森的唱法,有的翻的是高腔。演出结束后,沈金波征求周信芳的意见,周信芳说:"挺好!你就这样唱,也符合人物性格。人家说学麒派,一定要沙音,我就坚决反对。有嗓子,你一定要把它逼哑了干吗呢?我要是嗓子好一点,也要翻高音的。"以后,他还对别人说:"学麒派,就得像金波那样学!"

周信芳在向学生传授戏艺时,还经常强调几个问题:一是要练好基本功,二是要多演出、多实践,三是要提高文化修养。

他常对弟子和学生说:"青年人的一鸣惊人的思想,是要不得的;必须按部就班,多学、多看、多练,把基础打好,在半空中建造楼房是不行的。"他认为青少年学戏不要过早地学某一种流派,首先要打好基础,学习的路子越宽越好,不仅跟本行当的老师学,也要跟其他行当的老师学。学文戏的也要学几出武戏,老生也好,小生也好，没有腰腿功，没有武功底子，是不可能成为一个好演员的，不仅像《萧何月下追韩信》《徐策跑城》这类戏，没有腰腿功不能演，就是像《打渔杀家》《清风亭》这类戏，没有武功底子，一出台就会松松垮垮，不成样子。小生，光会拿扇子，不会拿刀枪，也不能算好演员。而学武生或花脸的，也要学点文戏，你演一个大将或是元帅，最好勇猛之中带有儒雅之气。他还要求学京剧的人，学习几出昆曲，过去有声望的京剧老艺人，不管是生、旦、净、丑，没有一个不是用昆曲打基础的。

他常对学生说：要找一切机会，多上台，多演出，多实践。因为舞台实践的经验对一个演员的能否成功起着十分关键的作用，而且是不可替代的作用。他曾说过，一个演员要演出2500场后，才能成熟起来。周信芳本人就是一个演出多，实践多的典范。据不完全统计，他从1906年至1965年总共演出了12429场。他青年到壮年时，不仅几乎每夜都有演出，有时还要加演日场，每年演出在400场左右，1930年一年在丹桂第一台演出的场次为497场。周信芳他这个大师确实是硬碰硬"演"出来的。

他还告诫弟子和学生们要多读书、多学文化，掌握广博的知识。他说："一个演员不能就知道舞台上那么一点事情，必须要涉猎多方面的知识，创造角色，才能触类旁通，左右逢源，对人物作更深的挖掘。"周信芳本人虽然没有上过正规的学堂，但他勤于学习，平生最爱读书，因而自学成材，成为京剧界的饱学之士。他的弟子高百岁过生日时，周信芳送给他的生日礼物就是一本《古今名人尺牍》和《篆书大观》，嘱咐他要读万卷书，行万里路。1956年青年演员齐英才与张美娟结婚，周信芳送给他们一套《莎士比亚戏剧集》作为礼物，他说："我送你们这一部书。咱们演员要读书，古今中外的书都要读，从中吸取有用的东西。"有一次他对沈金波说："文化不要丢，你小时候学过外文，要继续学，不要丢！"

周信芳对弟子不仅悉心教戏，而且热情扶掖。1915年十三岁的高百岁首次到上海在丹桂第一台露演，已经成名的周信芳为了扶掖后进，为他挎刀。周信芳与高庆奎是情同手足的莫逆之交。高庆奎的儿子高盛麟在抗战后曾一度潦倒，他到上海来找周信芳，周信芳见他遇到困难，马上伸出援助之手，热情地说："盛麟，就在这里和我一起演出吧。"周信芳让他在黄金大戏院演出，把生活安顿下来。过了不久，周信芳又对高盛麟说："盛麟，我不演了，你演吧！"高盛麟很感惶恐，因为当时他毕竟是三四路角色，要他唱大轴，演砸了可不是玩的，关系到整个剧场和戏班的生计问题。周信芳却壮他的胆："不要怕！一切都有我。"周信芳还为他配戏，在《一箭仇》中让高盛麟演史文恭，自己演卢俊义。《战长沙》中让高演关羽，自己演黄忠。高盛麟虽然没有磕头拜周信芳为师，但周信芳待他如同弟子，经常为他说戏，身段、动作、化妆都教。每日演戏，周信芳很早就到后台，或为高配戏，或替他把场，有时扎上了大靠还帮他说戏呢。正是由于周信芳的大力扶持、悉心传授，高盛麟才艺事猛进，后来成为著名红生。

新中国成立以后，周信芳把更多的精力放在悉心育苗上面。他担任上海京剧院院长，对院里青年演员十分关怀，当他在院里上班时，常从一楼到三楼，上下来回地巡视青年们练功、学戏的情况，他还亲自到上海戏曲学校，为师生们上表演课。

20世纪50年代末、60年代初，周信芳又收了好几名徒弟，其中有从北方来的求艺者。在北方弟子中，有个萧润增，是著名京剧前辈艺术家萧长华的孙子。他从北京到上海拜周信芳为师后，周马上就开始教戏。由于萧润增原来接触麒派较少，所以无论是唱念、身段，还是劲头等方面，都得从头学起。这对学的人来说困难不少，而对教的人来说，也是很吃力的。可是周信芳不顾自己年老之体，一遍又一遍地耐心传授。《坐楼杀惜》是周信芳教他的第一出戏。周信芳再三亲自示范，手把手地纠正他的姿势，并且还特地请刘斌昆、赵晓岚一起来排给他看。周信芳在教萧润增《萧何月下追韩信》时，萧何在一声"有请相爷"后，随着场面"五槌"上场的一个身段，难度较大，萧润增一连做了十几次，都不合要求，周信芳便一次又一次地给以纠正。当演到萧何追赶韩信，萧何使"马趟子"时，周信芳走到阳台上，亲自把这动作做给萧润增看。在这个"马趟子"中，为了表现萧何从马上摔下地的情景，要做许多扑跌的动作。周信芳就在水泥地上连扑带摔，一个动作一个动作示范表演着。

那时，周信芳已近古稀之年，还这么认真地做着这些动作，使萧润增既感动又担心，故而急忙阻止他说："老师，我明白了！"周信芳站起身来拍了一下身上的尘土，恳切地说："我就是怕你学得不地道，不这么做，你不明白……"

稍后，另一个北方弟子张学海（张君秋之子）也由京来沪学艺。这次周信芳教的是《徐策跑城》，这出戏唱做十分繁重。在教戏过程中，周信芳既严格又耐心。比如出场，既要等锣鼓，又不能硬凑锣鼓；既要表现出老年人的步履、神态,又要自然,注意美感。徐策转身、撩袍等动作,周信芳要求张学海既要做得顿挫有力,又不能一味追求顿挫、棱角;而是要像学书法那样,有时要圆,有时要有棱角,有时要藏锋,有时要露锋。尤其是徐策步行与在马上,要有所不同:上马后,是表示马在走,而不是徐策在走,所以不能再走老人的步子;但也不能走得太快,因为毕竟是老人在骑马。"跑城"那一段,就更难了。起初,张学海唱和做配合不好,不是快了,就是慢了,动作连贯不起来。后来动作能连贯了,但节奏缺乏变化,还是不对劲。周信芳除了一遍一遍地耐心示范外,还启发张学海,告诉他这段舞蹈要"闹中有静,静中有闹",就是说在紧张、繁杂之中,要沉得住气,不慌不乱;而在平静的场合,要有劲头,不瘟不沓;同时,舞蹈身段还要有气势,有华采,这样才美。周信芳并不单纯教一出戏,他还和张学海谈了不少其他的戏,谈了不少名演员生活的故事。他说:"这些故事比刚才学的戏还重要。"并嘱咐他:"要学演人物,不要学演周信芳!"

周信芳不仅是一位卓越的艺术大师,而且是一位悉心育苗的优秀园丁。

周信芳收过的弟子有三十余位,其中有两种情况:一种是拜周以后,专学麒派,并以此立足舞台的;另一种,本身已成名家,或已有所师从,拜麒为了问艺学戏,丰富自己,而并不重起炉灶学麒派。新中国成立以后这种情况较多,如李少春、李和曾、沈金波、童祥苓等。

现在我们所说的麒派传人主要指第一种情况中的弟子,其佼佼者有如下数人:

高百岁(1902—1969),字幼斋,号伯绥,北京人。他是周信芳的第二个弟子。高百岁八岁从李正义学戏,十岁入喜连成科班,初学花脸,后改老生。因多演刘(鸿声)派剧目《斩黄袍》《斩姚期》《辕门斩子》《李陵碑》等,时人称之为"赛鸿声"。1916年在上海拜周信芳为师,专工麒派老生。他多年追随周信芳,与他一起参加南国社的活动,合演过《潘金莲》、话剧《雷雨》等。无论思想、艺术均得其师真传。他嗓音高亢清越,唱时虽用麒腔,但不带沙音。念白吐字,铿锵有力。麒派剧目几乎全部学会,常演的有《萧何月下追韩信》《徐策跑城》《四进士》《清风亭》《临江驿》《扫松下书》等。其麒艺达到形似传神的境界。新中国成立后为武汉市京剧团主要演员。

陈鹤峰（1904—1972）原名陈鸿声，浙江鄞州区人。十三岁入科班，拜谢月亭为师，学老生。1932年拜在周信芳门下，得其亲炙，擅演剧目有《徐策跑城》《四进士》《萧何月下追韩信》《鸿门宴》等。他也多年跟随其师，参加过移风社，演出《文素臣》。亦为麒派传人中的佼佼者。

　　王富英（1907—1978）本名王福英。幼年在杭州坐科，1932年拜周信芳为师。他是周的弟子中与老师合作时间最长，帮师最忠诚的一个。他擅武生，兼演老生。1955年，在江西南昌市以老生为主，兼演一些武戏，演《秦香莲》中的王延龄，赶演包公，酷似其师。

　　周少麟（1934—2010），周信芳的小公子。从小跟随父亲左右，乃麒派衣钵真传。他演的《四进士》《海瑞上疏》《清风亭》《打渔杀家》，颇有几分乃父风范。1979年4月，著名戏剧家吴祖光先生在沪观看了周少麟主演的《四进士》后，特赋诗称赞曰："徒伤艺海大星沉，雾散天开现少麟；亮相岂缘惊浊世，扬眉犹自记囚身。贤翁绝唱空前古，世子悲歌继后尘；已雪奇冤双塔寺，从此麒派有传人。"周少麟曾收陈少云、吴群、汪灏、曾培培、裴咏杰、穆晓炯为徒，向他们亲授麟艺。

　　学麒较有成就的还有筱麟童、小王桂卿、赵麟童、张信忠、萧润增、陈少云等。他们所演的《萧何月下追韩信》《四进士》《乌龙院》《徐策跑城》等，都在一定程度上展现了麒艺的风采。其中陈少云是近年来演出麒派戏较多，而且成绩显著的一位。

　　陈少云，生于1948年，原籍北京。出身梨园世家，九岁学艺，十岁登台。师承方航生、侯育臣、达子红等，工习文武老生。后又向著名麒派老师张信忠、明毓昆，杨派老师曹世嘉学戏。1980年拜麒派老生赵麟童及著名导演阿甲为师，并得到小王桂卿的指点。原为湖南省京剧团演员。1990年应邀参加纪念徽班进京二百周年演出活动，主演了麒派名剧《下书·杀惜》。1992年应周信芳艺术研究会邀请，在上海作专场演出，演出了《宋江杀惜》和《追韩信》。1995年调至上海京剧院，专攻麒派。2003年春，又拜周少麟为师。调上海后，排演了《狸猫换太子》《宰相刘罗锅》《萧何月下追韩信》《鸿门宴》《清风亭》《东坡宴》《成败萧何》等戏，曾获中国戏剧梅花奖、上海白玉兰戏剧表演艺术奖等奖项。陈少云在唱腔上，紧紧把握麒派的特点，同时又注意发挥自己嗓音浑厚、宽甜的长处；其表演内心充实、激情洋溢，外部动作挥洒自如，形象丰富，具有"外朴内秀"的特点。由于塑造人物鲜活生动，表演规范工整，较好地展现出麒派浓墨重彩、富于激情的艺术风格。为目下麒派传人中的佼佼者，并被视为当今最具代表性的麒派艺术继承人。

为了传承和发展周信芳的麒派艺术，推动麒派人才的培养，这些年来多次举办了麒派艺术的传习班及麒派艺术的交流演出。如1984年9月剧协上海分会举办第一期麒派艺术进修班，各省、市选派学员学习麒派名剧，由李如春、吕君樵、徐鸿培、孙鹏志等执教。2008年年底起由上海文教结合工程推进办公室、上海市文广局、周信芳艺术研究会主办，上海京剧院承办了周信芳艺术传承研习班，这是继上海1984年和2001年举办的麒派艺术传承研习班后的第三次办班。此次专门聘请了小王桂卿、赵麟童、张信忠、萧润增、小麟童、王会熹、周公瑾、陈少云、童强、裴咏杰等十位全国范围内对麒派表演艺术研究有素的资深教师集中教学。学员共有二十名，分别来自上海、吉林、天津、北京、福建、河北、云南等地，他们中有范永亮、田磊、朱玉峰、鲁肃、于辉、郭毅、吴响军、李哲、冯胜章、王志刚等。教学的剧目有麒派名剧《四进士》《乌龙院》《清风亭》《徐策跑城》《鸿门宴》《追韩信》《明末遗恨》《斩经堂》《投军别窑》《义责王魁》《打銮驾》《打渔杀家》《秦香莲》《打严嵩》以及《狸猫换太子》《成败萧何》等。主要目的是为了改变麒派艺术后继乏人的严峻现状，推动麒派艺术后续人才的选拔和培养。经过五年的研习，学员们取得了显著的成绩和良好的社会反响。学员范永亮、于辉、郭毅、田磊、鲁肃等多次进行了汇报演出，进步明显，获得好评。范永亮获第22届上海白玉兰戏剧表演艺术奖配角奖，鲁肃获第24届上海白玉兰戏剧表演艺术奖新人主角奖。正是：麒派艺术后继有人，麒派艺术魅力永存！

周信芳收徒很多，从学者甚众，然而为什么学麒派能得其衣钵，现其风姿神韵的传人并不多见？艺术园囿是个流派纷呈、五光十色的世界，唯其如此才显得有趣好看。在艺术流派当中，有的易于模仿，有的难于模仿，并不因此而分高下。在书法中，王羲之、柳公权比较容易临摹，然而学张旭、怀素就难以达到形神兼备的程度。评弹中的蒋（月泉）调，能学像的不少，有的甚至可以乱真。但张鉴庭的张调，能形神兼得者却如凤毛麟角。麒派就属于后者。这是一种特殊的文化表现。其中原因之一，是像麒派这样的艺术流派，它的独特性特别显著，甚至可以说有几分"怪异"（比如他的嗓音）；原因之二，麒派除了技巧方面，更多的是属于精神方面的因素，因此要想从形神各方面都逼真地模仿极其困难，因此总感到不怎么像。

这种文化现象的另一有趣的侧面是"隔行传承"。在其他行当，乃至其他艺术门类中的艺术家却有不少得益于麒派，他们学其神韵或手法，反能展现其一定的特色，于是出现了一批麒派花脸、麒派花旦、麒派话剧家、麒派评弹家……

著名京剧花脸艺术家袁世海说："有人曾经说我是'麒派花脸'，的确我在唱念做等各方面都受到周先生的影响。"

著名旦角演员赵晓岚说："在我几十年的舞台生涯中……合作时间最长、对我影响最大的，是京剧表演艺术大师周信芳。"

著名京剧艺术家高盛麟说，"我是唱武生的，表演方面受麒派影响很大……在表演人物的精神方面及如何处理人物关系方面向麒派学到了不少表演方法和经验"。

著名电影艺术家金山几次提出要拜周信芳为师。周信芳说，金山已经是大艺术家了，而且他是搞话剧的，我用什么来教他？所以再三挽辞。他在《风暴》中扮演施洋大律师，就借鉴了麒派艺术。他说，施洋一段长篇演讲，"这段独白的念法，基本上是从京剧表演大师周信芳《宋士杰》口中学来的"。

另一位著名电影艺术家赵丹也十分膺服麒派，他说："有一个时期，在我话剧演出的表现上，不但受着信芳先生的影响，甚至还模拟过他的一些动作和节奏。"

麒派在其他剧种和曲艺中也有深刻的影响。沪剧艺术家邵滨孙1946年就拜周信芳为师，他的做派、唱腔颇有麒味。评弹艺术家张鉴庭、顾宏伯则可说是书坛上的麒派。昆剧艺术家计镇华也深得麒艺之三昧。

这还不算，连杰出的文学大师老舍也曾申言"他愿意做个麒派编剧"！

麒派的"隔行传承"，究其原因我以为有二：一是因为麒派具有极其丰富的内涵，其个性中包含着共性，其他行当、其他门类都有可吸收的东西；二是麒派本身形成的过程中就是广采博纳的，它从"隔行"的艺术中吸收过许多营养，可能因此它带有了"隔行传承"的基因，是这样来的，也是这样去的！

麒派难于模仿，毕肖麒麟童的传人甚少，周信芳本人也并不希望他的弟子十十足足"像他"；而麒派在其他行当、其他门类里却得到"隔行传承"，形成繁花灼灼的局面。这种奇特的文化现象告诉我们，传承麒派、发扬麒派应该从更广

第十章　麒派的流布、传承和影响

阔的文化背景中去理解，最主要的恐怕不在于复制出几个麒麟童来，而是要发扬麒派的精神内涵及其创作方法。

第三节　麒派的深远影响

一、麒派艺术在海外

1956年夏天，周信芳接到出访苏联的外事演出任务。这是根据中苏文化合作协定的执行计划安排的。上海京剧院访苏演出团，由周信芳任团长，伊兵任副团长，全团共七十七人。出访演出的剧目，除《四进士》《投军别窑》《打渔杀家》《徐策跑城》等麒派名剧外，周恩来总理亲自指定，要把当时红遍全国的昆剧《十五贯》带出去。

为此，冒着酷暑，周信芳带领剧团专程去杭州，向浙江昆剧团学习。角色的分配为：周信芳饰况钟，孙正阳饰娄阿鼠，赵晓岚饰苏戌娟，刘斌昆饰尤葫芦，王金璐饰过于执，沈金波饰周忱，黄正勤饰熊友兰。

8月底，周信芳率演出团到达北京，周总理亲自审查了出访剧目，一连看了几场，看了《十五贯》《四进士》《打渔杀家》《挑滑车》《空城计》《盗仙草》等，并称赞戏演得成功。

10月底，演出团自北京出发，乘坐国际列车，于11月5日抵达莫斯科。这次演出团在苏联逗留了六十四天，历经苏联六个加盟共和国，在莫斯科、列宁格勒、基辅、明斯克等九个城市，演出五十三场。

昆剧《十五贯》剧照，周信芳饰况钟，孙正阳饰娄阿鼠

以往一些京剧团出国，一般

周信芳访苏演出，右为赵晓岚

演的是武戏，如《三岔口》《盗仙草》等，而这次周信芳他们带出去的戏共有二十出，并以文戏为主，其中还有《十五贯》《四进士》这样演三个多小时的大戏。起初，周信芳担心，苏联观众能否接受，但演出结果表明，苏联观众既爱看京剧武戏，也爱看文戏。尤其是通过"译意风"，苏联观众很能看懂，凡是演到国内观众叫好的地方，苏联观众也反应特别强烈。武戏《雁荡山》《三岔口》《盗仙草》等如此，文戏《投军别窑》《打渔杀家》《拾玉镯》等，同样引起苏联观众的很大兴趣，用他们的话来说，就是"着了迷"。《雁荡山》一共演了二十一场，《十五贯》也演了八场。每场演出结束，观众都狂热欢呼，谢幕最多达十五六次。

苏联观众和艺术界对周信芳的表演艺术怀有浓厚的兴趣，给予高度的评价。苏联的一些艺术家说，他们的歌剧只歌不舞，舞剧只舞不歌，而中国的京剧却是又歌又舞，是一种十分完美的艺术形式。他们赞扬周信芳是一位杰出的艺术大师。他演《打渔杀家》，尽管台上没有水，却能使人感到演员是在江中的船上，所做的船上动作，看起来都那么逼真，看着看着，使观众忘了是在看戏，被带进了一个美妙的境界。

在苏联文化部举行的欢迎会上，文化部负责人说："周信芳的表演，非常富

第十章　麒派的流布、传承和影响

有艺术魅力，不仅使人得到高度的艺术享受，而且能从中得到鼓舞力量，增强斗志。"他特别提到萧恩与况钟的形象，对苏联人民也具有现实教育意义。苏联木偶艺术大师奥勃拉兹卓夫说："周信芳不愧为艺术大师。他塑造的萧恩、宋士杰、况钟等人的形象，给观众留下的印象，实在太深刻了。"

正因为这样，有一次周信芳在中国驻苏大使馆里，刘晓大使高兴地说："看来，出国的剧目，不一定非要《三岔口》《雁荡山》等武戏不可；文戏，甚至是文的大戏，同样能出国，而且还很受欢迎呢！"

对于这次访问演出，苏联方面的接待是非常热情、友好、隆重的。许多加盟国的领导亲自过问，拉脱维亚部长会议主席拉齐斯，称京剧团在其首都里加逗留的那个星期为"中国周"。演出团所到的每个加盟共和国和每个城市，都向周信芳等人颁发了荣誉奖状。

在苏联期间，周信芳进行了参观访问，更多的是观摩苏联艺术团体的演出。其中有芭蕾舞剧《吉赛尔》《黑桃皇后》，歌剧《鲍立斯·戈都诺夫》以及轻歌剧、木偶戏、马戏等。周信芳深为他们的精湛艺术所陶醉。特别是苏联艺术家运用现实主义创作方法，富于民族风格和诗的意境的表演艺术以及严肃认真的创作态度，周信芳都看作是值得学习的经验。

在访苏期间，周信芳结识了许多朋友。在莫斯科，结识了苏联木偶大师奥勃拉兹卓夫。奥还特地邀请周信芳及伊兵、李玉茹等到他家里作客，他的夫人特地穿上锦缎的中国旗袍迎客，还以中国的茉莉花茶和中国菜招待他们。周信芳还应邀参观了他的房间，其中有一间二十多平方米的木偶室，在许多玻璃橱内陈列着世界各国的木偶，有只玻璃橱，里面摆的全是孙悟空，有的是中国同行送的，有的是他自己制作的，形态各异，色彩缤纷。玻璃橱内，装满了五彩的小灯泡，时明时灭，闪闪烁烁，简直是一个神奇的童话世界。周信芳禁不住赞叹道："真是美妙极了！"奥勃拉兹卓夫还为周信芳表演了布袋木偶，极其逼真、诙谐、传神。他向周信芳提出了关于中国京剧的表演、化妆、脸谱等方面的问题，两位艺术家谈得十分融洽畅快。

周信芳与配合演出团一起工作的苏联朋友也结下了深厚的友谊。特地到中苏边境迎接周信芳等人的拉金，曾是一位话剧演员，早年受过斯坦尼斯拉夫斯基的教诲。他不顾自己年事已高，一直陪同周信芳一行，南北奔驰几千公里，对演出团无微不至地照顾。周信芳深深为他的工作热情所感动。

还有一位是著名的汉学家艾德林。演出团还未到莫斯科，他就主持编译了演出的宣传材料。京剧译成俄语相当困难，比如"京剧"这个名称，简单地译成"北京歌剧"就不太合适。他把它译成"北京音乐戏剧"。又如《萧何月下追韩信》，他译成《韩信将军归来》；《打渔杀家》，他译成《渔人的复仇》；《徐策跑城》，他译成《徐策急忙到皇宫去》；《投军别窑》，他译成《薛平贵与妻子分别》；《挑滑车》，他译成《战斗在山上》……这些剧名译得很好，既说明了剧情，又引人入胜。演出团每次演出，艾德林差不多都出现在后台。他随时把一些苏联艺术家介绍给周信芳。

周信芳与报幕员巴拉克谢也夫也成了好朋友。巴拉克谢也夫是苏联文化部负责组织晚会的高级干部，克里姆林宫国家音乐会的报幕人。这次，他担任中国演出团的报幕工作。他以简洁的语言，清亮的嗓音，讲明中国历史剧的剧情。每一场戏演完后，他都恰当地插进一段分场的故事介绍，讲得亲切生动，使苏联观众对中国的京剧能够充分的理解和喜爱。谢幕时，他又成为观众热情的调节者，使谢幕适可而止，收到最好的效果。

在苏联期间，演出的任务很重，日程安排很紧张，每天从清早忙到深夜。周信芳身为团长，比别人更忙更累。每次全体人员集合时，他总是第一个到达。他不仅每天演出的任务重，而且在演出前要向观众讲话，演完戏还要研究工作。在苏联，由于气候条件不适应，周信芳的嗓子哑得很厉害。有时大家劝他："院长，你年纪大了，身体又不舒服，今天还是休息吧！"他总是不在意地说："不要紧，我能顶住！"一天傍晚，有位演员去周信芳的房里探望，只见他坐在椅子上睡着了。这位演员只得对正在房中的周少麟说："我想叫院长去吃饭，可他累得睡着了。"他们正谈着，周信芳醒了。"累了吧，院长！"那位演员关切地说。"哪能说不累，说不累是假，"周信芳边说边慢慢地坐起来，"我们虽然是剧团，毕竟是代表国家出访，时时处处都要注意国际影响才行。我这当团长的，不累一点行吗？"晚饭后，周信芳又强打精神，带领大家去剧场了。那天演的是《十五贯》，况钟要唱许多昆曲。周信芳的嗓子不行，就尽量走低音。为了不使演出质量受影响，他特别加强脸部表情和形体动作，用表演来弥补。这次演出同样十分精彩，观众掌声不绝。

这次访苏演出十分成功，苏联文化部向周信芳等人颁发了荣誉奖状。回国后，田汉热情赞扬周信芳是"不倒的红旗"。

周信芳本人没能有机会去欧美演出。可是在他去世之后，他的传人们却把麒派艺术传播到了大洋彼岸的美国。1981年8月，中国上海京剧团赴美演出，为了纪念周信芳，美国梅尔波梅那基金会特地邀请童芷苓、王正屏等协助周少麟在纽约林肯艺术中心举行麒派专场演出。专场总共演出了十五场。主要剧目有《刘唐下书》《坐楼杀惜》《四进士》《萧何月下追韩信》等麒派名剧。演出十分轰动，剧场不仅爆满，而且气氛热烈，掌声、叫好声、欢呼声不绝于耳。除了众多的华侨外，演出还吸引了大量的美国观众，由于麒派表演比较写实，注重人物性格刻画，观众很容易接受和理解。周少麟演的宋士杰、萧何、宋江，性格鲜明，情绪饱满，颇具麒派创始人周信芳的风范。童芷苓、王正屏曾多年与周信芳同台，因此演来具有极其浓郁的麒味。总之，他们的演出在大洋彼岸生动地展现了麒派艺术的独特风采，赢得了美国观众及广大华侨的热烈欢迎和赞扬。

周信芳与梅兰芳一样，他们都是把中国京剧推向世界，促进中西文化交流的伟大使者。麒派艺术不仅红遍神州大地，而且在海外也有着广泛的影响。

二、人民永远纪念他

周信芳及其麒派艺术，其流传与影响超越了时空的局限。周信芳健在的时候，从学者众多，桃李满天下。周信芳去世之后，麒派的影响仍然经久不衰。

"四人帮"粉碎后不久，1979年1月，上海就成立了麒派艺术研究小组，由何慢（召集人）、龚义江、吕君樵、张鑫海、王燮元等专家与艺术家组成，开始研究如何恢复与发扬麒派艺术的问题。

1979年3月，上海京剧三团与上海麒派艺术研究小组联合举办了麒派艺术展览演出，由周少麟、李桐森、刘斌昆、陈朝红等合演《四进士》；由吕君樵、李桐森、李秋森等合演《鸿门宴》；由周少麟、孙鹏志、李如春、朱春霖等合演《萧何月下追韩信》。由于"四人帮"推行文化专制主义政策，传统剧目及麒派艺术被长时期地禁锢，这次重新展演，观众冒雨通宵排队，盛况空前。周信芳的儿子、传人以及长期与周信芳合作的老艺术家通力合作，使麒派艺术重现了风采。

1984年10月，上海又举办了麒派艺术进修班，由麒门弟子徐鸿培、李如春以及长期与周信芳合作的刘斌昆、李伯麒、贺永华，麒派鼓师、琴师张鑫梅、郝德泉等传授麒派艺术。进修班的学员来自全国十二个省、市、自治区的十七个京昆剧团，他们都是有一定舞台经验的演员。进修班为期三个月，于1985年1月举行了结业汇报演出。剧目有《清风亭》《乌龙院》《明崇祯》《萧何月下追韩信》《斩经堂》《徐策跑城》等，演员为王全熹、周公瑾、张俊昆、计镇华、梁谷音、李有才、邓立国等。这次进修班把麒派艺术的种子撒向了全国各地。

　　周信芳生前，文艺界曾为他的艺术生活举行过三次盛大的纪念活动；周信芳去世之后，又先后于1985年、1990年、1994至1995年为他举行了三次规模宏大的纪念活动。

　　1985年4月，文化部、全国文联、上海市文化局、上海市文联等十个单位联合举行纪念周信芳诞辰九十周年活动。4月2日在上海文艺会堂，隆重举行纪念大会。党和国家领导人李先念、邓颖超、习仲勋、胡乔木等为纪念大会题词。李先念的题词是："麒派艺术的精神永存。"来自全国各地和上海的文艺工作者六百多人参加了大会。中国戏剧家协会党组书记刘厚生受中国剧协主席曹禺委托主持大会。文化部副部长周巍峙作了长篇讲话。他回顾了周信芳这位杰出的京剧艺术大师一生的光辉历程，高度评价了周信芳的爱国主义精神和艺术创新精神。他说，周信芳的历史功绩，不仅是他创造了独树一帜的麒派艺术，而且同梅兰芳等大师一起，把京剧艺术推进到一个新的发展阶段，他自己也因此成为表演艺术大师中的显赫者。他还指出，周信芳是戏曲传统的忠实继承者，又是它的大胆革新者。他认为学习麒派艺术的精髓，继承周信芳的艺术革新精神，对于振兴民族戏曲事业有着重要的意义。上海市副市长刘振元代表中共上海市委、市政府讲话，他热情赞扬麒派是中国戏剧史上的一个新的里程碑。并指出，上海是麒派的发源地，上海应该义不容辞地担负起继承、研究和发扬麒派艺术的责任。

　　会上还宣读了纪念周信芳诞生九十周年筹委会主任委员周扬的纪念词。周扬称赞周信芳"在政治上坚定忠贞，追求理想与光明，不愧为中国共产党的优秀党员，把自己的生命和艺术创造无条件地全部奉献给了光辉的共产主义事业"。

　　周信芳的子女周少麟、周采芹专程从美国回来参加这次盛会，周少麟代表家属致词，对举办这次纪念活动表示感谢，并表示要与京剧界同行一起为振兴京剧作出努力。

全国政协文化组副组长姜椿芳,江苏、浙江剧协的负责人梁冰、李光耀发了言。在会上发言的还有童芷苓、计镇华等。

出席纪念大会的还有吴邦国、钟民、夏征农、陈沂等。

从4月2日至11日在上海举行纪念演出,共演出麒派名剧十一场,其中有周少麟与童芷苓合演的全本《宋士杰》《乌龙院》,以及麒派传人、弟子等演出的全本《清风亭》《徐策跑城》《斩经堂》《平贵别窑》《萧何月下追韩信》等。

4月13日、14日举行了两次学术讨论座谈会,刘厚生、姜椿芳等就如何评价周信芳的艺术成就,以及结合现实进行戏曲改革等问题作了专题发言,周采芹也发了言。

纪念活动期间,周信芳艺术研究会宣告成立,由周扬任会长。还举行了周信芳夫人裘丽琳女士的追悼会。

1990年4月1日至5日,上海市文化局、上海市文联等单位又在上海联合举办了周信芳诞辰九十五周年纪念活动。4月1日在市政协华夏楼江海厅举行纪念会。中共中央政治局常委李瑞环为之题词"麒艺流芳",文化部副部长高占祥的题词为"海派宗师,麒门鼻祖"。中共上海市委副书记、宣传部长陈至立在会上讲话,她称周信芳是一位"卓越的表演艺术家和伟大的爱国主义战士"。她说,"周信芳同志毕生献身于京剧事业,为发展民族戏曲,繁荣社会主义文化作出了巨大的贡献。他所创造的麒派艺术博大精深,自成体系,影响深远,充满了革新精神,是京剧艺术的一个重要流派,是我国民族文化的珍贵宝藏"。她还说:"上海是周信芳长期生活和演出的地方,上海人民和上海这片土地孕育了周信芳这位艺术大师,周信芳以精湛的艺术培育和提高了上海观众的审美情趣。"上海市文化局局长孙滨,作了题为《纪念一代宗师,弘扬民族优秀文化》的主题报告。上海京剧院院长马博敏也在会上讲了话。纪念会由刘厚生主持。出席纪念会的还有俞振飞、谈家桢、夏征农、徐俊西等。

4月1日至4日在共舞台举行了四场纪念演出,由上海、浙江、江苏、吉林、等地的麒派演员赵麟童、董春柏、赵云鹤、王全熹、朱立贵、蔡际东等演出了《宋士杰》《义责王魁》《徐策跑城》《斩经堂》等十多出麒派精品。上海各兄弟剧种还联合演出了综合场,由沪剧、越剧、淮剧、昆剧、评弹、滑稽界宗法麒派的演员邵滨孙、张桂凤、史济华、陆少林、计镇华、张鉴庭、杨华生、吴双艺等演出具有麒派风韵的地方戏曲剧目。

4月2日至4日举行了周信芳艺术研讨会,上海、北京、天津、江苏、浙江的专家学者五十七人参加会议,有二十一人宣读了论文,内容涉及周信芳的演剧思想、风格及麒派艺术与话剧艺术诸问题,在广度和深度方面都有一定的突破和提高。

4月5日在上海京剧院院内,举行了周信芳塑像奠基仪式。

这两次纪念活动,前一次是在粉碎"四人帮"后不久,因此着重在为周信芳平反昭雪,缅怀其卓越的艺术成就,恢复麒派的演出;后一次在麒派剧目演出方面出现了一批新人,在麒派艺术的学术研究方面也有新的开拓。

而规模最大、最重要的一次纪念活动是1994年至1995年由文化部、广电部、北京市人民政府、上海市人民政府等单位联合举办的梅兰芳、周信芳诞辰一百周年纪念活动。

这次纪念活动有几个鲜明的特点。

第一,这是一次规模最大、时间最长、地域最广、规格最高的纪念活动。纪念活动于1994年12月20日在北京正式开幕,并举行大型的纪念演出,1995年1月3日移师上海,举行大型纪念演出及学术研讨会,1月10日在上海隆重举行闭幕式。在正式开幕以前,12月上旬还在梅兰芳的故乡、周信芳的出生地江苏举行各种形式的纪念活动,10月至11月香港也举行了纪念梅兰芳的演出和纪念周信芳的演出以及纪念梅、周的学术讲座和研讨会。

这次纪念活动得到中央领导的重视与关注。江泽民、乔石、李瑞环等党和国家领导人出席了开幕式,文化部部长刘忠德发表了重要讲话。12月27日,江泽民、李瑞环与部分在京京剧、戏曲艺术家和专家进行了座谈。在上海举行的学术研讨会由文化部领导高占祥、陈昌本及中共上海市委、市政府领导陈至立、金炳华、龚学平等亲自主持。闭幕式上,有李铁映、王光英等出席,由黄菊、高占祥分别致词。

第二,这次活动不仅是对梅、周两位大师的缅怀和纪念,而且是一次弘扬民族艺术、振奋民族精神的重要的战略举措,成为全国人民文化生活中的一件大事。江泽民在座谈会上高度评价了梅兰芳、周信芳深挚的爱国主义精神、自觉的奉献精神和强烈的革新进取精神。并指出："弘扬民族艺术、振奋民族精神，是向广大群众特别是青年进行爱国主义教育的重要内容，是建设社会主义精神文明的重要内容，是发展社会主义文化事业的迫切要求。"意义的提升，也成为这次纪念活动的鲜明特点。这次纪念活动还与民族文化的普及、宣传活动紧密结合起来，通过介绍梅、周两位大师的专题讲座，梅、周和京剧的电视知识竞赛以及闭幕式大型电视晚会等多种方式，吸纳广大群众，特别是青年参与纪念活动，从而广泛地宣传梅、周的精湛艺术与崇高精神，普及和弘扬京剧与民族艺术。

第三，纪念活动期间，在北京、上海等地举行了大型的演出活动，梅派和麒派的传人、弟子、从学者梅葆玖、杜近芳、沈小梅、杨秋玲、李炳淑、夏慧华、周少麟、小麟童、萧润增、陈少云等演出了梅派名剧和麒派名剧，另外还遵循梅、周的创新精神，编排、展演了一批新戏，其中有根据传统戏整理改编的《狸猫换太子》《霸王别姬》，新编历史剧、故事剧《海誓》《甲午恨》《夏王悲歌》《歧王梦》《曹操父子》《法门众生相》《岳云》《闯王进京》等。在上海体育馆举行的闭幕式，构思新颖，气势恢宏，把京剧与其他艺术沟通起来，把京剧与青年观众沟通起来。总之，通过纪念演出，使观众再次领略了梅派艺术和麒派艺术的瑰丽风采和巨大魅力，同时也展现了京剧艺术后继有人，充满活力的前景。

第四，学术研讨和理论建设方面取得突出成绩。1995年1月7日至9日，在上海举行了梅兰芳、周信芳诞辰一百周年学术研讨会，这是全国性的规模最大的一次有关梅、周及京剧艺术的学术研讨活动。全国各地的专家学者和文化部门负责人八十余人出席会议，提交论文四十二篇。研讨会着重研讨梅兰芳、周信芳在京剧史上的地位、作用和贡献；梅、周表演艺术的美学思想、创作思想和艺术经验的现实意义；研究大师的造就和京剧高峰形成的历史原因，推进京剧事业在世纪之交的新发展；研究京剧的现状、发展中的问题及振兴的对策等。文化部常务副部长高占祥作了《再造京剧艺术辉煌》的主题报告。

这次纪念活动重视理论建设，就研究周信芳而言，颇有新的建树。上海艺术研究所编辑出版了周信芳研究论文集《周信芳与麒派艺术》，摄制了电视文献片

《艺术大师周信芳》（李晓、沈鸿鑫、高义龙撰稿，钟苏安导演），《上海艺术家》杂志出版了周信芳纪念专号，上海京剧院举办了周信芳纪念展览。另外还有上海艺术研究所编选（王家熙主编）、上海音像出版社等单位联合制作的《周信芳名剧精粹》激光唱片两张和音带八盒，基本上囊括了周信芳所留下的珍贵音响资料。通过纪念活动，从广度与深度上都把周信芳研究推上了一个新的台阶。

2004年11月、12月，梅兰芳周信芳诞辰一百一十周年纪念活动先后在北京、上海举行。

2004年11月30日，中国文联和中国剧协在北京举行纪念梅兰芳、周信芳诞辰一百一十周年座谈会，全国政协副主席王选、中国文联副主席李牧、中国文联党组成员廖奔、中国剧协副主席董伟、中国剧协顾问马少波、赵寻、刘厚生、中国艺术研究院院长王文章，以及杜近芳、刘秀荣、刘长瑜、李维康、叶少兰等出席了座谈会。

12月，在上海举行的第四届中国京剧艺术节，于12月14日上午和下午先后举行梅兰芳、周信芳诞辰一百一十周年纪念座谈会和学术研讨会。国家文化部副部长陈晓光、中共上海市委常委、宣传部长王仲伟出席纪念会，并发表热情洋溢的讲话，梅、周的同代人马少波、刘厚生、袁雪芬，以及梅、周的亲属梅葆玖、周少麟和两位大师的弟子、再传弟子纷纷发言，深切缅怀追忆大师的艺术风采和高尚人格。学术研究会在北京、上海及各地艺术家、专家、学者三十余人出席，对梅、周的艺术风格、艺术思想及其传播等问题进行了深入的探讨。在此期间，上海世纪出版集团出版了沈鸿鑫的新著《梅兰芳周信芳和京剧世界》，上海电视台纪实频道播映了三集专题电视片《百年京剧与上海》。第四届京剧艺术节还举办了梅、周诞辰一百一十周年纪念演出，演出了京剧《梅兰芳》（于魁智、李胜素等主演）、《成败萧何》（陈少云、安平等主演）及《梅华香韵——梅兰芳经典剧目专场》等。

2015年1月由文化部、上海市政府共同主办纪念周信芳诞辰一百二十周年系列活动在上海和北京隆重举行。1月12日晚在上海天蟾逸夫舞台举行开幕式暨主题晚会，13日起连续上演传统大戏《龙凤呈祥》《秦香莲》《法门寺》《清风亭》新

第十章　麒派的流布、传承和影响

编传统京剧《楚汉春秋》以及麒派折子戏专场。除了以陈少云为首的一批全国麒派传承人以及尚长荣、孙正阳、史依弘、李军、唐元才、安平、王佩瑜等上海的京剧名家外，还云集了京、津、鄂的京剧名家。2015年1月13日，在上海国际会议中心举行以"弘扬麒学精神、推进艺术发展"为主题的研讨会，北京、上海的戏剧艺术家、理论家，周信芳的子女，多地麒门弟子，外国学者，新闻媒体记者近百人出席。1月14日，《周信芳全集》前三卷在上海图书馆首发。1月15日，京剧《萧何月下追韩信》在上海电影博物馆"点映"，并放映由周信芳之子周英华珍藏的周信芳早年拍摄的电影《斩经堂》。上海图书馆还展出了由上海京剧院、中国戏曲人物画研究会等单位承办的"戏画麒芳——中国戏曲人物画名家邀请展"。2015年1月30日、31日，上海京剧院移师北京，在国家大剧院举办两场纪念演出。通过这些丰富多彩的活动，以纪念这位一代京剧大师，展现他的艺术风采，弘扬他的艺术精神，传播他的艺术思想。

这些纪念活动充分显示了周信芳与麒派艺术影响深远，它将彪炳日月，流芳千秋！

第十一章　周信芳研究简史

周信芳是京剧界的一代艺术大师,他创造了独树一帜的京剧重要流派——麒派,从而名闻中外。周信芳不仅其表演艺术自成体系,而且他还是一位京剧的著述家,编写过许多剧本,撰写过许多文章,有《周信芳文集》《周信芳戏剧散论》《周信芳舞台艺术》等著作行世。因此,对周信芳的研究,也成为京剧理论研究中的一个课题。由于周信芳是位早熟的艺术家,七岁登台,十三四岁便以童伶成名,故而对周信芳的评论、研究起步较早,这一章拟对八十余年来周信芳研究的历史进程,作一个简略的描述和勾勒。

第一节　周信芳研究的起步阶段

20世纪初是对周信芳艺术评论的起步阶段,可以看作是周信芳研究的开端。就现在能够找到的资料而言,最早评论周信芳艺术的是健儿撰写的对新新舞台编演《要离断臂刺庆忌》的戏评:

要离断臂,新新舞台新编之历史好戏也。
麒麟童之要离处处以神气胜人,做工不弱于潘月樵。侯椒行刺时,口吻冷隽,姿态安闲从容,老当之至。献计回家一段,悲壮之气,溢于言表,辞严义正，磊落光明，极得侠士之真相。"①

时隔不久，健儿又发表了《评要离断臂五、六、七、八本》的戏评，说："麒麟童断臂后绕台滚，用描摹痛入心窝之状，煞费力量，做工以此段为最佳，在庆处闻妻被杀，直仆地下，敏捷绝伦，情景逼真。刺庆后，白口悲壮沉郁，淋漓尽致。"②

另一位剧评家玄郎在评论麒麟童之"杀惜"时指出："该伶之做工纯以细到胜人，前晚演'杀惜'一场，写休书时被惜姣遍踏离书脚印，先作脱靴势，踏后复作穿靴状，思虑周密一丝不漏。杀惜时，左手握其胸，一足跷立旋转其身，徐徐以右手自下拔刀，遮遮掩掩，神色从容，泯然无迹……体贴入微，戏情佳绝。杀后举止张皇，手足失措，描写惊慌战栗之状，尤淋漓尽致。"③

剧评家对周信芳表演方面的缺点也有所评论。健儿在其他文章中谈到，"麒麟童之《南天门》，走雪山一段，不见着劲唱，更不动听"，"双落马湖，麒麟童不挂须，台形甚难看，背太伛偻，去武生身段不合……"。

当时周信芳年仅十七岁，但从戏码广告及有关评论看，他已充当主角，而且颇获好评，这是很不容易的。

20世纪初至20年代初，周信芳逐渐成为沪上名角，得到了剧评界的普遍关注与评论。

《鞠部丛刊》中《伶人改行琐记》（睦公述，剑云评）一文对周信芳有如下评价：

> 麒麟童，周其姓，信芳其名，幼时在京为皮黄唱工须生，因歌喉失润，改习做派，《南天门》《打严嵩》《铁莲花》等剧最为拿手，沪上顾曲家多有称许者也。④

刘豁公在《春航小史》中说，冯子和"癸丑年春季回沪，转入二马路之新新舞

---

① 健儿：《要离断臂刺庆忌》，《申报》1912年6月19日。
② 健儿：《评要离断臂五、六、七、八本》，《申报》1912年6月28日。
③ 玄郎：《麒麟童之杀惜》，《申报》1912年10月30日。
④ 周剑云主编：《鞠部丛刊》，上海交通印书馆1918年版。

台，因有大奎官、麒麟童等人作配，每次排演新戏，总是人山人海的拥挤不开"。①

颜五在《近十年来上海梨园变迁史》中谈道："伶界先哲相继凋谢，此最可慨也，不宁维是沪上伶人本来绝无价值，然于无可赏识中亦有其叫座之能，若毛韵珂、潘月樵、麒麟童、赵如泉、吕月樵辈。因皆名震一时，至今未衰者。"②作者又认为潘月樵"嗓音益枯，做手益俗。麒麟童、赵如泉亦犯此病"。

当时剧评界对周信芳褒贬不一，说好的有，说不好的也有，对周信芳的批评文字并不鲜见。

《戏杂志》创刊号上，舍予著文说："第一台以麒麟童饰小生，纵有做工，能得表情，然其一副沙喉咙，已将小生本色减去大半矣。"

双红豆主人写过一篇《吃戏饭》的文章，他将三十年来的伶人譬诸食品，写成一食谱，如将谭鑫培比喻成鸡汁官燕，味雅而洁，允为席上之珍；汪桂芬为云腿炖神仙鸡；孙菊仙为一品锅，马连良为栗子炒鸡，梅兰芳为嫩藕……而作者把麒麟童比作山鸡，评曰："虽有爱者，终嫌野气。"③文中共列六十一名伶人，周信芳排于第三十九名。

《鞠部丛刊》中燕山小隐所写《近世伶工事略》一文，有"麒麟童"条，作者写道：

> 周姓名信芳，甬人也。习老生，竭力发声，仅及调底。天不与以唱戏本钱，亦徒唤奈何而已。论其材料充配角，以不能守规矩，故尚难胜任。乃海上剧界竟奉之为名角，亦可谓侥幸一时。其自知嗓不能胜，以作工老生自命，演《盗宗卷》，摹忠直，类欺狂；演《天雷报》，饰乡愚，似乞丐；演《乌龙院》，则宋公明嬉皮笑脸；演《梅龙镇》则正德帝，行若流氓。常观其演《连营寨》之刘先生，于【反西皮】前后段减去词句几及十之六七，其音之低，竟难上弦，于是自出心裁和之以笛。可鄙亦复可怜耳。

---

① 刘豁公：《春航小史》，《游戏世界》1922年第10期。
② 颜五：《近十年来上海梨园变迁史》，《游戏世界》1921年第7期。
③ 双红豆主人：《吃戏饭》，《戏杂志》1922年第4期。

可见对周信芳的批评文章中，有的剧评家分析其艺术，指出其不足之处，但也有的夹杂着艺术偏见，批评中不乏谩骂之词。

20世纪20年代后期，特别是1927年，周信芳进入天蟾舞台后，艺事猛进，声名日起。这一时期，先后编演了连台本戏《华丽缘》《龙凤帕》《封神榜》，本戏《六国拜相》《卧薪尝胆》《浔阳楼》等。在海上剧坛引起轰动，此时麒派艺术已经形成，为评论界和观众所热烈关注。

1928年1月18日《申报》所载天蟾舞台的广告，麒麟童的头衔为"名闻京沪，环球欢迎，能编能唱，多才多艺，新旧双绝，倜傥风流，自成一派，与众不同，文武唱做，泰斗老生"。

1928年，沪上一批热心的票友组织了麒艺联欢社，为麒派大张旗鼓，出版了由袁履登题署的《麒艺联欢社欢迎周信芳同仁特刊》，并刊有《麒艺联欢社简章》和《入社志愿书》等。

1928年9月8日《申报》发表秀卓《天蟾佳剧〈封神榜〉》一文，曰："天蟾两年来历排连台剧，盒收事半功倍之效，故出品迅速，幕幕饶精彩，人人富精神也，然麒麟童辈之编剧才，亦足贵已哉。"

1928年12月2日《申报》刊出《二本〈封神榜〉特刊》，在《麒麟童的姜子牙与梅柏》一文中称："本台当时编排《封神榜》，以有否出色当行的艺员扮演姜子牙为进止。好得本台有的是扮什么像什么，演什么，好什么的全才生角麒麟童。随便什么角色教他扮，有不出色的么？随便什么戏教他演，有不当行的么？有了他这么一个领袖艺员，什么戏不好编排。"

第二节　周信芳研究的发展时期

麒派形成后，周信芳声誉日隆，海上麒迷益众。1935年，周信芳从外地献艺重回沪上，应黄金大戏院之聘。麒迷们喜出望外，胡梯维撰联致贺："此别忽三年坐教孺子成名百口皆称萧相国；重来歌一曲且喜使君无恙万人争看薛将军。"20世纪三四十年代时期，恰逢上海的戏剧报刊激增，因此对周信芳其人其艺的评论明显增加。这是周信芳研究的发展阶段。这一时期对周信芳的研究主要是关于周所演剧目的评论，以及对麒派艺术特点风格的探讨。1936年11月《戏剧周报》推出了"麒麟童专号"；1942年及1943年又先后出版了《麒麟童特刊》，蓓开、高亭唱片公司发行了周信芳的唱片《萧何月下追韩信》《徐策跑城》等，畅销十余万张。比之前一时期，麒派得到了更多人的承认和肯定。虽亦还有批评的文字，但总的看，褒多于贬。

一、对周信芳的演出剧目的评论

这方面的文章很多，择其要者略作介绍。

愚翁的《卡尔登看〈清风亭〉》说："此剧不但编制精细，而剧本尤有重大意义，都市中人心险恶，世态炎凉，此类剧本实有提倡必要。且此剧本，虽仅仅数场，而颇能得到座客之同情，感染效力，实非浅鲜。"

"信芳在'责子'一场，抓住'开口就骂，动手就打'八字来发挥，骗子之笑容，斥子之眼神，打子及见子失亡后神气，皆见功夫。'赶子'进场出场之身段步子，极力作出气急慌忙神态，有力无气不像腔（高百岁就有这些毛病），有气无力难讨好（刘景然晚年演此即见此疵），'失子'一场与薛周氏对白神气姿态仿老乡愚颇有心得（马连良太潇洒，王又宸不上劲）。"

作者同时又指出："失子后之跌，要不得，远不如以杖支身作惊慌之状，以两眼示意，两颚作神，较为讨好。"①

20世纪30年代末，周信芳编演连台本戏《文素臣》，反响强烈，弹词、电影等纷纷搬演、摄制该剧，以至1939年被称为"文素臣年"。翁偶虹的《略记麒麟童之六本〈文素臣〉》，详细论述了六本《文素臣》的表演、布景、锣鼓、扮相等，对海派京剧适应海上观众所需而作的创新之举，表示称许。文中写道："唯麒麟童表演力佳，字句筋节，干净切当，如食哀家梨，用并州剪……麒麟童文素臣之扮相，文武双用，而不挂髯口。"由于参考话剧化妆方法，"师古意而参新谛，

---

① 愚翁：《卡尔登看〈清风亭〉》，《十日戏剧》1939年第二卷第三期。

所以倾倒观众者亦在此"①。

郑过宜在《关于〈明末遗恨〉》一文中说："周信芳的《明末遗恨》，细腻之处，比潘月樵的本子要细腻得多，而取材也视潘月樵为有据。"作者认为周信芳"又是一种风格，与潘月樵绝不蹈袭，他是专从悲感上致力的，也极能令观众下泪……确实有积薪之势，后来居上"。②

二、对周信芳的演艺及麒派艺术的评论和研究

听潮在《为麒麟童专号作》一文中说："麒艺在我国旧剧的历史上，是创造了新的一页，麒艺的表演，使一般人对于旧剧有了一种新的认识。"

子承《麒麟童献艺无往不利》一文则称："麒麟童为北伶而南下者，其艺术能冶北派之稳练大方，南派之火炽认真于一炉，别具风格，自成一派，近世剧坛老生巨子也。"

刘菊禅《贺周信芳返老还童》称："麒派宗师周信芳为伶界杰出人才，执南方老生之牛耳，自成一家，艺术之精，为人所共知。"

苏少卿则称周信芳为伶界之"南霸天"。

梅花馆主《我对于麒麟童的认识》认为："信芳演剧可以分做三个时期，在二十余岁时，是一心求工拼命创业时期。到了三十岁，是火候已到艺进于道时期，到现在是随心所欲入于神化时期，诚然，信芳的演艺，确是日有心得，年有进境，'炉火纯青'四字，唯信芳足以当之。"③

宗笑我《麒麟童的戏剧》认为，周信芳的表演、动作，神情逼真生动，"在那里一种空虚的动作之下，他表现出一种要如实际的神情一样，那是何等的难能……他的表演确已抵达于内心与的神情一样，那是何等的难能……他的表演确已抵达于内心与外形相趋在一致的境地了"。④

---

① 翁偶虹：《略记麒麟童之六本〈文素臣〉》，《半月戏剧》1941年第8—9期。
② 郑过宜：《关于〈明末遗恨〉》，《半月戏剧》1945年第8期。
③ 梅花馆主：《我对于麒麟童的认识》，《半月戏剧》1942年第12期。
④ 宗笑我：《麒麟童的戏剧》，《戏剧周刊》1936年第7期。

金丽水《麒麟童之我谈》说，周信芳"惟妙惟肖的表情确是格尽刻画。做工'到家'足可说是京角儿须生群中数一数二的人物了"。谈到唱工，说他"凭着他一条哑嗓子的腔圆韵厚而有自成一派之佳誉，而且他的发音咬字也特别的清楚。虽嗓哑，犹能耐人咀嚼"。

愚翁发表《谈一谈周信芳的好处》和《马连良与周信芳》两文，前者详述了周信芳的水发、髯口、水袖、腿上、眼神、跌扑等方面的精深技艺；后者对马、周两人的剧目、白口、唱工、靠把、翻跌等各自的优长与短处进行了比较。

瘦竹《南派做工老生的古今两宗匠》认为，三十年前，南派做工老生的首座是潘月樵，而近十年来南派做工老生的首座是麒麟童。他称赞麒麟童的老戏瓷实开窍，新戏聪明绝顶。他说："当代除掉北平，敢武断南北在四十岁以里的做工老生，没有一个不学他的。"连北京的高庆奎、马连良也学他一点两点，武生钟鸣岐、王富英简直满身麒派，坤伶露兰春也学他。

听潮在《发挥周信芳的表演术》一文中，谈到周信芳表演的感染力："在黄金座上，可以时常遇到戏剧家唐槐秋，看了《明末遗恨》，应云卫淌下眼泪来。不是信芳复绝千古，谁能如此为艺术界人所倾倒？"

这一时期对周信芳的批评也还是不绝于耳，有人提出要为伶界除"三害"，那"三害"便是程砚秋、马连良和周信芳。有些人认为周信芳是外江派，麒派是野狐参禅，火气太重，做工动作出格过火。背部有戏，矫揉造作。表情随时洒狗血。有些人批评周信芳嗓子太坏，是"低音艺人"，唱念有宁波字音。有人批评周信芳说，洪承畴是汉奸，为什么还为他编剧，还要自饰奸贼。有人评论《别窑》辙韵出格，杂乱无章。如此等等。

三、对周信芳的京剧改革思想的评论

醉芳在《捧麒的时代意义》中说："对于日趋没落的旧戏，信芳已意识到有灌输新的生命的必要，并且他已实行向这一方面努力……我们捧麒是希望由此掀起一个改革旧戏的大潮……期待旧戏推进到一个新的阶段。"

1946年10月3日，田汉在《文萃》杂志发表长篇文章《周信芳先生与平剧改良运动》。这是田汉与周信芳进行长谈后写成的，他把周信芳的京剧改革主张归纳为平剧改革"不但是由于国家民族的必要，也由于平剧自身的存在和发展"；要"使平剧是'完整的戏'"，看戏不看个人，打破角儿制度，注重剧本等七个要点。

四、周信芳年谱及《麒麟童特刊》

《江南伶范——周信芳年谱》，胡梯维编撰，1938年8月初稿，1940年修订，先后刊于《〈香妃恨〉特刊》(1938)、《戏剧年鉴》(1941)、《麒麟童特刊》(1943)。胡梯维是麒艺联欢社的主要成员，与周信芳友好，对周的身世艺事十分熟谙。年谱从周信芳出生起，何时学艺，何时登台，何时北上，何时南下，何时顺流而下，何时逆江而行，何时拜师偷戏，何时卓然成派，何时演何剧，何时饰何角，何时拍电影，何时演话剧，一直编到1940年周信芳四十六岁为止。在年谱结尾处，有一段总结性文字："君艺广采诸长，独树一帜。南北生行，无与抗手，一代艺人，唯君克称此誉。麒风所被，大江南北，靡不景从。顾私淑者虽众，而君早岁取士綦严，程门立雪者，仅程毓章、高百岁、陈鹤峰、王瀛洲四子，比年始广开方便之门，续录于宗瑛、杨宝童、王富英、王少楼、李如春等为弟子……"这是研究周信芳生平的重要资料。

1942年和1943年，上海黄金出版社和吉祥出版社先后出版了《麒麟童特刊》。吉祥出版社出版的《麒麟童特刊》由马公愚题签，长风编辑。卷首有周信芳写的题为《戏剧生活》的文章，他在文中请求评论界"请少捧，多批评"，"我从事于皮黄，已垂四十年。我一生只抱定实干刻苦四字"。他说，"艺术需注重创造，模仿虽然不是坏事，然而和创造相比，价值相去太远"。这本特刊，刊登了俞振飞、苏少卿、刘菊禅、南腔北调人、朱瘦竹、梅花馆主、陈灵犀等人的文章，转载了胡梯维的《周信芳年谱》。特刊还刊登了周信芳常演剧目《四进士》《萧何月下追韩信》《清风亭》《临江驿》《薛平贵与王宝钏》《斩经堂》《扫松下书》《徐策跑城》《明末遗恨》等戏的唱词。

第三节　周信芳研究的兴盛时期

新中国成立以后，20世纪五六十年代，随着戏剧评论工作的发展，对周信芳的研究进入了兴盛时期。特别是1951年2月，上海市文化局举办周信芳先生演剧五十年纪念，1955年4月，文化部、全国文联、中国剧协联合举办梅兰芳周信芳舞台生活五十周年纪念，1961年12月，文化部、中国剧协联合举办周信芳演剧生活六十年纪念，在两次纪念活动中，出现了一大批研究周信芳的文章，把周信芳研究推向了一个高潮。这一时期，周信芳研究进入了全面总结周信芳艺术道路、艺术经验，深入研究周信芳表演艺术的巨大成就及麒派艺术风格特点的重要阶段。

一、对周信芳艺术道路和艺术成就的总结

1961年，《戏剧报》编辑部发表《六十年的战斗》长文，指出："周信芳作为爱国主义、民主主义的战士，六十年来对祖国和祖国的戏剧事业，都作出了重大的杰出的贡献。"文章通过周信芳在各个历史时期，把自己的艺术活动和当时民族、民主革命运动紧密结合的史实，认为"周信芳同志是戏剧界中一位英勇的果敢的战士"。文章对周信芳六十年来进行京剧改革和舞台创造实践作了分析，指出"六十年来，周信芳同志对戏曲艺术作出了创造性的巨大的贡献……麒派是在长时期斗争中成长、发展起来的一个表演艺术流派，以勇于革新著称的麒派艺术，是我国光辉灿烂的戏曲表演艺术史上一次新的总结和发展"。文章还称赞"周信芳是最有文化修养的前辈演员之一"。

田汉在《戏剧报》1955年第4期发表重要文章《战斗的表演艺术家——周信芳》，回顾五十多年来周信芳积极参加社会活动、政治斗争，艰苦卓绝地进行艺术改革和艺术创造，勾勒出周信芳坎坷而又光辉的艺术道路。田汉对周信芳的艺术特点和艺术成就作了深刻的分析和高度的评价。他指出："梅、周两先生的表演艺术的卓绝是跟他们的进步思想分不开的。他们都是战斗的表

演艺术家。"

1961年刘厚生在《战斗的表演艺术家——周信芳》一文中说:"麒派是现实主义的艺术流派,周信芳的表演艺术是战斗的现实主义在京剧舞台上的伟大胜利。"他指出:"周信芳同志在艺术创造上的突出成就,正是在于以现实主义的艺术方法运用熟练的程式手段,塑造了同一类型(老生)的众多的极不相同的性格。"

1961年,周信芳发表《五个十二年》一文,对自己的艺术道路作了总结:1901年至1913年,第一个十二年为探新时期;1913年至1925年,第二个十二年为求新时期;1925年至1937年,第三个十二年为创新时期;1937年至1949年,第四个十二年为革新时期;1949年至1961年,第五个十二年为更新时期。

二、对周信芳的演出剧目、表演艺术(包括唱做念打)以及麒派艺术的风格特点,进行全面深入的探讨

陶雄在《麒派浅谈》一文中就"先从'化'字谈起""一切为了创造角色"、"重视技巧"三个方面探讨了麒派艺术的特征。

著名戏剧家李健吾先生在《海派与周信芳》一文中,认为"沙嗓子并不是麒派的特征。麒派的真正特征,依我来看,应当是深入角色的性格和生活,注意选择细节,注意舞台风度,使观众对整个演出觉得贴切而又鲜明。有自己,又有全体。这才算得上麒派。周信芳把海派京戏的艺术带到一个高度发展的艺术阶段"。①

曲六乙的《麒派千秋》阐述了麒派的几个特征:一是艺术的革新精神;二是政治上鲜明的倾向性;三是艺术上的完整性;四是壮美的美学思想。

秋文在《麒派表演的特殊风格》一文中认为,"麒派表演在艺术上最突出的特点是它的真实性",并指出,麒派是真与美的结合,"从麒派表演艺术中,我们不但看到真实与豪放美的高度统一,而且看到麒派艺术是把美融化于真实之中,以

---

① 李健吾:《海派与周信芳》,《人民日报》1961年6月24日。

现实主义的手法深刻地打动人的内在感情"。①

其他重要文章尚有刘厚生、陶雄的《简论麒派艺术的两个特点》，卫明的《谈麒派艺术》，戴不凡的《观麒小记》，阿甲的《从〈四进士〉谈周信芳先生的舞台艺术》《体验与技巧》，陶雄的《周信芳先生对戏曲剧目的整理》，曲六乙的《麒派剧目》，卫明的《麒派唱腔》《麒派念白》，姚萌的《麒派的锣鼓》，李桐森的《麒派服装、造型》，何慢的《周信芳与电影》以及多篇对周信芳具体演出剧目的评析文章。

这一时期出版的有关周信芳研究的著作有：《周信芳先生演剧五十年纪念文集》(1952年9月上海市戏曲改进协会编辑出版)、《谈麒派艺术》(中国戏剧出版社，1960年4月出版)。

三、周信芳本人对演出剧目、表演艺术经验的总结

《周信芳演出剧本选集》上下册，收有《四进士》《打严嵩》《投军别窑》《清风亭》《乌龙院》《萧何月下追韩信》《徐策跑城》《文天祥》等十一个剧本，1955年2月由艺术出版社出版。

《周信芳演出剧本新编》，收有《打渔杀家》《审头刺汤》《金殿求计·单刀赴会》《义责王魁》四个剧本，1960年5月由中国戏剧出版社出版。

《周信芳舞台艺术》，周信芳口述，卫明、吕仲记录，中国戏剧出版社，1961年出版包括《四进士》《清风亭》《乌龙院》《徐策跑城》《萧何月下追韩信》《打渔杀家》《义责王魁》七个戏的表演艺术经验的记述。

第四节 周信芳研究的深化时期

十年浩劫毁了一代艺术大师，周信芳编演的《海瑞上疏》被打成反党反社会

---

① 秋文：《麒派表演的特殊风格》，载《京剧流派欣赏》，上海文艺出版社1962年版，第12页。

主义的"大毒草",周信芳本人被打成反革命,麒派艺术也被作为反动艺术来批判。粉碎"四人帮"后,周信芳才得到平反昭雪。1985年4月,文化部、全国文联、中国剧协、上海市文化局等单位联合主办了周信芳诞生九十周年纪念活动。

1990年4月,上海市文化局、上海市文联、周信芳艺术研究会、剧协上海分会等单位联合主办了周信芳诞辰九十五周年纪念活动。周信芳研究工作不仅得到恢复,而且拓宽了研究的视角和研究的领域,加大了研究的深度。从20世纪70年代后期到90年代初,可以说是周信芳研究的深化阶段。这一阶段,周信芳研究着重理论提升,加强系统性及美学方面的总结,从纵向探索、横向比较方面研究周信芳的艺术成就、历史地位及麒派艺术的深远影响。

第一,对周信芳戏剧观、演剧思想、表演体系的总体理论研究。陶雄的《评周信芳的艺术道路》,以破形式主义,立现实主义;塑造典型,从内到外;手眼身步并举,唱做念打结合;兼收并蓄,艰苦锤炼四个方面概括周信芳的艺术道路。

刘厚生在《周信芳演剧思想试论》一文中说:"周信芳的演剧思想,从根本上说是现实主义思想。……从他经常上演的代表性剧目的内容上来说,是进步的现实主义;从他的舞台艺术创造上来说,是不断革新的现实主义。"周信芳现实主义演剧思想的内容为:非常注重剧目的思想意义和社会价值,注重艺术的真实性,注意并创造舞台艺术的整体性;发展观点。

沈鸿鑫发表了《论周信芳的演剧思想》一文,认为:戏剧为人生是周信芳演剧思想的核心;周信芳强调京剧的写实力量,主张真与美的结合;表演理论方面,注重角色体验,主张体验与表现的结合;强调京剧艺术的综合效应与整体美;改革观念与创造意识是周信芳演剧思想中的重要驱动力。

第二,从美学理论角度研究麒派的审美风格。沈鸿鑫在《论麒派艺术的审美品格》中论述道:首先,麒派艺术具有一种豪放、悲壮的内在精神气质,呈现出崇高和悲剧的美感形态;其次,麒派艺术以强烈奔放的艺术手法创造阳刚豪放的舞台美;再次,浓郁的感情色彩和真实的生活质感是麒派壮美品格的精神内涵。文章还谈到麒派审美品格形成的主客观原因及其对京剧艺术发展的重要历史意义。①

刘琦在《麒派——力的艺术》一文中指出,"麒派表演的总体审美特色是以力为美的"②。作者认为麒派以刚健质朴的精神美作为选择角色与解释、处理角色个性特征的独特视角,追求和使用在刚柔相济中以刚为主的艺术尺度,建立了一个相当完整的刚劲型生行表演体系,并赋予刚劲的外部表演以韵味深厚的内核。

第三,以辩证的研究方法和比较研究方法探讨周信芳的历史地位和影响作用。

1990年4月,在上海举行的周信芳艺术研讨会上,龚和德谈到"周信芳的伟大和不幸",他说,周信芳不幸十五岁倒嗓,但扬长避短,开创出麒派的唱念,由于嗓子局限,遭到尖锐批评,他能在批评中前进。周信芳又是一位以身殉道的人物,他用戏剧观照人生,经党的影响教育成为革命的艺术家。他的艺术风格最难描摹、传承,但其表演方法、艺术思想却是伟大的。

沈祖安在《大道功成》中说,中国戏曲分古代、近代、社会主义三个阶段,"周信芳是近代戏曲艺术晚期的代表人物,是社会主义戏曲艺术的重要奠基人"。

有些同志还尝试用比较研究的方法探讨麒派艺术,开拓了新的视角。

第四,这一时期出现了一批关于周信芳的传记作品。文章有陶雄的《周信芳评传》,卫明的《周信芳传略》,吴石坚的《忆京剧表演艺术家、麒派创始人周信芳》等,何国栋、沈鸿鑫的《周信芳艺术生活片段》,传记性小说有树棻的《夜深沉》、周易的《伴飞》等。

这一时期的出版物有《周信芳文集》(中国戏剧出版社,1982年8月出版)、《周信芳艺术评论集》(中国戏剧出版社,1982年12月初版,1991年12月再版)、《周信芳艺术评论集续编》(中国戏剧出版社,1994年4月出版)。

---

① 沈鸿鑫:《艺术美学新论》,华东师大出版社1991年版,第146页。
② 刘琦:《麒派——力的艺术》,《艺术百家》1990年第2期。

第五节　周信芳研究推上新台阶

1994年12月20日至1995年1月10日，由文化部、广电部、北京市人民政府、上海市人民政府、江苏省人民政府、中国文联等单位联合举办了梅兰芳周信芳诞辰一百周年纪念活动。这是历年来规模最大、历时最长、地域最广的一次梅、周的纪念活动。纪念活动的一个重要项目是梅、周诞辰一百周年学术研讨会，于1995年1月7日至9日在上海隆重举行。文化部副部长陈昌本致开幕词，中共上海市委副书记陈至立出席开幕式并讲了话。全国各地的专家学者，有关省市和文化部门的负责人八十五人出席了研讨会。他们之中有郭汉城、刘厚生、龚啸岚、吴祖光、黄宗江、薛若邻、梅绍武、梅葆玖、周少麟等。

此届研讨会由梅兰芳周信芳诞辰一百周年纪念活动组委会学术部和上海工作委员会学术组联合组织，上海市文化局承办，上海艺术研究所协办。在研讨会筹备期间，由组委会学术部向全国征集学术论文，应征论文有七十三篇，其中四十二篇入选。研讨会围绕"梅兰芳周信芳在京剧史上的历史地位及其对发展当代京剧事业的启示"这一中心议题，研讨了梅、周在京剧史上的地位、作用和贡献，梅、周的美学思想、创作思想和艺术经验及其现实意义，大师的造就和京剧高峰形成的历史原因及启示，京剧艺术的现状、发展中的困难及振兴的对策等。

文化部原常务副部长高占祥在会上作了《再造京剧艺术辉煌》的长篇主题报告。他概括地总结了梅兰芳、周信芳两位艺术大师的历史地位和艺术功绩，盛赞梅、周两位是彪炳剧史、耸立艺坛的两座丰碑。报告指出："他们精湛的艺术表演、高尚的道德情操为后人树立了两座德艺双馨的丰碑……梅兰芳、周信芳是真善美的化身，是镌刻着时代气息与人格力量的丰碑，是民族精神和独特艺术个性的丰碑。"在报告中，他分析了近年来京剧事业的发展、成绩以及面临的困难，论述了今后五年振兴京剧的目标及十二条具体措施。号召大家不畏艰辛，用艰苦奋斗去造就新的京剧艺术大师，用艰苦奋斗去创造京剧精品，用艰苦奋斗去再造京剧艺术的辉煌。

这次入选研讨会的四十二篇学术论文中，研究梅兰芳的有二十一篇，研究周信芳的也有二十一篇。上海艺术研究所将研究周信芳的二十一篇论文及另外几篇论文，编成《周信芳与麒派艺术》一书，由华东师范大学出版社1994年出版。

研讨周信芳的学术论文大致围绕以下几个方面展开：

一是周信芳的卓越贡献和历史地位。张庚在《周信芳与麒派艺术》一书的序言中指出："把周信芳与梅兰芳并列，放在一起纪念，很有意义。两位大师的诞辰日期相近，是历史的巧合，但他们在戏曲史上的地位，对民族文化的贡献，的确是比肩并立的，他们都是艺术上的巨人，都代表了中国戏曲文化的高峰。他们的名字都在历史上闪耀着不灭的光芒。"

刘厚生在《周信芳在现代京剧史上的地位》中说："周信芳是现代中国京剧表演艺术大师。他在京剧表演艺术上的成就和对京剧发展的贡献，他的演剧思想以及他对京剧、对其他剧种的影响，在中国京剧史上占有极为重要的地位。如果我们要在现代京剧演员中选出几个成就最高、最有代表性的人，那么头两个当然就是梅兰芳和周信芳；如果从老生行当说，他更是当仁不让的一代宗师，首席人物。"

高义龙在《周信芳与中国戏曲的近代化进程》中谈道："周信芳的艺术生涯与中国戏曲的近代化进程同步。他在这一进程中吸收了丰富的营养，获取了巨大的动力，又以自己的革新创造，推动了这一进程，成为一面光辉的旗帜，一位杰出的代表。"龚义江在《麒派艺术的不朽贡献》一文中认为，"麒派的剧目建树、艺术创造与戏剧美学，都有它划时代的价值，它们构成麒派艺术丰富深刻的内涵，影响了整整一个时代……这是继谭鑫培之后少有的现象，是他集生行表演的大成，进一步推进了生行艺术；是他改变了京剧落后的面貌，将京剧带进新时代的潮流，为京剧在今后社会主义时代的发展开拓了道路"。

龚和德在《试论周信芳》一文中谈到，京剧进入上海后曾分成京朝派、海洋派、乡土派三派。龚以为："然它们并非壁垒森严，并峙之中亦有相互的影响与融通；周信芳就是一个积极的融通者……比一般乡土派规范、洗练，比一般海洋派纯正、清新，又比一般京朝派灵动、真切，富于激情。他把这三派作了极富个性特征的熔铸。"

卫明指出："近来，有人表示异议，认为周与梅不能相提并论。理由是：周信芳的麒派并非京剧老生流派中的'主流'云云。这恐怕是把问题引入了误区。因为梅、周并列，并不是以梅为京剧旦行的代表，周为生行的代表。而是以梅为京派京剧的代表，周为海派京剧的代表。"

吴戈的论文，在肯定"麒派对表演艺术的贡献是巨大的"同时，提出："几乎每个剧目都有相当尖锐的戏剧冲突，十分鲜明的人物形象。特别是他所扮演的人物，可谓备具个性，栩栩如生。这是京剧剧本中非常罕见的。我认为，这是麒派艺术的最大成就，也是对我国戏曲文学的最大贡献。"

二是周信芳的戏剧观与艺术道路。沈鸿鑫的《周信芳戏剧观论纲》一文，从戏剧与人生、戏剧与生活、演员与角色、继承传统与革新创造、唱做念打与舞台整体美五个方面论述了周信芳的戏剧观，指出"戏剧为人生，戏剧为社会主义，这就是周信芳演剧生涯的基本轨迹，也是周信芳戏剧观的核心所在"。文章认为周信芳的戏剧观是进步的、革命的，"他的戏剧观与舞台实践，使京剧带有鲜明的近代化的文化品性，他对京剧近代化作出了卓越的贡献。"

汪培在《麒派体系刍议》中说："麒派体系是既讲究现实主义的表演方法，又注重戏曲的表演程式和技术，并使两者达到完美结合的演剧体系，也就是说，它是融内心体验和外部表现于一体的演剧体系。"

李晓的《麒派艺术论》从流派论、唱工论、念白论、做派论、情理论几个方面演述了周信芳的表演理论见解，指出："麒派艺术表演充满了艺术探索和艺术改革的精神，麒派艺术所以在戏曲艺术领域居有比较高的地位和对戏曲表演体系作出巨大的贡献，不仅是表演艺术的精妙绝伦，而且是建立在一定的有创见的理论之上的。"

涂沛以《七龄童——麒麟童——麒派》为题，追寻了周信芳的艺术历程：学艺时期，"识远汲深，集美荟萃"；走上演剧生涯后，逐步形成自己的特色，"面向大众，俗中求雅"；事业有成后，又"精益求精，返璞归真"，逐渐走向完美的境地。

于质彬的《十岁裁诗走马成》，探索了周信芳少年成才的道路，指出两点："博采众家之长，成一人之绝艺"；"周信芳超前成才，还得益于读书"。

黄在敏在《周信芳的文化人格与麒派的艺术个性》中谈道："作为一个普通人，周信芳的一生是不幸的，而作为一个伟大的艺术家，坎坷的人生却是一笔'精神财富'，因为从某种程度上说，这是磨砺艺术家人格、煅铸艺术家创造个性的重要因素。"

三是麒派的创作方法、艺术个性和美学追求。何慢认为，"麒派艺术的创作方法：从生活出发，和人民同步，随时代进展，严格继承，不断创新，以体验与表现相结合，以传统的古典戏曲艺术与现代的戏剧艺术相结合，以写意的表演艺术和写实的表演艺术相结合，以高度的思想和高度的艺术技巧相结合，创造适应观众日益变化发展的审美情趣的艺术形象——内涵深刻、性格鲜明、生动光彩的角色，构成了麒派艺术一整套的'创作工艺流程'和特征"。

吴乾浩在《写真扬善求美的辩证统一》中说："综观周信芳的美学追求，真善美三位一体是须臾不离的。真是灵魂，善是倾向，美是艺术。三者之中，真又占主要地位，领衔统率，起到特殊作用。"文章认为周信芳为了揭示生活的真实，善恶倾向性贯串创作的始终；而他的表演，"真与美渗透在他博大精深的艺术技巧运用中"；"麒派风格是美与善的结晶。看周信芳的演出，首先产生一种崇高美，能对灵魂产生净化作用"。

黄在敏谈到，周信芳"在他自己的不断吸纳和锤炼中，逐渐从严谨的规范中走向更接近生活真实的情感美，从而实现了'真中求美'的美学追求。"

陈西汀在《麒派艺术风范》中说："在中国文化史上，文有'起八代之衰'的韩愈，词有冲破'婉约'的苏、辛，书法有睥睨钟王、力透纸背的颜真卿，而京剧不也有一个与'温柔敦厚''反着'的周信芳吗？"

吴绳武《推陈出新的光辉典范》一文指出："要对周信芳的表演艺术作出正确评价，必须将它置于京剧的历史背景下，结合着京剧这个封闭性极强的剧种的实际状况来加以考察，否则就不能见出他的奇处。不明了京剧由高度程式化形成的

'千人一面'的类型化表演,已成为不可逾越的规范,也就不能看出他在塑造人物上实现的性格化是何等重大的突破与飞跃。"

侯硕平在《论麒派剧目的艺术个性》一文中说,麒派剧目的艺术个性主要表现在三个方面:一是周信芳注重技术性与综合性,"麒派剧目是周信芳戏剧本体观念的直接体现";二是"麒派剧目始终保持着与民间文化的广泛联系";三是"麒派剧目注重戏剧艺术的社会教化作用","集中体现在爱国精神和传统美德这两个方面"。

徐城北的《从梅兰芳看周信芳》,对梅、周进行了比较,归纳出十个方面的不一样:一是幼年所处的梨园氛围不同,从而造成最初人生追求不一样;二是做成"看家戏"的途径不一样,从而内涵着的成才途径也不一样;三是对待新戏的处置方法不一样;四是艺术风格不一样;五是总结艺术经验的办法不一样,总结出的经验形态也不一样;六是传递艺术的线路不一样;七是统领同行的方式不一样;八是各自作为"社会人"的形象不一样;九是双方所处的背景文化不一样;十是双方毕生的行动轨迹不一样。

在这次纪念活动中,周信芳研究取得了丰硕的成果,有《梅韵麒风——梅兰芳周信芳百年诞辰纪念文集》(中国戏剧出版社,1996年10月出版),论文集《周信芳与麒派艺术》(华东师范大学出版社,1994年12月出版),还有电视文献片《艺术大师周信芳》,唱片、音带《周信芳名剧精粹》,传记作品有沈鸿鑫、何国栋的《麒麟童大写真》(《中国戏剧》1994年12月至1995年5月连载)、《麒麟童的故事》(上海人民广播电台1995年1月10日至2月1日连播)等。可以说,通过这次纪念活动,周信芳研究无论在广度还是在深度方面都跃上了一个新台阶,总之,把周信芳研究推向了新的高潮。

1995年之后,周信芳研究继续向广度和深度方面发展。1996年9月,上海文艺出版社出版了沈鸿鑫的《周信芳评传》;同年12月河北教育出版社又出版了沈鸿鑫、何国栋合著的《周信芳传》。这两部著作填补了周信芳没有传记、没有研究专著的空白,使周信芳研究向全面化、系统化、条理化方向跨进了一步。

梅兰芳周信芳舞台生活五十年纪念会

　　2004年12月，中国文联、中国剧协在北京举办了梅兰芳周信芳诞辰一百一十周年座谈会；2004年12月中旬，正值第四届中国京剧艺术节在上海举行，文化部和上海市政府在上海举办了梅兰芳周信芳诞辰一百一十周年纪念大会和学术研讨会。事后分别出版了两本论文集：《德艺馨芳——纪念梅兰芳周信芳诞辰110周年》(中国戏剧家协会理论研究室编，中国戏剧出版社，2006年12月出版) 和《传承与发展——第四届中国京剧艺术节研讨会论文集》(毛时安、蔺永钧主编，上海社会科学院出版社，2005年5月出版)。这一时期还出版了沈鸿鑫的《梅兰芳周信芳和京剧世界》(汉语大词典出版社，2004年11月出版)。2010年12月，沈鸿鑫所著的《周信芳传》被列入"中国戏曲艺术大系"由中国戏剧出版社出版。从2008年起，周信芳艺术研究会开始编纂《周信芳全集》，这部全集包括剧本卷、艺术文论卷、唱腔曲谱卷、照相图片卷、年谱、演出剧目名录、评论周信芳艺术的文章目录索引及周信芳艺术音像资料等方面。这是一部集大成的著作，几乎涵盖了周信芳艺术的全部。经过几年的努力，大体就绪，其中前三卷剧半卷、文论卷、曲谱卷，于2015年1月周信芳诞辰120周年之际隆重出版面世。这些都是周信芳研究的新成果。

第十二章 周信芳的成就、贡献与历史地位

1995年1月在上海举行的纪念梅兰芳周信芳诞辰一百周年学术研讨会上,文化部常务副部长高占祥作了《再造京剧艺术辉煌》的主题报告,他在总结梅、周两位大师的历史地位和艺术功绩时说:"梅、周两位是彪炳剧史、耸立艺坛的两座丰碑;是继往开来、革故鼎新的两面旗帜;是独创流派、弘扬国粹的两颗巨星;是深明大义、忠贞爱国的两位勇士;是献身艺术、为人师表的两位楷模;是底蕴深厚、内藏丰富的两座宝库。"这样的评价是极为恰当的。

从1790年四大徽班进京至今,京剧艺术已经走过二百多年的发展历程,在这段历程中涌现出了一批杰出的艺术大师,从程长庚,到谭鑫培,到梅兰芳,可说是群星灿烂,而周信芳就是这云海星空中一颗光彩熠熠的巨星。

周信芳是进步艺人、革命艺术家的杰出代表。他早在青年时代就追随京剧界的革命前贤汪笑侬、潘月樵、夏月珊等投身京剧改良运动,编演时装新戏,加入反帝反封建的革命洪流;抗战时期又在"歌台深处筑心防",以戏剧为武器,进行抗日救亡运动。长期以来追随进步,追随革命,成为一名战斗的艺术家。在我国历代的戏曲界都有一批关心国家、民族大业的戏剧家,他们积极投身进步事业、社会变革,不仅是一位戏剧家,同时也是一位革命家,周信芳就是他们之中的一位杰出代表。

周信芳是京剧生行艺术家的杰出代表。老生行当是京剧的一个主要行当,这个行当中名家辈出,流派纷呈,在京剧发展早期,就出现了程长庚、余三胜、张二奎的"老三杰";接着又有谭鑫培、汪桂芬、孙菊仙"后三杰"的崛起;他们

之后更出现了余叔岩、言菊朋、高庆奎、马连良、周信芳、谭富英、杨宝森、奚啸伯等一批优秀艺术家，其中余、言、高、马称为前"四大须生"，南麒北马齐名，马、谭、杨、奚被称为后"四大须生"。这些老生艺术家各擅胜场，各有风采。而周信芳的麒派在众多流派中独树一帜，他以刚劲型的生行体系在舞台上高扬阳刚之美，他注重写实，善于刻画性格，并以做工、念白见长。麒派是京剧老生流派中影响极大的重要流派，他演出大量的剧目，塑造众多的艺术形象，在老生行当中成为一个大家，成为一个杰出代表。

周信芳又是海派艺术的杰出代表。文化艺术除了民族传统的传承之外，还有一个地域性的文化特点问题。海派文化、海派艺术，是近代在上海及其附近地区崛起的一种带有鲜明特色的地域性文化艺术，比如海派小说、海上画派等。发源于北京的京剧传入上海后，受到地域文化的影响，逐步形成不同于京派风格的南派京剧、海派京剧。南派京剧、海派京剧的出现不仅使京剧流派纷呈，而且加速了京剧推向全国，成为全国性剧种的进程。甚至"京戏"这个名称最早还是见之于1876年（清光绪二年）上海的《申报》。

周信芳是南派京剧的继承者，海派京剧的成功创造者和积极推行者。海派京剧比较注重吸取各种外来艺术因素加以变革，以适应时尚。当然，海派京剧内涵也比较庞杂，也有良莠相间的情况。周信芳所创造的麒派艺术，既注重时尚，又保持健康的格调，成为海派京剧中的一股主流，他当之无愧是海派京剧的杰出代表。

周信芳不仅代表一个地域，代表一个行当，代表一个剧种，而且代表一个时代，在他身上显现出20世纪前半叶一代京剧艺术的风采和一代京剧艺术家的风貌。

在文学艺术发展史上常常看到这样的现象，在一定的历史阶段会出现一个或几个艺术集大成者，也就是我们通常说的文学大师、艺术大师。如关汉卿是元杂剧集大成者，李渔、王国维是中国古典戏曲理论集大成者，鲁迅、郭沫若是现代文学集大成者，而周信芳与程长庚、谭鑫培、梅兰芳等一样，也是京剧艺术领域的集大成者，他是时代造就的一位艺术大师。周信芳对京剧艺术的贡献是卓越

第十二章 周信芳的成就、贡献与历史地位

的,同时又是多方面的。

首先,周信芳对京剧的表演艺术作出了卓越的贡献。他吸收了谭鑫培、汪桂芬、孙菊仙"后三杰"老生表演艺术的精华,兼收京派、南派京剧名家表演艺术的长处,又广泛吸收京剧其他行当,及电影、话剧等其他艺术门类的艺术营养,以海纳百川的巨大襟怀集其大成,对京剧的唱念做打各门艺术作了创造性的发展。他在舞台上塑造了宋士杰、萧何、徐策、宋江、萧恩、邹应龙、吴汉、海瑞等一大批成功的艺术形象。周信芳继往开来,大大丰富了京剧的表演手段,增强了京剧的艺术表现力,充实了京剧的艺术内涵,拓展了京剧的表现领域,并且出色地将唱、念、做、打、舞,以及编、导、音、舞、美进行和谐而新颖的综合,与梅兰芳等其他艺术大师一起,使京剧艺术形成了完整的表演体系和艺术规范,使京剧艺术推向一个更为成熟而崭新的阶段。

其次,周信芳也对戏曲文学的发展作出了卓越的贡献。他一生演出近六百个剧目,这些剧目不仅在表演上成为范本,而且不少文学剧本成为我国戏曲文学宝库中的瑰宝。经他整理或编写的十五个剧本已收入《周信芳演出剧本选集》上、下册及《周信芳演出剧本新编》出版发行。这些剧本思想内容丰富,文学结构完整,戏剧冲突尖锐,人物形象鲜明,语言生动活泼,文学性也达到了很高的水平,对京剧演出剧本制的推行,对京剧剧目文学与表演的结合,对京剧剧本体制的进一步完善,都作出了重要的贡献。

此外,周信芳不仅是一位艺术实践家,同时又是一位戏曲理论的探索者。他自20世纪20年代开始就主编《梨园公报》,撰写研究京剧的文章。新中国成立以后对自己的表演艺术进行了系统的理论总结,单就他出版的著作《周信芳戏剧散论》《周信芳舞台艺术》《周信芳文集》,不算散见于报刊的文章,就有六七十万字之多,对戏曲的表演艺术、戏曲文学、戏曲流派、戏曲的继承与发展等重要理论问题进行了认真的探讨,他的《谈谭剧》《怎样理解和学习谭派》《继承和发展戏曲流派我见》《谈谈连台本戏》等文章,以及对《四进士》《清风亭》《乌龙院》等七个剧目表演艺术的经验总结,都是理论与实践相结合,充满辩证法和真知灼见的理论佳作。他虽不是专门的戏曲理论家,然而他的戏曲理论观点具有系统性

与条理性的特点,他是京剧界里为数不多的对戏曲理论有所建树的艺术家中的一个,他的理论文章和艺术经验的总结,对建构中国戏曲表演艺术体系的理论框架和丰富中国戏曲理论宝库都作出了重要的贡献。

周信芳所处的时代,就京剧而言,它处于一个繁荣鼎盛的时期。然而京剧也面临着两个问题,一个是京剧起源于清代中叶,繁荣于近代,从其内容看,带有封建时代的明显烙印,形式上也属于古典艺术的范畴。当然艺术的发展并不一定与社会的发展相同步,但是时代推进到了近代,它必然要求京剧艺术与之相适应,因此京剧艺术无论内容与形式都面临着从古典艺术向近代艺术嬗变的过程。另一个问题,京剧的母体是徽剧、汉剧等民间花部,这些剧种植根于民间,继承了朴素的现实主义传统,但是在京剧艺术由粗到精的发展过程中以及进入宫廷的现实状况下,形式主义却有所滋长,因此京剧也面临着是走形式主义的道路,还是走现实主义道路的问题。前一个问题是京剧要不要向前发展的问题,后一个问题是京剧如何健康地发展的问题,周信芳以自己卓越的艺术实践对这两个问题作出了明确的回答。

京剧艺术从古典艺术向近代艺术嬗变的过程中,有两次较大的冲击波,一次是辛亥革命前后的戏曲改良运动,一次是五四新文化运动。

戏曲改良运动是在近代资产阶级民主思潮的推动下展开的,是资产阶级旧民主革命的一个组成部分。戏曲改良运动批判了旧剧中封建的内容,提倡旧剧反映现实内容,成为"普天下的大学堂","改良社会之不二法门,以改恶俗,开启民智,提倡民族主义,唤起国家思想"。另外主张京剧演出形式的改革与近代化。这一时期出现了大量的进步剧目,出现了标志着京剧舞台形式改革的"新舞台",出现了代表戏曲改良运动舆论的《二十世纪大舞台》。1915年以后,随着政治形势的变化,复古主义思想的弥漫,京剧改良运动受到挫折,改良新戏逐渐失去民主性的光彩,从内容到形式在相当程度上脱离了民众。

五四运动是又一次冲击,这是一次反帝反封建的爱国运动,也是一次新文化运动。由于这次新文化运动的主要矛头是批判封建礼教、封建道德,提出"打倒孔家店",某些学者曾把戏曲视作封建落后文化的代表加以抨击,虚无主义与全盘西化的思潮对京剧出现过消极的影响。然而五四新文化运动反帝反封建，提倡民主、科学、革命是它的主流，这对京剧界的影响更其深刻而长远。它唤起了京剧界民主思想的觉醒，推动了京剧对反映现代社会的新思想、新生活方面的积极探索，推动了京剧界的艺术改革，对京剧从古典艺术向近代艺术的嬗变发展起了积极的促进作用。

辛亥革命前后京剧改良运动时，周信芳还很年轻，虽不是改良运动的倡导者，然而他是积极的追随者。1912年至1913年，周信芳接连演出了宣传革命、谴责袁世凯的《民国花》《新三国》《宋教仁》等时装新戏、寓言戏，在丹桂第一台与汪笑侬等一起搞艺术改革。1918年在京剧改良运动衰微的情况下，他仍坚持改革，五四运动中，他迅速响应，编演了《学拳打金刚》。1923年"二七"大罢工后又编演了《英雄血泪图》，表达了反抗暴政的主题。周信芳在思想上也接受了新文化的思想，后来又通过参加南国社，进一步接受资产阶级民主思想和文艺观点，从西方艺术中吸取营养。因此周信芳所编演的剧目，无论在思想内容方面还是在艺术形式方面，都增添了新的质。思想内容方面增添了民主的反封建的新的质，艺术上大胆吸纳新文艺，并从生活出发改造和创造新的程式，使传统的形式与新颖的思想相结合，焕发出新的活力。他既不受民族虚无主义和全盘西化的错误思潮的影响，坚持继承和弘扬京剧这一国粹；同时又不抱残守缺，采用新文化运动所主张的开放心态，努力革新，创造新戏，贴近时代，贴近生活，使京剧不断追随时代的步伐，适应新的观众。另外，周信芳还是一个艺术管理家，他年轻时就当了丹桂第一台的后台经理，后来又在卡尔登做后台老板，在黄金大戏院做前后台老板，新中国成立后担任上海京剧院院长，对近现代戏班如何适应文化市场实际，进行有效的管理和合理的分配，都作了探索与实践。总之，他与梅兰芳等一批杰出艺术家一起，有力地推动了京剧从古典艺术向近代艺术发展的历史进程。

现实主义是一种文学艺术的流派，同时也是一种创作方法。早在古代，我国的文学艺术就有着悠久的现实主义传统，先秦《诗经》中《国风》里就有许多优秀的现实主义诗篇。19世纪末，现实主义成为遍及全欧洲的文学运动和文学思潮，这种现实主义因以暴露和批判资本主义为其主要特点，所以称之为批判现实主义。随着西风东渐,批判现实主义也传入中国,对中国的文学艺术产生了很大的影响。现实主义的对应物是浪漫主义,但从另一角度看,它的对应物是形式主义。我国的戏曲因强调装饰性与技艺性,故而容易陷入形式主义的窠臼,如演行当,不演角色,演程式,不演感情,把艺术变成凝固、僵硬而没有生气的东西。在京剧界,表演方法上是现实主义还是形式主义,始终是对立的。走形式主义道路,京剧必然走向衰亡,只有走现实主义道路,京剧才能引向繁荣。周信芳认为"程式是死的,有限的,创造精神是活的,无限的,古人为我们创造了许多程式,我们却被这些程式捆住了,压死了。这既不能为今天的人民所原谅,也是古人所始料不及的!"① 著名京剧艺术家阿甲写过一篇《从〈四进士〉谈周信芳先生的舞台艺术》的文章,副标题专门标出"为反对京戏中的形式主义而作"。文章分析了周信芳现实主义的表演方法:"周信芳先生的表演艺术,是先从戏情着手,从人物的身份、品性、思想感情着手,并不是先从寻求那些技术的格式入手。正因为是基本上采取了从内容研究形式的科学方法,对旧的格式便不得不打破一些,也不得不创造一些。"并指出周信芳"在戏曲的表演艺术上,另辟了一条路,这是一个革命"。周信芳反对形式主义,发扬现实主义传统,从这个意义上,也积极地推进了京剧的健康发展。

新中国成立以后,京剧进入了开创社会主义艺术的崭新阶段,周信芳努力以马克思主义的世界观与文艺观从事京剧改革和剧目创演,成为社会主义京剧事业的重要奠基人。周信芳在京剧史上居于重要的地位。

当然,金无足赤,人无完人。周信芳是一位伟人,但并不是完人。他生活在一定的历史时期和社会环境中,不可能不受历史的局限。另外,他也要受到自己天赋条件或认识水平的局限。"春秋不为贤者讳",我们也不必为贤人讳。新中国成立前,他迫于情势,"拜过老头子",《明末遗恨》中曾称农民起义领袖李自成为闯贼、流寇。《明末遗恨》还得过"中正文化奖"。周信芳演出的六百个左右

---

① 周信芳:《为社会主义建设服务,京剧当仁不让》,载《周信芳文集》,中国戏剧出版社1982年版,第373页。

的剧目中也有部分质量差或品位不高的。这都是并不奇怪的。新中国成立以后，他追求进步，追随革命，他接受并贯彻了党的文艺思想、方针、政策。对海派的认识，由于新中国成立后舆论界一直对海派有所微词，周信芳也不敢理直气壮地谈海派，在编演新剧目时也没有能充分地发挥海派的特色。另外，一个人的长处与短处，有时是互相交织，互相渗透，或互相转化的。比如周信芳因倒仓引起嗓子沙哑，这当然是短处，哑嗓总归不如亮嗓好听，然而周信芳又能因地制宜，创造出苍劲有力的麒派唱腔，哑嗓就成了特色。对这些都应该辩证地加以看待。

  周信芳一生的艺术成就是辉煌的，然而他的生活道路却是崎岖坎坷的。他是一位伟大的人物，又是一个悲剧性的人物，一生中充满了不幸。十五岁初露头角，就突然倒仓哑嗓，这是第一个大不幸。在麒派的创立过程中，骂声四起，又是一种不幸。周信芳一生喜欢演出悲剧，孰料最后自己也充当了悲剧的主人公，而且与他自己在舞台上塑造的悲剧主人公一样，正气凛然，浩气长存，呈现出一种巨大的崇高美与悲壮美。

  周信芳努力塑造自我，同时又不断地超越了自我。

  周信芳具备着艺术大师共有的品性和美德，同时又是黑格尔老人所说的独特的"这一个"。周信芳不仅属于中国，而且属于世界；他属于这一个时代，同时又属于所有的时代！

附录 周信芳大事年表

1895年1月14日，出生于江苏清江浦（今淮安市淮阴区），取名士楚，字信芳。

1900年随父旅居杭州，开始练功学戏，拜知名武生陈长兴为师。

1901年在杭州拱宸桥天仙茶园首次登台，以"小童串"露演《黄金台》中的娃娃生。周虚岁七岁，遂取艺名"七龄童"。

1902年至1905年作为儿童演员出入于各戏园，为著名演员配演娃娃生。

1906年为送业师陈长兴去天津，随父到沪。被邀参加王鸿寿筹组的满春班，到汉口、芜湖等地演出，开始演正戏，改艺名为"七灵童"。随后到上海露演于玉仙茶园，改艺名为"万年青"。后又加入李春来的春仙班，再改艺名为"时运奎"。

1907年始用"麒麟童"艺名，演出于南京、上海。拜南派名角李春来为师。秋天，远走烟台、大连、天津，在天津与余叔岩同台。

1908年到达北京，为进一步深造，加入喜连成科班，与梅兰芳、林树森等一同带艺搭班。三天打炮戏为《定军山》《翠屏山》《戏迷传》；并与梅兰芳合作演出《九更天》《战蒲关》，与萧长华合演《钓金龟》，周反串老旦，萧长华配演张义。

在广和楼演出时，曾赶往煤市街中和园观摩谭鑫培的《铁莲花》。

11月14日、15日，光绪帝和慈禧相继去世，清廷规定"国丧"期间不许动乐，遂脱离喜连成科班。

1909年8月，搭忠和班去天津东天仙茶园演出。同台的有南派名角吕月樵和著名坤伶金月梅，周参加了新编本戏和时装新戏如《好心感动天和地》《二县令》

等的演出。9月，随金月梅改搭京都双庆和班，在天津兴华茶园演出《巧奇冤》等剧。在天津观摩谭鑫培的《打棍出箱》《李陵碑》等剧。同年冬，在天津倒嗓。

1910年嗓渐稳复，先后出演天津、北京、烟台，与杨瑞亭排演《黑驴告状》，与张桂林排演新戏。初为人师，收程毓章为大弟子。

1911年远赴海参崴、双城子一带演出，俗称"走关东"。

1912年回到上海，先入四盏灯主办的迎贵仙茶园，后入新新舞台等剧场，与谭鑫培、李吉瑞、孙菊仙、金秀山、冯子和、江梦花等名角同台演出，深受熏陶。并向谭鑫培学《御碑亭》《打棍出箱》等戏。6月至7月，在新新舞台演出《要离断臂刺庆忌》《九美缘》等，《申报》刊登戏评，对其表演给予好评。9月，受进步艺人潘月樵、汪笑侬等人影响，演出宣传革命、谴责袁世凯的时装新戏《民国花》，合演者有林颦卿、一盏灯等。11月，又演出讽刺袁世凯的《新三国》，与一盏灯、林颦卿、赵君玉等合演。

本年，与京剧名旦刘祥云（九仙旦）之女刘凤娇结婚。至20世纪20年代中期周与刘分居而离异。

1913年3月，革命党人宋教仁被刺，为揭露袁世凯的罪恶行径，毅然编演时装新戏《宋教仁遇害》（由孙玉声编剧），在新新舞台演出，引起强烈反响。

1914年春，去海参崴演出。自组四喜班，与李琴仙、王金元等合演《别窑》《长坂坡》。初次试唱三麻子的红生戏。5月，周信芳回上海，入凤舞台，演出《投军别窑》《万里长城》等，合演者孟鸿群、苗胜春、陆菊芬等。年末，再次北上去烟台，初演《路遥知马力》。

1915年5月，进上海丹桂第一台。同台演出的有王鸿寿、冯子和等。初次与汪笑侬合作演出，剧目为《献地图》《马前泼水》《受禅台》等。10月13日，为谴责袁世凯称帝，周自编自演《王莽篡位》。同台合作者有冯子和、马德成、冯志奎等。

1916年1月，与欧阳予倩在上海丹桂第一台合演红楼戏，1月19日首次演出《鸳鸯剑》，合演者还有冯子如、李少棠等。4月，编演《杨乃武》，合演者有月月红、李庆棠、宋志普、李少棠等。5月17日，与欧阳予倩在上海丹桂第一台上演新戏《黛玉葬花》，欧阳予倩饰黛玉，周信芳饰宝玉，宋志普饰紫鹃。周信芳以大嗓唱小生。9月，在丹桂第一台演出新戏《英雄血泪图》，写林冲故事，合演者有王鸿寿、芙蓉草、王兰芳、冯志奎等。

本年，担任丹桂第一台后台经理。收高百岁为徒。

1917年5月10日，伶界大王谭鑫培病逝。

本年，仍在丹桂第一台演出，他与汪笑侬、王鸿寿等合演了《哭祖庙》《党人碑》《玉洁冰清》《许田射鹿》等戏目。与白玉昆、王灵珠等演出连台本戏《狸猫换太子》。

1918年汪笑侬病逝于上海，周等集资筹办丧事，葬之于真如梨园山庄。

1919年2月，在丹桂第一台首演《全本赵五娘》（又名《琵琶记》），一至四本一次演完。合演者有王灵珠、贾璧云、李玉奎、罗小宝等。5月21日，五四运动中北京学生游行要求严惩卖国贼曹汝霖、陆宗舆、章宗祥，周信芳编演新戏《学拳打金刚》，任天知编剧并客串演出，其他合演者有王灵珠、苗胜春、王兰芳等。

1920年5月，在上海丹桂第一台首演《全本乌龙院》，在"闹院"与"杀惜"中间加入"刘唐下书"。周饰宋江，冯志奎饰刘唐。

本年，上海商务印书馆活动影戏部为周拍摄默片《琵琶记》，周饰蔡伯喈，王灵珠饰赵五娘。导演杨小仲。但只拍了"南浦送别"、"琴诉荷池"两个片断，这部影片没有最后完成。

1921年3月，在丹桂第一台演出《麦城升天》一至四本，开始在一、二、四本中饰演关羽，合作者有刘永奎等。

1922年5月4日，周编演的《萧何月下追韩信》在丹桂第一台首演。此剧乃为刘奎童初到上海露演而特地编写，作为打炮戏。由刘奎童饰演萧何，周饰演韩信。

1923年2月，离开丹桂第一台，北上至烟台、济南、青岛、天津、北京等地演出。在海轮上改写《临江驿》剧本，在烟台与高百岁师徒两人演出，声势极盛。再次加工《萧何月下追韩信》，并参加义务残演出，从此自饰萧何。本年，在天津新明戏院与碧玉霞、时慧宝等合作演出《临江驿》《红拂传》《疯僧扫秦》。为配合和声援"二七"大罢工，编演《陈胜吴广》。

1924年周信芳至北京演出，露演于北京第一台、开明戏院，同台的有盖叫天、林颦卿等。他把有个人特色的《萧何月下追韩信》等剧目介绍给北京观众，引起很大反响。为在北京建立立足点，集资开设新式旅馆美益饭店，因用人不当，亏损万余，离京奔赴济南、青岛。

1925年1月28日，由北方回到上海，重进丹桂第一台，新戏《临江驿》在上海首演，周饰崔文远，王灵珠饰张翠鸾，高百岁饰张天觉，王培秋饰赵氏，赵云卿饰崔通。3月14日，周新编的连台本戏《汉刘邦》头本在丹桂第一台上演，周饰刘邦、王灵珠饰吕雉、高百岁饰张良。5月至7月，周信芳在丹桂第一台演出《汉刘邦》二本，周信芳饰刘邦，欧阳予倩加盟，饰演薄姬，王灵珠饰吕雉，其他演员有高百岁、裴云亭等。8月，周信芳回故乡宁波慈城，出资重建周家祠堂。8月下旬至9月，周信芳在丹桂第一台演出《汉刘邦》三、四本，周信芳分饰刘邦、项羽，欧阳予倩饰殷桃娘，王灵珠饰虞姬，高百岁分饰张良、刘邦。10月至11月，周信芳在丹桂第一台上演《汉刘邦》五本、六本，五本中周信芳饰韩信，欧阳予倩饰殷桃娘，王灵珠饰虞姬，高百岁饰项羽；六本中周信芳饰刘邦，欧阳予倩饰虞姬，王灵珠饰殷桃娘，高百岁饰纪信。11月至12月，周信芳在丹桂第一台上演《汉刘邦》七、八本，周信芳分饰刘邦、张良，欧阳予倩分饰王氏、虞姬，王灵珠分饰管秀芬、殷桃娘，高百岁分饰赵正平、项羽。

此时与裘丽琳相识，后相爱并结合。

1926年2月，进上海更新舞台，先演《飞龙传》（杜文林编剧）与小杨月楼、杨瑞亭、芙蓉草合演。后上演《汉刘邦》九、十本，周信芳分饰韩信、萧何，小杨月楼饰殷桃娘，王灵珠饰虞姬，芙蓉草分饰春莺、樵夫女，高百岁分饰项羽、刘邦。5月，应聘到大新舞台，与王芸芳、白玉昆等合演《天雨花》。9月，日本学者波多野乾一所著《京剧二百年之历史》一书出版，书中专为周信芳立传。年底赴家乡宁波演出，为期半月。

1927年2月，应邀入老天蟾舞台当台柱，初创男女合演体制。2月2日至3

月22日，周信芳与马连良在上海天蟾舞台同台合作演出，头天打炮戏为《群英会·借东风·华容道》，周演前鲁肃、后关羽，马演孔明。还合作演出了《全部武乡侯》《火牛阵》《宫门带》等。历时50天，甚为轰动。本年春，天蟾舞台老板顾竹轩特地请扬州评话名家王少堂到沪为周讲演《龙凤帕》故事。周据以改编成连台本戏，《龙凤帕》头二本于5月8日首演。5月下旬开始编演连台本戏《华丽缘》，与琴雪芳、刘汉臣、王芸芳合演。到年底演至十二本。

本年，加入田汉主持的新剧团体南国社。12月参加该社鱼龙会演出，与欧阳予倩、唐槐秋等合演《潘金莲》，周饰武松，欧阳予倩饰潘金莲。

1928年1月7日，《潘金莲》在天蟾舞台再度公演，报界评论该剧"使新旧剧之精华熔合一炉"，为"沟通旧剧话剧之先河"。1月至5月，在天蟾舞台演出《华丽缘》十一、十二本，前后部《苏秦张仪六国拜相》、前后部《卧薪尝胆》、一至四本《香莲帕》等。6月7日起在上海天蟾舞台复演头二本《龙凤帕》，与小杨月楼、琴雪芳、刘汉臣、王芸芳等合演。15日起续演三本四本《龙凤帕》，至9月，演至七本、八本，受到内外行一致推崇。一些热心的票友成立"麒社"，为麒派大张旗鼓。9月5日，由周和夏月润、欧阳予倩、李桂春、赵如泉等共同倡议，《梨园公报》在上海创刊，由孙玉声主编。9月、11月，周以"士楚"笔名在《梨园公报》先后发表《谈谭剧》《谈谈学戏的初步》，对谭派艺术进行了深入的探讨。9月14日，连台本戏头本《封神榜》在上海天蟾舞台首演，由麒麟童、小杨月楼、刘汉臣、王芸芳、王凤琴等主演。11月，担任南国社戏剧部长。

1929年1月起，在上海天蟾舞台继续编演连台本戏《封神榜》，演至六本。本年，上海伶界联合会举行大会串，演出全部《白帝城》，周饰前刘备，高庆奎饰后刘备，林树森、白玉昆、董志扬分饰关羽、黄忠、赵云。与坤角雪艳琴在天蟾舞台合演《坐楼杀惜》。本年，担任上海市伶界联合会宣传部长、会长。并主持《梨园公报》的工作。7月在《梨园公报》上发表《最苦是中国伶人》，为伶人受人轻视、压迫而鸣不平。本年，周的第一批唱片由蓓开公司灌制发行，计有《路遥知马力》《投军别窑》《赵五娘》《封神榜》《打严嵩》《萧何月下追韩信》等。

1930年1月起，继续在老天蟾舞台演出《封神榜》。9月，在《梨园公报》发表《伶人亦有自由否》（署名"余哀"），指责某巨公强迫余叔岩演戏，为伶人伸张正义。9月，南国社遭当局查封，田汉被通缉，周设法掩护田汉，使其安全脱险。11月，天蟾舞台由二马路迁至四马路（即今福州路），周演出《封神榜》十一本。

1931年1月起，在新天蟾舞台，续演十一至十六本《封神榜》。9月，"九一八"抗战爆发，与王芸芳排演描写清代三百年历史的连台本戏，其中有《明末遗恨》，系据潘月樵旧本改编。

1932年"一·二八"淞沪战争以后，5月脱离天蟾舞台，正式组织移风剧社，自任社长，成员有周五宝、王芸芳、刘斌昆、王瀛洲等。夏，周率移风剧社赴青岛、济南、天津、沈阳、长春、哈尔滨、北京演出。所带剧目以《明末遗恨》为主，另有《卧薪尝胆》《洪承畴》《汉刘邦》《萧何月下追韩信》《四进士》《徐策跑城》《坐楼杀惜》《清风亭》《天雨花》《封神榜》等。本年，经整理加工，首演《全本清风亭》。

1933年4月13日至16日，周与正在天津演出的马连良在奉和戏院合作演出了《十道本》《一捧雪》《小桃园》《借东风》《摘缨会》等，连续六场。5月，与新艳秋合作演出《霸王遇虞姬》《玉堂春》等。

1935年在北京哈尔飞戏院演出《汉寿亭侯》，轰动京华。北京演出后，经青岛南返，巡演于南京、无锡、苏州、汉口等地。这次北上，前后流浪三年。4月北方巡演后回到上海，海上麒迷喜出望外，出版了《麒艺同志联欢社特刊》。9月，暂时结束在黄金大戏院的演出，赴宁波、杭州、南京等地演出。

本年，与金少山在高亭唱片公司灌制《华容道》《逍遥津》《四进士》《萧何月下追韩信》《徐策跑成》等唱片。

上海联华影业公司为周信芳拍摄《麒麟乐府》的第一部《斩经堂》，周信芳饰吴汉，电影演员袁美云饰王兰英，汤桂芳饰吴母，合演者还有赵志秋、张德禄等，费穆任艺术指导，周翼华导演，黄绍芬摄影。

1936年6月，再入黄金大戏院。8月演出《董小宛》《丁郎寻父》等，卖座连十数日不减。

1937年4月，周同王芸芳等，北征津沽，露演于新建之中国大戏院，剧目有《董小宛》《华丽缘》全部《韩信》等。6月11日，周主演的戏曲影片《斩经堂》在上海新光影院首映。田汉、桑弧分别在《联华画报》上撰文评论。7月，"七七事变"发生，周率移风社南返，8月回到上海。10月6日，与田汉、欧阳予倩在上海卡尔登戏院举行20余人参加的座谈会，讨论抗日救亡运动问题。次日，在该剧场举行上海戏剧界救亡协会成立大会，周担任歌剧部主任。10月，周的移风社东山再起，在卡尔登戏院，与袁美云、杨瑞亭、王兰芳等演出描写亡国之痛的《明末遗恨》。

1938年年初，周领导的移风社进行调整，赵啸澜、于素莲、刘文魁、王熙春等相继加盟，继续演出《明末遗恨》。4月27日，上海卡尔登戏院首演新戏《温如玉》，该剧由冯子和编剧，系《绿野仙踪》之续集。周饰演温如玉，合演者有高百岁、于素莲、王兰芳、梁次珊、葛次江等。5月至7月，在卡尔登戏院主演连台本戏《天雨花》十三本至二十四本。周饰演左维明，合演者有高百岁、于素莲、刘文魁、王兰芳、赵云华、于宗瑛、刘韵芳等。8月19日，在卡尔登戏院首演新戏《香妃恨》，由胡梯维编剧，周信芳主演兼导演，前饰布那敦，后饰乾隆，合演者有高百岁、王熙春、刘文魁、张慧聪、王兰芳等。9月8日，在卡尔登戏院首演《徽钦二帝》，写北宋亡国史事，朱石麟编剧。周饰演宋徽宗，高百岁饰李纲，王熙春饰李师师，于宗瑛饰张叔夜，张慧聪饰皇后，刘韵芳饰宋钦宗，葛次江饰张邦昌。12月9日，周信芳在卡尔登戏院首演连台本戏《文素臣》头本，由朱石麟编剧，周饰演文素臣，并兼导演，合演者有高百岁、王熙春、金素雯、刘文魁、张慧聪、王兰芳、刘韵芳等。公演之夕，有"万人空巷来观"之说，连满三个月，被称为独标风格的新型平剧。

1939年1月，在卡尔登戏院继续演出连台本戏《文素臣》头本。4月至11月，在卡尔登戏院续演连台本戏《文素臣》二本、三本、四本，观众愈众，电影、申曲、弹词纷纷仿演，时人称为"文素臣年"。4月，移风社去胶州公园，向坚守在四行仓库孤军奋战的"八百壮士"作慰问演出。11月，上海举行麒派大会串，为难民救济会义演。本年，在卡尔登戏院复演《明末遗恨》。

1940年1月23日，上海进步人士为救济难民，联合举办慈善义演。在卡尔登戏院演出话剧《雷雨》。周客串，扮演周朴园一角，同台演员有金素雯、桑弧、胡梯维、高百岁、马绮兰、唐大郎、陈灵犀等。由朱端钧导演。1月，在卡尔登戏院续演连台本戏《文素臣》四本，首演描写宋代狄青故事的新戏《万花楼》。5月24日，在卡尔登戏院演出连台本戏《文素臣》五本。

本年，策划编写京剧剧本《文天祥》和《史可法》。为建造梨园坊举行义演，周与小杨月楼、盖叫天合作。

1941年1月7日，在卡尔登戏院首演连台本戏《文素臣》六本。5月，移风社屡接恐吓信，被迫停演。周曾设法去香港转赴大后方，后因太平洋战争爆发而未能成行。此后不定期地作短期演出，以维持同仁生计。8月，移风社被迫解散。秋，上海日伪特务机关"七十六号"要周前去慰劳演出，周予以拒绝，后强令周去演出，周被迫前去，演了《萧何月下追韩信》。

上海地下党组织派文委领导成员姜椿芳与周联系。

1942年1月，在黄金大戏院演出，同台者有黄桂秋、王熙春、袁世海等。10月，在皇后大戏院演出，同台者有裘盛戎、张淑娴等。

1943年12月，在上海地下党领导下，上海京剧界进步青年成立"艺友座谈会"，周热情予以支持，并亲自参加他们的活动。

1944年其父慰堂公去世。12月下旬，上海艺友座谈会为纪念成立一周年，演出由李瑞来执笔的新戏《信义村》。周信芳热情支持该剧的创演，亲自到场观看演出，并送花篮祝贺。

1945年抗战胜利，周亲接赵松樵由扬州来沪合作。本年，程砚秋来沪公演，周在国际饭店十一楼设宴，为之接风。

1946年春天，欧阳山尊访问延安回来，在上海红棉酒家向进步文艺工作者介绍解放区情况，并传达毛泽东《在延安文艺座谈会上的讲话》。周信芳参加了这次集会。5月，田汉从重庆回到上海，与欧阳予倩一起去黄金大戏院看望周，畅谈别后，田汉并以诗相赠。5月，上海市警察局下令进行"特种职业登记"，即"艺员登记"，把演艺界的编导、演员与歌女、舞女列在一起发卡登记。周信芳与戏剧、电影界名流一起领导反"艺员登记"的请愿斗争活动。不久，冯乃超回上海，与于伶、田汉、郭沫若一起到黄金大戏院看望周，然后又与许广平一起去虹桥公墓祭扫鲁迅墓。6月，一度停止活动的艺友座谈会恢复活动，周信芳正式参加艺友座谈会，并被推为主持人。下旬被当局下令解散，遂易名"伶界联合会艺友联谊会"，周信芳仍为主要领导人。不久艺友联谊会也被迫解散。6月29日，周在《文汇报》发表《反对内战，解民倒悬》的文章。6月30日，周与茅盾、巴金、田汉等260人联名发表《上海文化界反对内战争取自由宣言》，提出停止内战，保障人民自由等主张。9月21日，应邀去上海思南路107号中共驻沪办事处，出席周恩来同志召集的座谈会，周恩来作形势报告。会后宴请了周信芳等人，席间周恩来与周作了深入的交谈。10月，田汉在《文萃》杂志发表《周信芳先生与平剧改革运动》的专文。

1947年2月14日，第四届戏剧节观摩公演在上海天蟾舞台举行，大轴为梅兰芳、周信芳合演的《打渔杀家》。中共代表团驻沪办事处的董必武与上海戏剧界知名人士出席观看。次日在黄金大戏院举行第四届戏剧节纪念大会，周出席。3月13日上海文艺界为田汉五十寿辰举行祝寿活动，周出席，并在会上发言。9月，田汉出面组织"艺社"票房，作为进步艺人聚会之组织。周为主要成员，曾就京剧改革问题作过演讲。

1949年春，上海解放前夕，地下党组织委派熊佛西等同梅兰芳、周信芳联系，希望他们留在上海，不要去台湾，周信芳表示坚决留在上海，迎接解放。5月27日，上海解放，5月28日，周亲自到上海人民广播电台广播，表达自己对上海解放的喜悦心情。6月5日，应上海市市长陈毅邀请，出席在青年会礼堂召开的上海市文化界知名人士座谈会。7月2日，赴北京出席第一届中华全国文学艺术工作者代表大会，并在会上发言，受到了毛泽东、朱德、周恩来等领导人的亲切接见。会议期间演出了《四进士》。周当选为文联全国委员会委员。8月3日，作为戏曲界代表，出席上海市第一届各界人民代表会议。9月，与梅兰芳等赴北京出席第一届中国人民政治协商会议。10月1日，在北京参加中华人民共和国中央人民政府成立典礼。12月6日，出席上海市第二届各界人民代表会议。

1950年1月，上海伶界联合会改建为上海市京剧公会，并在共舞台举行成立大会。周被推选为主任。3月30日至31日，由盖叫天、梅兰芳、周信芳发起，上海京剧界支持皖北灾民义演两场，周信芳与梅兰芳等合演《龙凤呈祥》。5月17日，大型新编历史剧《文天祥》在上海天蟾舞台首演，周在戏中饰演文天祥，合演者有金素雯等。7月24日至29日，出席上海市文学艺术界工作者代表大会；会上宣布上海市文学艺术界联合会成立，周当选为上海市文联常务理事。8月8日，上海第二届戏曲研究班开学，周任班主任。9月20日，出任上海市文化局戏曲改进处处长。11月27日至12月11日，文化部在北京召开全国戏曲工作会议。周赴京出席会议。会议期间，在大众剧场作观摩演出，与郝寿臣合演了《四进士》和《打严嵩》。

1951年2月4日，上海市文化局在康乐酒家举行周信芳先生演剧五十周年纪念暨戏曲界敬老大会，200余人前往祝贺，周恩来总理亲笔题词祝贺，梅兰芳出席并致祝词。3月5日，华东戏曲研究院在上海成立，周任院长，兼华东京剧实验学校校长。4月，为配合抗美援朝运动，与华东京剧实验团一起排演《信陵君》。7月，上海京剧界为抗美援朝，捐献"京剧号"飞机义演，与梅兰芳、盖叫天、张少甫合演《龙凤呈祥》，与杨宝森合演《搜孤救孤》。

本年，任中国戏曲研究院副院长。

1952年2月16日，与新成立的国营上海市人民京剧团合作演出新编历史剧《闯王进京》，同台演出的有赵晓岚、曹慧麟等人。10月6日至11月4日，文化部在北京举行第一届全国戏曲观摩演出大会。出席，并在会上演出了《徐策跑城》。周获荣誉奖，同时获此殊荣的有梅兰芳、程砚秋、袁雪芬、常香玉、王瑶卿、盖叫天。

1953年6月，在上海大众剧场上演全本《秦香莲》，周前饰王延龄，后饰包拯，沈金波饰陈世美，金素雯饰秦香莲，陈正薇饰公主。11月，参加中国人民第三届赴朝慰问团，到朝鲜进行慰问演出，总团长为贺龙将军，周任副总团长。在朝鲜与梅兰芳合演《打渔杀家》，与马连良合演《群英会·借东风》。12月27日回到北京。

1954年春，率剧团赴浙江前线慰问解放军部队，同去的有刘斌昆、王金璐、沈金波、金素雯等，一个多月时间里，先后到沈家门、桃花岛、泗列岛等部队驻地演出。9月，赴京出席第一届全国人民代表大会。9月25日，华东区戏曲观摩演出大会在上海举行，周演出全本《秦香莲》，前饰王延龄，后饰包公。

本年，对《乌龙院》《描容上路》《四进士》《清风亭》等十几个常演剧目进行全面的加工、整理。率华东实验京剧团赴安徽省佛子岭水库参加竣工典礼，进行慰问演出。

1955年2月，率团赴江西南昌等地演出。3月24日，华东戏曲研究院实验京剧团与上海市人民京剧团合并成立上海京剧院，周出任院长。4月11日，文化部、全国文联、中国剧协在京举办梅兰芳周信芳舞台生活五十年纪念。文化部副部长夏衍发表重要讲话，欧阳予倩、田汉作报告，梅兰芳、周信芳致答词。文化部部长沈雁冰向梅、周分别颁发荣誉奖状。4月12日至17日，梅兰芳、周信芳在北京天桥大剧场举行纪念演出，周演出《乌龙院》《文天祥》，与梅兰芳合演《二堂舍子》《打渔杀家》，与梅兰芳、洪深合演《审头刺汤》。《周信芳演出剧本选集》由北京的艺术出版社出版，梅、周唱片选集发行。5月，率上海京剧院一团赴东北巡回演出。

1956年1月10日，毛泽东主席在上海友谊电影院观看周主演的《打渔杀家》，并亲切接见了周。2月，奉调进京演出，在政协礼堂演出《打严嵩》等剧目，毛泽东、周恩来、陈毅等观看了演出。2月11日，上海市文化局、上海市文联、上海市戏曲改进协会在上海人民大舞台联合举办周信芳舞台生活五十年纪念演出。3月，上海电影制片厂拍摄彩色戏曲片《宋士杰》，周主演，应云卫、刘琼导演。夏天，为准备访苏演出剧目，率团至杭州，向浙江昆苏剧团学习昆剧《十五贯》。8月，中国戏剧家协会上海分会成立，周被推选为该会主席。8月底，率出访苏联演出团赴京准备出国。9月，上海市传统剧目整理委员会成立，周任主任委员。10月28日，以周为团长并领衔主演的中国上海京剧院演出团从北京出发，赴苏联访问演出，伊兵任副团长，主要演员还有王金璐、沈金波、李玉茹、张美娟、赵晓岚等。在莫斯科、列宁格勒等9个城市，演出53场，历时64

天。周演出剧目有《十五贯》《打渔杀家》《萧何月下追韩信》《徐策跑城》《四进士》等。

1957年1月7日，以周为团长的中国上海京剧院演出团结束在苏联的访问演出，离开莫斯科回国。6月14日，上海文艺界在文化俱乐部举行汪笑侬诞生100周年纪念大会，周信芳、张庚、伍月华等400余人到会，周在会上讲话。筱月红演出汪派名剧《马前泼水》。周与伍月华等祭扫汪笑侬墓地。7月24日，周信芳在北京出席全国人民代表大会期间，与梅兰芳、程砚秋、袁雪芬、常香玉、陈书舫、郎咸芬联名倡议戏曲界不演坏戏。此建议在该日《人民日报》发表。12月，周所写《敬爱的汪笑侬先生》一文在《戏剧报》发表，后作为《汪笑侬戏曲集》的代序。12月6日，出席上海文化、戏剧界人士纪念汤显祖逝世340周年的集会，并在会上发言。

1958年1月，赴上海郊区高桥等地为农民演出。5月至11月，率团赴中南、西南、西北、华北7个省11个城市巡回演出，为期6个月。6、7月间，为纪念伟大戏剧家关汉卿创作700周年，在山西太原演出《单刀会》，饰关羽。

1959年3月上旬，中共中央宣传部副部长周扬在上海约见周，建议他编演一本以海瑞为主角的戏，周欣然同意并着手组织创作。3月，根据弹词书目改编的新戏《义责王魁》在上海人民大舞台首演，周饰演王中一角。5月，加入中国共产党。6月，赴上海嘉定县徐行公社，在田头为农民演唱《萧何月下追韩信》《打渔杀家》片断，并参加劳动，在该公社礼堂演出《义责王魁》。7月9日、10日，上海京昆大会串在人民大舞台举行，周与盖叫天、俞振飞等同台，周的演出剧目为《义责王魁》《徐策跑城》等。8月，由周参与许思言执笔的京剧《海瑞上疏》剧本脱稿。9月30日，参加上海市庆祝建国十周年展览演出，演出两个大戏：《海瑞上疏》主演兼导演；《劈山救母》饰演刘彦昌。12月，在上海京剧院举行收徒典礼，收沈金波、童祥苓、萧润增、霍鑫涛四人为弟子。

1960年3月、4月，《周信芳戏剧散论》和《谈麒派艺术》两书先后出版。春，率上海京剧院一团赴广东演出，在韶关演出《四进士》。7月22日，赴北京出席第三次全国文代会。当选为中国戏剧家协会副主席。10月，参加对台湾广播大会。

1961年2月，剧协上海分会举行麒派表演艺术座谈会。5月1日，毛泽东主席在上海接见文化、教育、科学界人士，周参加了接见。6月，参加上海市京昆传统剧目会串，与俞振飞合作演出《群英会》《打侄上坟》等。

8月8日，一代京剧大师梅兰芳在北京病逝。8月14日，上海文艺界人士在上海艺术剧场举行梅兰芳先生追悼会，石西民、宋日昌、陈其五、陈望道等出席，吕复致悼词，周信芳报告梅先生生平。周还分别在《戏剧报》和《上海戏剧》上发表悼念梅兰芳先生的文章。

12月，赴京参加文化部举办的周信芳演剧生活六十年纪念活动。11日，首都文艺界隆重举行纪念会，由田汉致题为"向周信芳的战斗精神学习"的祝词。周信芳致"五个十二年"为题的答辞。会后周演出了《打渔杀家》。纪念活动中，周陆续演出了《乌龙院》《四进士》《义责王魁》《海瑞上疏》等戏。周恩来总理、陈毅副总理等观看了演出，并上台祝贺演出成功。12月30日，上海举行周信芳演剧生活六十周年纪念会，开幕式上，周演出了《乌龙院》。12月，《周信芳舞台艺术》（周信芳口述，卫明、吕仲记录）一书，由中国戏剧出版社出版。

本年，收李少春、李和曾、徐敏初、明毓昆、管韵华、曹艺斌、张学海七人为弟子。与田汉同去梅兰芳墓地凭吊。

1962年春天，筹划排演新戏《澶渊之盟》，由陈西汀编剧，周主演兼导演。5月在汉口人民剧场先行公演。回上海后，在天蟾舞台公演。为响应丰富上演剧目的号召，演出有争议的剧目《一捧雪》，前演莫成，后演陆炳。10月1日，率上海京剧一团在上海天蟾舞台演出《澶渊之盟》。10月，在《戏剧报》1962年10期发表《悼念亲爱的老战友——予倩同志》。10月，在上海国际饭店收徐鸿培为弟子。

1963年3月，彩色影片《周信芳舞台艺术》在全国公映。下半年，为参与戏曲反映现代生活的实践，排演《杨立贝》。连排以后，未获准公演。

1964年6月，赴京参加全国京剧现代戏观摩演出大会，担任大会顾问，并在开幕式上作了发言。6月，在《戏剧报》1964年第6期上发表文章《京剧一定能演好革命的现代戏》。

1965年江青到上海京剧院"抓现代戏",让上海京剧院全部停下锣鼓,单打一地搞《智取威虎山》与《海港》。周严正指出这是劳民伤财,耽误演员青春。11月10日,姚文元在《文汇报》发表《评新编历史剧〈海瑞罢官〉》,并点了《海瑞上疏》的名。随后,张春桥到上海京剧院,当众抛出周,说《海瑞上疏》中的雨伞是为民请命的"万民伞"。

　　1966年2月12日,在江青、张春桥指使下,《解放日报》发表丁学雷的《〈海瑞上疏〉为谁效劳?》,说《海瑞上疏》同《海瑞罢官》是一根藤上结的两个瓜。5月16日,中共中央下达"五·一六"通知,标志着"文化大革命"开始。5月26日,《解放日报》发表方泽生的《〈海瑞上疏〉必须继续批判》,公开点名批判周信芳,并不点名地攻击周扬。从此,受"四人帮"迫害。

　　1967年1月,上海京剧院被造反派夺权,周被批斗,并被关进"牛棚"。

　　1968年11月14日被捕入狱,所谓"隔离审查"。

　　1969年6月,周信芳被解除隔离,获释回家。

　　1974年秋天,"四人帮"控制的上海市革委会对周信芳作出开除党籍、戴上反革命分子帽子的处理决定。周不予接受。后又将结论改为"敌我矛盾作人民内部矛盾处理"。

　　1975年3月8日,因长期遭受迫害,在上海华山医院病逝。

　　1978年8月16日,在上海龙华殡仪馆举行周信芳同志平反昭雪大会和骨灰安放仪式。邓小平等中央领导同志送了花圈。巴金致悼词。骨灰安放于龙华革命烈士公墓。

后 记

《周信芳评传》的写作始于1994年,于1996年9月由上海文艺出版社出版。在写作和出版过程中,时任上海市文化局局长马博敏女士、上海艺术研究所常务副所长李晓先生和高义龙、郝铭鉴、张东平、陆稼林、单跃进先生等领导和朋友给予了大力的支持。上海京剧院、上海艺术研究所及周信芳大师的公子周少麟先生等提供了若干资料和图片。拙著出版后,北京、上海等地的媒体以及网站纷纷报道,给予了关注和积极的评论,又得到上海和北京、天津、江苏、浙江等地的诸位老师、专家、同行、朋友的热情鼓励,以及广大读者的厚爱。著名戏剧家、中国戏剧家协会顾问、周信芳艺术研究会名誉会长刘厚生先生说:"直到20世纪90年代中期,千呼万唤始出来,沈鸿鑫先生在上海文艺出版社推出了第一部周信芳的传记《周信芳评传》;不久,又出版了鸿鑫先生与何国栋先生合著的《周信芳传》。两本传记,填补了京剧史传的一块重要空白。"《周信芳评传》还被《中国京剧史》《中国京剧百科全书》等大型著作所著录。对领导、师友们的支持、帮助、鼓励和鞭策,我时时铭记在心,并表示诚挚的谢意!

著作的出版并不是研究的终结,而是研究和笔耕的新的开始。之后的十几年里,我对周信芳的资料采集和揣摩、研究一直没有间断过,其间我又先后推出了《梅兰芳周信芳和京剧世界》《京剧大师周信芳》《京剧在上海》《周信芳传》等新著。《周信芳评传》已经脱销多年,这次商务印书馆有意重新出版此书,并改名为《江南伶杰 剧界麒麟——周信芳评传》。我借此机会,对原著作了修订,一是纠正某些错漏,二是结构上稍作调整,三是有所增删,适当补充一些新的资

后　记

料、信息和观点。我要感谢谢柏梁教授、商务印书馆的领导和本书责编廖小芳女士对拙著出版的关心、支持以及为此付出的辛勤劳动。

　　由于本人的见闻、水平和学养的局限，错漏、不妥之处在所难免，恳请前辈、专家、师友和广大读者朋友不吝赐教。

沈鸿鑫

2015年1月　于上海听雨轩

"中国京昆艺术家传记丛书"出版情况

2010年

	书 名	作 者	出书时间
1	曲学大成 后世师表——吴梅评传	王卫民	2010年7月
2	清风雅韵播千秋——俞振飞评传	唐葆祥	2010年6月
3	幽兰雅韵赖传承——昆剧传字辈评传	桑毓喜	2010年8月

2011年

	书 名	作 者	出书时间
4	仙乐缥缈——李淑君评传	陈 均	2011年4月
5	春风秋雨马蹄疾——马连良传	张永和	2011年5月
6	寂寞言不尽——言菊朋评传	张伟品	2011年7月
7	余叔岩传（修订本）	翁思再	2011年8月
8	夜奔向黎明——柯军评传	顾聆森	2011年9月
9	昆坛瓯韵——永嘉昆剧人物评传	沈不沉	2011年11月
10	傲然秋菊御风霜——程砚秋评传	陈培仲 胡世均	2011年11月
11	梅兰惊艳 国色吐芬芳——梅兰芳评传	李伶伶	2011年12月
12	义兼崇雅 终朝采兰——丛兆桓评传	陈 均	2011年12月

2012年

	书 名	作 者	出书时间
13	烟花三月——扬州昆曲人物评传	林 鑫	2012年1月
14	燕南真好汉 江南活武松——盖叫天评传	龚义江	2012年3月
15	雅部正音 官生魁首——蔡正仁传	谢柏梁 钮君怡	2012年5月
16	剧坛大将——吴石坚传	顾聆森	2012年6月
17	艺融南北第一家——李万春评传	周 桓	2012年6月
18	清风吹歌 曲绕行云飞——尚小云评传	李伶伶	2012年10月
19	舞古今长袖 演中外剧诗——欧阳予倩评传	陈 珂	2012年11月
20	铁板铜琶大江东——侯少奎传	胡明明	2012年11月

2013年

	书 名	作 者	出书时间
21	桃李不言 一代宗师——王瑶卿评传	孙红侠	2013年6月
22	响当当一粒铜豌豆——田汉传	田本相	2013年7月
23	月下花神极言丽——蔡瑶铣传	胡明明	2013年5月
24	四海一人 伶界大王——谭鑫培评传	周传家	2013年8月
25	天海逍遥游——厉慧良传	魏子晨	2013年9月

2014年

	书　名	作　者	出书时间
26	菊坛大道——李少春评传	魏子晨	2014年1月
27	画梁软语　梅谷清音——梁谷音评传	王悦阳	2014年4月
28	银汉三星鼎立唐——唐韵笙评传	宁殿弼	2014年5月
29	夫子继圣　春泥护花——程长庚评传	王灵均	2014年6月
30	皮黄初兴菊芳谱——同光十三绝合传	张永和	2014年8月
31	清代伶官传	王芷章	2014年8月

2015年

	书　名	作　者	出书时间
32	梨园冬皇——孟小冬	许锦文	2015年7月
33	绝代风华——言慧珠	费三金	2015年7月
34	坤伶皇座——童芷苓	朱继彭	2015年7月
35	晶莹透亮的玉——李玉茹舞台上下家庭内外	李如茹	2015年7月
36	自成一派——赵燕侠	和宝堂	2015年7月
37	卿本戏痴——小王桂卿	金勇勤	2015年7月
38	文武全才——李少春	许锦文	2015年7月
39	武旦奇葩——张美娟	忻鼎亮	2015年7月
40	大武旦——王芝泉	张泓	2015年7月
41	毓秀钟灵　荀韵新声——孙毓敏评传	李成伟	2015年8月